PENSAMENTO POSITIVO E LEI DA ATRAÇÃO

"A principal meta da educação é criar homens que sejam capazes de fazer coisas novas, não simplesmente repetir o que outras gerações já fizeram. Homens que sejam criadores, inventores, descobridores. A segunda meta da educação é formar mentes que estejam em condições de criticar, verificar e não aceitar tudo que a elas se propõe."

Jean Piaget

Paulo Roberto Meller

Como aproveitar o potencial de sua mente para alcançar seus objetivos

PENSAMENTO POSITIVO E LEI DA ATRAÇÃO
Por que não funcionam para todos?

© 2019, Editora Anúbis

Revisão:
Rosemarie Giudilli

Projeto gráfico e capa:
Edinei Gonçalves

Apoio cultural:
Rádio Sensorial FM web
www.sensorialfm.com.br

Dados Internacionais de Catalogação na Publicação (CIP)
Agência Brasileira do ISBN - Bibliotecária Priscila Pena Machado CRB-7/6971

```
M525  Meller, Paulo Roberto.
         Pensamento positivo e a lei da atração / Paulo Roberto
      Meller. -- São Paulo : Anubis, 2019.
         256 p. ; 23 cm.

         ISBN 978-85-67855-69-1

         1. Sucesso. 2. Autoajuda. 3. Autorrealização
      (Psicologia). I. Título.

                                                    CDD 158.1
```

São Paulo/SP – República Federativa do Brasil
Printed in Brazil – Impresso no Brasil

Este livro segue as novas regras do Acordo Ortográfico da Língua Portuguesa.

Os direitos de reprodução desta obra pertencem à Editora Anúbis. Portanto, não é permitida a reprodução total ou parcial desta obra, de qualquer forma ou por qualquer meio eletrônico, mecânico, inclusive por meio de processos xerográficos, incluindo ainda o uso da internet, sem a permissão expressa por escrito da Editora (Lei nº 9.610, de 19.2.98).

Distribuição exclusiva
Aquaroli Books
Rua Curupá, 801 – Vila Formosa – São Paulo/SP
CEP 03355-010 – Tel.: (11) 2673-3599
atendimento@aquarolibooks.com.br

Nota ao Leitor

As informações veiculadas neste livro não substituem a orientação médica nem a prescrição de medicamentos ou a indicação de tratamentos. Consulte e siga sempre as instruções de seu médico ou de outro profissional da saúde.

O autor deste livro e o editor não se responsabilizam direta ou indiretamente pela utilização de qualquer informação, prática ou dica que constam nesta obra, embora tenham sido tomadas todas as precauções para garantir sua eficácia.

O autor se empenhou ao máximo para encontrar os detentores dos direitos autorais de conteúdos que não são de sua autoria, expressos neste livro, propondo-se a identificações posteriores no caso de lapso ao omitir algum.

Dedicatória

À minha esposa, Carmen, e às minhas filhas, Michele e Vanessa, pelo incentivo, apoio, compreensão e carinho, ajudando-me sempre a persistir em meu constante aprendizado e, principalmente, por saberem entender e valorizar a dedicação que meus estudos exigem. E, também, por saberem compreender que "para tudo há um tempo, para cada coisa há um momento" (Eclesiastes, 3:1-8).

Amo muito vocês!

A todas as pessoas que estão em busca do conhecimento, do autoconhecimento e do crescimento pessoal. Em especial, àquelas (como você, prezado leitor) que nunca se cansam de construir o sonho de um futuro melhor e que procuram, segundo as palavras de Alvin Toffler, *"aprender, desaprender e aprender novamente"* em busca de melhoria contínua, evoluindo, crescendo, progredindo – enfim, transformando-se –, tornando a vida mais feliz.

Como muito bem nos lembra a escritora Lya Luft: *"Pois viver deveria ser – até o último pensamento e o derradeiro olhar – transformar-se"*.

Agradeço a Deus pelo presente da vida, por me animar a escrever e compartilhar meu aprendizado e minha experiência. Obrigado por mais essa vitória! Agradeço também por ter me premiado com a mais preciosa de todas as virtudes: a humildade intelectual – que incentiva meu desejo de aprender.

Agradeço, ainda, por iluminar meu caminho, dando-me forças para percorrê-lo.

Minha gratidão muito especial por tudo!

Sumário

Apresentação 11
Afinal, o que são o Pensamento Positivo e a Lei da Atração? 16
O poder do Pensamento Positivo e da Lei da Atração: verdade ou mentira? . . 25

Parte 1 – Os 12 principais erros cometidos pelas pessoas para as quais o Pensamento Positivo e a Lei da Atração não funcionam e como evitá-los

Erro nº 1: Não pôr em prática o que aprendeu 32
Erro nº 2: Praticar erradamente 37
Erro nº 3: Pensamento extremista: tudo ou nada 42
Erro nº 4: "Querer é poder", e basta 48
    Sem ação, nada acontece! 49
Erro nº 5: Pensar que quer 51
Erro nº 6: Confundir o querer com o desejar 59
    Mente consciente e mente subconsciente 60
    Inter-relação entre pensamento, sentimento e comportamento . . . 72
Erro nº 7: Falta de autoconfiança 77
    Dicas para construir, manter e reforçar sua autoconfiança e sua autoestima . 83
        Aceite-se como você é 83
        Valorize a si mesmo 85
        Faça atividade física regularmente 88
        Não adie o que você pode fazer hoje 91
        Assuma a responsabilidade por sua vida 92
        Sempre pense positivo – Sempre seja positivo 93
        Não seja perfeccionista 95

Tenha sempre algo grande em mente, mas dê pequenos passos. 96
Livre-se da raiva 98
Erro nº 8: Focar muitos objetivos simultaneamente 106
Erro nº 9: Motivação fraca 110
Erro nº 10: Não visualizar seu objetivo alcançado 117
Erro nº 11: Deixar a ansiedade tomar conta de você. 130
    Como o organismo produz a ansiedade e o medo 135
    O sistema nervoso 135
        Sistema Nervoso Central 136
        Sistema Nervoso Autônomo 136
        Sistema Nervoso Simpático 136
        Sistema Nervoso Parassimpático 136
    Quando o medo e a ansiedade transformam-se em energia prejudicial?. . . 138
    Como diminuir a ansiedade. 143
    Ansiedade nos relacionamentos 148
Erro nº 12: Desistir facilmente de seus sonhos 152
Ações que vão ajudá-lo a se manter no comando de sua vida e em busca de seus objetivos 158
1: Concentre-se na tarefa que está fazendo 161
2: Organize-se 164
3: Mantenha-se ativo e ocupado 169
4: Use afirmações positivas e visualização criativa 171
    Como fazer afirmações positivas e visualização criativa que realmente dão resultado. 179
    Técnica da afirmação positiva e visualização criativa. 185
5: Respire fundo 195
    Técnica da respiração consciente ou controlada 197
    Concentre-se apenas em sua respiração 199
    Estímulos ou recursos para potencializar a concentração em sua respiração consciente 201
        Fechar os olhos. 201
        Respirar o mais pausadamente possível 201
        Concentrar-se no som ou ruído de sua respiração 202
        Focar o pensamento em uma palavra, frase ou imagem 202
        Respirar imaginando cores 202

Prestar atenção na contagem da respiração 203
O suspiro relaxante – um valioso aliado para o relaxamento rápido 204
Técnica do sopro prolongado para o relaxamento instantâneo 205
6: Relaxe seus músculos. 207
Relaxamento muscular imaginário topográfico progressivo. 207
Iniciando o relaxamento. 209
Finalizando o relaxamento 211
7: Sinta-se em seu lugar preferido 212
Técnica de seu lugar preferido 212
8: Medite. Ao contrário do que muitas pessoas pensam, não é
nada complicado 214
Como praticar 219
Primeiro passo ou preparação 219
Segundo passo 220
Terceiro passo. 220
Quarto passo 223
Quinto passo ou encerramento. 227
Resumo dos 5 passos da meditação 227
9: Fale com Deus. 229
10: Tenha um método para alcançar seus objetivos 235
Método dos cinco passos básicos para transformar com sucesso seus
sonhos em realidade. 236
Observações finais. 241
Sobre o autor. 248

Apresentação

Desde garoto, quando fazia um jornalzinho que circulava no colégio, sempre tive (e continuo tendo) um grande interesse pelos mais variados assuntos, e procuro aprofundar-me constantemente em muitos deles.

O material deste livro é o resultado de minha paixão pelo estudo de um desses assuntos: nosso potencial mental – mais precisamente, o Pensamento Positivo e a Lei da Atração.

É muito comum encontrar em textos e documentários relacionados ao assunto o testemunho de pessoas sobre suas experiências, suas histórias. Um recente artigo, publicado em revista de grande circulação nacional, trazia o depoimento feliz de pessoas para as quais o Pensamento Positivo e a Lei da Atração funcionaram, enquanto outras, com igualdade de conhecimento sobre o assunto, afirmaram que não tiveram o mesmo êxito e ainda atraíram o fracasso, o que as levou a desistir rapidamente de alcançar seus objetivos.

Antes de mais nada, quero parabenizar a todos aqueles que têm atingido seus objetivos com a ajuda do Pensamento Positivo e da Lei da Atração, desejando que ainda colham resultados muito melhores. Meus cumprimentos também para quem não conseguiu alcançá-los (ainda!), pois devem sentir-se vitoriosos pelo simples fato de correrem atrás de seus sonhos, esforçando-se e empenhando-se ao máximo em busca de suas realizações. Que não desanimem, pois **o grande segredo daqueles que alcançam o sucesso é a persistência**. Mantenham-se fortes, portanto, em seus propósitos, ao mesmo tempo em que procurem fazer de seu autoaperfeiçoamento uma busca constante.

O insucesso para quem se esforça e se empenha ao máximo é temporário; um aprendizado para começar de novo. Para quem se acomoda e desiste é definitivo; aqui, sim, uma derrota. Dificuldades, falhas e desânimos são esperados ao longo da jornada daqueles que buscam um objetivo, pois fazem parte da vida, mas devem ser vistos como degraus que conduzem ao sucesso. **A maior virtude é não perder o entusiasmo, pois a predisposição positiva para agir é decisiva.** O psiquiatra Victor Frankl observou, certa vez: *"O que realmente importa é a atitude que o homem adota ante um destino incontrolável"*. Nas palavras de Virginia Satir, psicoterapeuta norte-americana: *"A vida não é como deveria ser, é do jeito que é. O modo como você lida com ela é que faz a diferença"*. Portanto, anime-se! Continue fazendo sua parte com dedicação e não desista de seus objetivos, pois o esforço vale a pena e a recompensa é enorme!

Falhar é aceitável; o que não se admite é não tentar. Segundo a atriz e romancista Ilka Chase: *"As únicas pessoas que nunca fracassam são as que nunca tentam"*. Não podemos esquecer que é por intermédio de sucessos e insucessos que construímos nossa experiência. **O que realmente importa é fazermos o melhor que podemos.**

> *"Somente um tipo de pessoa não tem frustração, decepção ou desilusão: aquela que não faz nada, não deseja nada ou não espera nada."*
>
> Paulo Roberto Meller

Já ouvi diversos enganos, mal-entendidos e muita confusão quando o assunto é Pensamento Positivo e Lei da Atração. Comigo aconteceu o mesmo, quando me deparei pela primeira vez com o tema, pois não soube lhe dar a devida atenção. É muito comum que, ao colocarem em prática o Pensamento Positivo e a Lei da Atração, as pessoas o façam de qualquer maneira, sem a mínima disciplina ou constância do que aprenderam, ou sem usar as técnicas necessárias em sua totalidade.

Assim, não é de estranhar que muitos, por não saberem ou não terem certeza do que fazer, acabam fazendo qualquer coisa de qualquer jeito ou até mesmo não fazendo nada, desistindo de tentar por não verem ou não terem claros os resultados que desejam. Isso sempre me inquietou. É como se estivessem dizendo: "É tudo *blablablá*". O fato é que, ao se decepcionarem com o Pensamento Positivo e a Lei da Atração, acabavam abandonando-os, perdendo a oportunidade de conhecer e desfrutar seus inúmeros benefícios. Em outras palavras: **a confusão das pessoas sobre o Pensamento Positivo e a Lei da Atração faz com que elas não os aproveitem de forma eficaz, mas isso pode ser revertido.**

Todas as dúvidas, questionamentos e incertezas a respeito do tema, muitas vezes acompanhados de profunda ansiedade por parte de alguns, me estimularam a escrever este livro, visando a esclarecimentos e informações que ajudem as pessoas a seguir e atingir seus propósitos.

Há muito alarde sobre o poder do Pensamento Positivo e da Lei da Atração para as pessoas alcançarem o que desejam, como se fosse a coisa mais simples do mundo, mas nem todos conseguem e querem saber por quê. Portanto, devemos ter bem claro: Quais são os obstáculos? O que atrapalha ou impede seus desejos de se materializarem?

Minha intenção com este livro, após mergulhar fundo no assunto, é elucidar essas dúvidas, ao mesmo tempo em que faço uma abordagem detalhada do Pensamento Positivo e da Lei da Atração, elucidando os principais erros das pessoas ao colocá-los em prática. **O autotreinamento mental que aqui proponho vai ajudá-lo a tirar o pé do acelerador do corre-corre diário, diminuindo sua ansiedade, para que você possa utilizar todo o potencial de seu cérebro.** Assim, você poderá buscar mais soluções e alternativas para qualquer tipo de problema e para a conquista de seus objetivos.

Todas as pessoas podem retomar o controle de suas vidas, ajudando a si próprias a vislumbrar novas possibilidades e a ser mais bem-sucedidas.

Mas, se você é desses que se perguntam por que o Pensamento Positivo e a Lei da Atração não funcionam para todos, não se preocupe. Você encontrará a resposta, e ela será o fruto de sua reflexão à medida que for lendo este livro.

Ao avançar na leitura, você vai se deparar com perguntas (como a anterior) que surgirão durante o diálogo mantido com o autor. Cada vez que se defrontar com elas, antes de seguir adiante, procure respondê-las honestamente para si mesmo. É uma proposta colaborativa que lhe faço, uma boa maneira de você rever seus conceitos, verificando se eles estão corretos, ao mesmo tempo em que poderá detectar algum erro em sua prática. *"Se você não conseguir responder uma pergunta em até 30 segundos, é porque há confusão em sua cabeça"*, diz um pensamento espanhol.

Se não há nada de errado com seus conceitos e sua prática, ótimo! Ficarei igualmente feliz por este livro ajudar a "refrescar sua memória", ainda mais que uma das chaves para o aprendizado e o sucesso é a repetição.

"Se estiveres no caminho certo, avança; se estiveres no errado, recua."

Lao-Tsé

Reavaliar seus conceitos, mudando-os quando preciso, bem como detectar erros e evitá-los, praticando as devidas correções, vai ajudá-lo a maximizar seu potencial de desempenho mental.

O que é realmente fundamental entender disso tudo é que você já possui o que há de mais importante: seu potencial mental, pois nasceu com ele. Apenas vai desenvolver o que já tem, pois seu desempenho depende da forma de pensar e agir. Conscientize-se, portanto, de que aproveitar seu potencial ao máximo depende exclusivamente de você!

Nossa vida é feita de escolhas e cada atitude que tomamos é tão valiosa quanto o pensamento que a gerou. Exploremos, por isso, nossa capacidade mental para usá-la da forma mais eficaz possível.

Este livro está organizado em duas partes. Primeiramente, procuro mostrar o que são o Pensamento Positivo e a Lei da Atração, bem como esclarecer seus poderes e limitações. A ideia de expor suas restrições surgiu quando percebi que grande parte das pessoas que lia sobre o Pensamento Positivo e a Lei da Atração acreditava que basta alguém pensar positivamente para ter, ser ou fazer qualquer coisa. Porém, não é bem assim que a coisa funciona. O Pensamento Positivo e a Lei da Atração também têm suas limitações. Tanto que existem inúmeros testemunhos e relatos pessoais evidenciando que também são necessários *comportamentos positivos* – isto é, ações com determinação e persistência.

Não se surpreenda, pois, se você se deparar com coisas "óbvias", mas que muitos esquecem. Com tantas informações sobre o assunto, as pessoas acabam deixando de lado o básico, o essencial.

Como as atitudes que criam nossos erros são todas aprendidas ou condicionadas, temos que reaprendê-las ou recondicioná-las. Sabemos o quanto é trabalhoso mudarmos hábitos, uma vez que somos guiados por eles, mas **o simples pensar e repensar nossos padrões rotineiros não produtivos, que nos atrapalham, já nos estimula a mudá-los.**

Na segunda parte deste livro, faço uma abordagem prática. Nela, você vai aprender a aproveitar o potencial de sua mente com ações que ajudarão a mantê-lo no comando de sua vida em busca de seus objetivos.

> *"Não podemos nos tornar aquilo que precisamos ser enquanto permanecermos o que somos."*
>
> Oprah Winfrey

Depois da leitura deste livro e da prática de seus ensinamentos, dificilmente você pensará que o Pensamento Positivo e a Lei da Atração não possam ajudá-lo.

> *"Um objetivo não alcançado nem sempre significa que é difícil ou impossível. Muitas vezes, o problema pode estar simplesmente na maneira ou estratégia usada para buscá-lo."*
>
> Paulo Roberto Meller

Como ler este livro: Você já deve estar cansado de saber que "a pressa é inimiga da perfeição". Para aproveitar melhor este livro, portanto, recomendo não ler mais do que um capítulo por dia. Assim, ficará mais fácil absorver todas as informações transmitidas.

Também, para um melhor aproveitamento da leitura, faça-a com muita atenção; reflita sobre o que lê, sublinhe e faça anotações onde possa acessar facilmente para reler quando quiser. Se não fizer isso, além de "achar que aprendeu", você vai acabar esquecendo muita informação que pode lhe ser útil.

No final de cada capítulo, pare e releia suas anotações. Lembre-se de que **a repetição é um poderoso recurso para assimilar seu aprendizado**.

> *"Algumas pessoas nunca aprendem nada, porque entendem tudo muito depressa."*
>
> Alexander Pope

Afinal, o que são o Pensamento Positivo e a Lei da Atração?

A expressão Pensamento Positivo é autoexplicativa, ou seja, pensar positivamente significa ter em mente pensamentos elevados, que nos permitam refletir e sentir de forma positiva os acontecimentos em nossa vida.

Segundo a Lei da Atração, semelhante atrai semelhante. De acordo com essa lei, todas as pessoas e tudo que você atrai para sua vida têm a tendência (repito: a "tendência") de ser semelhantes aos seus padrões de pensamento. E isso é válido tanto para algo bom ou ruim, positivo ou negativo.

Uma palavra de precaução: apesar de se tratar de uma "lei" que funciona muito bem, a Lei da Atração tem suas restrições. Por isso que, de acordo com ela, semelhante tem a "tendência" de atrair semelhante. Isso é tão verdade que, se pessoas ricas sempre atraíssem pessoas ricas, não precisariam de proteção e segurança máxima 24 horas por dia.

Há inúmeros estudos que explicam como se dá o processo da Lei da Atração. Um deles diz que tudo no Universo é energia vibrante – possui um tipo de frequência vibratória – e que essas ondas ou energias de mesma frequência têm a característica de se atraírem (Lei da Atração). O estudo dessas ondas é feito pela Física Ondulatória, também denominada Física Quântica. Conforme mencionei, este é apenas um de muitos estudos, porém meu propósito não é abordar todos aqui.

O Pensamento Positivo e a Lei da Atração dizem respeito ao poder de nossos pensamentos e como eles afetam nossa vida. Assim, **o modo como pensamos determina a maneira como agimos**. De forma simplificada, podemos dizer que se baseiam no princípio de que **nossos pensamentos têm a tendência de determinar nossa realidade**.

Não é de surpreender que, em João (1:1), encontremos claramente uma das mais importantes e profundas revelações da Bíblia: "*No princípio era o Verbo...*". Além de suas devidas interpretações no contexto da escritura sagrada, essa mensagem lembra-nos o significado de *verbo*, que é a palavra e seu respectivo conteúdo, o pensamento. A palavra, símbolo ou expressão do pensamento, como sinônimo de **criação e ação**.

O pressuposto básico da escritura é que **tudo parte do pensamento, e isto é fundamental: o pensamento e a palavra – que nos foram dados pelo Criador – têm o extraordinário e infinito potencial para criar.**

Em suma, **o poder criativo que está dentro de nós começa com um pensamento. Por sua vez, nossas ações seguem nossos pensamentos**. Nesse processo, o Pensamento Positivo e a Lei da Atração, com certeza absoluta, vão influenciar nos resultados, ajudando a criar nossa realidade!

Tudo bem, mas qual a importância disso em nossa vida? A grande importância é que **a maneira como pensamos e agimos decide o tipo de futuro que se encaminha para nós**. Dada a sua relevância, por ser um dos princípios-chave do sucesso, parece-me válido repetir: a maneira como pensamos e agimos decide o tipo de futuro que se encaminha para nós!

> *"O futuro não é o resultado de escolhas entre caminhos alternativos oferecidos pelo presente, e sim um lugar criado. Criado antes na mente e na vontade, criado depois na ação. O futuro não é um lugar para onde estamos indo, mas um lugar que estamos criando. Os caminhos não são para ser encontrados e, sim, feitos. E a ação de fazê-los muda ambos, o fazedor e o destino."*
>
> John Schaar

Refletindo sobre essas palavras, percebemos seu real valor, e por isso convido o leitor a examiná-las atentamente, pois é preciso que sempre nos lembremos delas, uma vez que seu ensinamento é da maior relevância e absolutamente imprescindível para que **façamos a nossa parte**. Esta é a condição indispensável para que possamos alcançar nossos objetivos.

> *"O homem é produto do seu pensamento."*
>
> Mahatma Gandhi

Muitos autores escreveram sobre o Pensamento Positivo e a Lei da Atração, fundamentados nas grandes e verdadeiras leis que regem o Universo, conhecidas há milênios, e que nos foram ensinadas pelos grandes mestres, gênios e pensadores da humanidade.

Para termos uma ideia de quão antigos são o Pensamento Positivo e a Lei da Atração, basta vermos que Mateus (21:22) já apresentava uma versão do assunto: *"Tudo o que pedirdes, em estado de oração, com fé, alcançareis"*. Ou, no dizer de Buda (566-485 a.C.): *"Tudo o que somos é o resultado do que pensamos"*. Em 1906, William Walker Atkinson publicava um dos primeiros livros sobre o tema: *Thought vibration or the law of attraction in the thought world (A vibração do pensamento ou a lei da atração no mundo do pensamento)*.

Muitos livros sobre o Pensamento Positivo e a Lei da Atração fizeram estrondoso sucesso, com muito mérito, pois, acima de tudo, despertaram as pessoas para aquilo que elas têm de mais precioso: o potencial de suas mentes – incentivando-as a pensarem positivamente. Um dos que se tornou mais conhecido é *O poder do pensamento positivo*, de Norman Vincent Peale; e sobre a Lei da Atração, *O segredo*, de Rhonda Byrne.

Embora um grande número de pessoas tenha adentrado no assunto, merecem elogios aquelas que, com o respectivo conhecimento, tiveram o bom senso de não fantasiar a realidade ao colocarem em prática o Pensamento Positivo e a Lei da Atração.

É necessário chamar a atenção para o fato comprovado de que **o grande poder se dá quando o pensamento é combinado com a ação, uma vez que viver só de pensamentos positivos seria o mesmo que viver em um mundo de sonhos ou fantasias.**

Ideias e pensamentos positivos, sem dúvida alguma, são poderes, mas, em potencial. Para que produzam resultados eficazes, é necessário que sejam transformados em ação. Ao agir, sim, o Pensamento Positivo vai reforçar as respectivas ações.

Igualmente devem ser elogiadas todas aquelas pessoas que tiveram a perspicácia de atentar para o fato de que o Pensamento Positivo e a Lei da Atração não são uma solução para tudo (como veremos no transcorrer desta leitura), e que, como tudo na vida, devem ser usados com bom senso.

Quando falamos em Pensamento Positivo e Lei da Atração, é oportuno lembrar a Lei da Causalidade formulada por Aristóteles, filósofo grego que viveu entre 384 e 322 a.C., atualmente conhecida como Lei da Causa e Efeito. Essa lei é conhecida na Bíblia através da metáfora da semeadura e da colheita: *"O que semear, você colherá"*.

O renomado escritor T. Harv Eker expõe bem a ideia disso: *"... as pessoas ricas focalizam o que elas querem, enquanto as que têm uma mentalidade pobre concentram-se no que não querem. Repetindo, a lei universal diz: 'Aquilo que você focaliza se expande'. Como os ricos estão sempre voltados para as oportunidades, elas chovem na sua vida"*.

"A mente de um homem pode ser comparada a um jardim, que pode ser inteligentemente cultivado ou deixado crescer abandonado (...)."

James Allen

Trata-se do livre-arbítrio, que também nos foi dado pelo Criador; isto é, todos temos plena liberdade para semear (pensar, criar, decidir, escolher, desejar e fazer), mas isso terá consequências (trata-se da Lei da Atração em sua plena função), e ninguém escapa da colheita, que é obrigatória, pois somos submetidos a colher os resultados daquilo que plantamos. Em outras palavras, ninguém colherá flores se plantar pepinos. **Assim como o construtor edifica sua obra com os melhores materiais, nós também podemos construir nossa realidade com pensamentos e sentimentos da melhor qualidade**. O problema é: se não assumirmos o comando, nossa realidade vai sendo construída de qualquer jeito. E é bom você reservar um tempo para refletir sobre essa verdade extremamente importante: a realidade de muitas pessoas vai sendo construída de qualquer jeito.

"Você é livre para fazer suas escolhas, mas é prisioneiro das consequências."

Pablo Neruda

Já vimos e entendemos que nossa palavra e nosso pensamento têm um incrível poder. Correto? Então, prezado leitor, está na hora de se perguntar: Eu tenho semeado (bons pensamentos, é claro) em minha mente? De forma habitual? Mais precisamente o quê?

Ou, quem sabe, você ainda tem alguma dúvida a respeito daquele ditado popular que diz *"Dinheiro atrai dinheiro"*? Provavelmente, você já deve ter ouvido e concordado com ele.

E este aqui, então:

"Porque aquilo que temia me sobreveio; e o que receava me aconteceu". Além de sua interpretação no contexto bíblico, o que está subentendido nessa mensagem de Jó (3:25)? Ela simplesmente confirma a Lei da Atração ou da Semeadura: **temos a tendência, propensão ou predisposição de atrairmos para nós a essência daquilo que ocupa predominantemente nossos pensamentos**.

Por que o texto diz "aquilo que temos ou receamos"? Porque são as coisas que mais nos causaram impacto emocional, mais nos marcaram; em que mais forte e intensamente pensamos, mas poderia ser outro pensamento qualquer – desde que pensado e sentido intensamente. Eis o que Tarsizo de Oliveira, em seu livro *Desenvolvimento do poder do pensamento positivo*, escreveu a respeito:

> O medo é uma forma de acreditar no que é temido, pois não temsos aquilo em que não acreditamos. O medo é a forma mais vigorosa de pensar e por esse motivo é que impressiona tão profundamente o subconsciente.

Voltaire já afirmava que "Quanto mais meditarmos em nossos infortúnios, maior será seu poder de nos ferir". Certamente, você já começa a entender o que foi exposto sobre o poder de nossos pensamentos, bem como a devida importância de controlá-los. A fantástica notícia que posso lhe dar, que nos anima e que temos de ter em mira, é que, **assim como nossa imaginação é muito eficaz para pensar coisas ruins, o processo é o mesmo para imaginarmos coisas boas**.

> *"Se realmente somos aquilo em que pensamos, então o objetivo é ter bons pensamentos e continuar trabalhando nisso até que em nossa cabeça só haja praticamente o bem."*
>
> Jack Hawley

Vale aqui lembrar a Lei da Causa e Efeito, a Lei da Atração, bem como o Pensamento Positivo e todas as demais leis mentais que dizem que o nosso pensamento tende a atrair a realidade do seu conteúdo. Na verdade, acima de tudo, **nosso pensamento potencializa ou limita nossas possibilidades**, pois é a causa de nossa atitude que vai nos impulsionar e nos levar a pôr em prática nossas ações. A atitude é o efeito de nosso pensamento.

O que pensamos (semeamos), portanto, é essencial para criarmos nossa realidade. Por isso, não é grande novidade que dinheiro atrai dinheiro; saúde gera saúde; sucesso atrai sucesso; ódio gera ódio; amor atrai amor; alegria atrai alegria; tristeza atrai tristeza; atos bons trazem como consequência efeitos bons; atos maus, efeitos maus. Pensar nas suas perdas o faz perder mais e mais; estresse, correria, afobamento, impaciência e mau humor só vão atrair situações ou coisas ruins que vão torná-lo pior ainda (quanto à saúde, as consequências serão danosas e até fatais) e assim por diante.

Dessa maneira, muitas (repito, muitas, não todas) pessoas são pobres não por incapacidade para adquirir mais, mas porque condicionaram suas mentes para aceitar essa condição. Isso pode ocorrer nos mais diversos aspectos de nossa vida. Como muito claramente disse o Grande Mestre Jesus Cristo: *"Como um homem pensa em seu coração, assim ele é".* Ou seja, **o que pensamos é um estímulo para a manifestação em nossa vida.** Portanto, vou repetir esta importante verdade: o que pensamos é um estímulo para a manifestação em nossa vida!

"Ser pobre é diferente de não ter dinheiro. Pobreza é um estado de espírito. Falta de dinheiro pode ser uma situação temporária."

Lair Ribeiro

Adianto-me ao dizer que este é apenas um dos motivos de você ter de afirmar e visualizar seu objetivo como já alcançado, pois **os frutos que irá colher serão idênticos à espécie de semente que você plantou.** Tenha, portanto, o máximo de cuidado com suas sementes, com o que você anda plantando. Imagino que sejam sementes muito bem selecionadas e todas da melhor qualidade!

Esclarecendo: quanto ao ditado popular *"Dinheiro atrai dinheiro"*, é evidente que o dinheiro por si só não atrai nada. Por outro lado, tê-lo facilita novos empreendimentos. No entanto, não tem como criar meios de conseguir mais dinheiro sem pensar nele. Pensar em dinheiro, portanto, contribui para criarmos formas de consegui-lo ou atraí-lo.

O que você deve sempre lembrar: sua palavra tem poder – o poder de criar! Com a palavra, você pode criar desgraça ou felicidade. Trata-se de uma escolha sua! Por isso, John Milton enunciou muito acertadamente: *"A mente é um lugar em si mesma e pode fazer do inferno um paraíso ou do paraíso um inferno".*

"As pessoas deveriam saber que o cérebro é responsável tanto pela alegria, encantamento e riso quanto pela tristeza, melancolia e dor."

Hipócrates

A semente lançada (pensamento positivo – ou negativo) vai germinar, brotar e lançar novas sementes semelhantes (Lei da Atração: semelhante atrai semelhante).

"A mente cresce a partir daquilo de que se alimenta."

J. G. Holland

Se sabemos que existe uma tendência da mente de tornar realidade aquilo em que se pensa mais repetidamente, então por que não aproveitarmos nossa extraordinária imaginação para criarmos coisas boas, construtivas, positivas? Você tem o poder de criar suas próprias ideias ou soluções para tudo aquilo que deseja e é possível ser melhorado. A lição é simples: suas ações dependem de seu modo de pensar, e com a imaginação criativa e o pensamento positivo, construtivo, você pode criar a vontade de agir. Sem vontade, dificilmente fará alguma coisa.

Não se engane, pois só uma pessoa será responsável pelo caminho que você escolher: você!

> *"Cada pessoa trilha seu próprio percurso, fruto do mapa (qualidade de pensamentos) que tem em mente."*
> Paulo Roberto Meller

Fique, então, alerta; faça excelentes escolhas e plante apenas sementes que lhe proporcionem saúde e felicidade!

> *"Não perca seu precioso tempo procurando as coisas fora de você. Quando descobrir o poder criador de suas palavras, vai surpreender-se ao confirmar que grande parte da manifestação externa em sua vida apenas reflete seu interior!"*
> Paulo Roberto Meller

Desde tempos antigos os mestres sabiam que muitos de seus discípulos procuravam por "fórmulas mágicas", "receitas prontas", facilidades que buscavam fora de si para não se darem ao trabalho de pensar, de raciocinar com lógica, enfim, usando da melhor forma seus recursos internos, seu poder interior. Esta é a razão principal por que os mestres, dentre eles Jesus Cristo, ensinavam por meio de parábolas (histórias e metáforas). Com elas, como sabiam que seus discípulos não se dariam a este trabalho, eles próprios semeavam suas mensagens em solo fértil, isto é, no subconsciente das pessoas, uma vez que aí reside o seu grande poder interior ou, como costumavam chamá-lo, o "Reino dos Céus".

O uso de parábolas, isto é, fazer comparações da realidade com fatos e histórias fictícias com a finalidade de ensinar as pessoas, é uma maneira de ultrapassar a mente consciente, o raciocínio crítico ou a negação, atingindo diretamente o subconsciente, onde as mensagens são assimiladas sem indagação. Elas induzem a pessoa a tirar uma conclusão sem questionamentos. Uma vez no subconsciente, resultam em atitudes, comportamentos ou ações. Vejamos o que consta em Mateus (13:10-13):

> *Os discípulos então se aproximaram e disseram-lhe: "Por que lhes fala por meio de parábolas?". Ele respondeu: "Porque vocês conhecem os mistérios do Reino dos Céus, mas eles não... por isso lhes falo por parábolas: porque mesmo vendo, não veem; e mesmo ouvindo, não ouvem e não compreendem".*

Reconhecer seu poder interior, suas capacidades e habilidades, e utilizá-los, é condição indispensável para se ajudar em qualquer realização.

Sempre devemos lembrar que apenas pensar positivamente é uma atitude muito simplista para algo mais abrangente e que pode ser mais bem aproveitado. Seria usar uma parte pelo todo. O risco disso é a desilusão profunda. Para que isso não aconteça, é preciso saber usar o pensamento de maneira mais proveitosa e equilibrada.

Eu diria que **mais importante e producente do que o Pensamento Positivo ou pensar positivamente é o pensamento correto e adequado**. Entende-se por pensamento correto e adequado o pensamento apropriado. Este não permite distorções subjetivas. Se uma pessoa que fuma, por exemplo, diz "Eu acredito que vou parar de fumar" ou "Eu vou parar de fumar", um sentimento seu mais profundo ou uma vozinha de seu interior poderia dizer "Será?" ou "Acho difícil!". Se, entretanto, afirmar de uma forma mais adequada: "Eu paro de fumar porque estou decidido e determinado a seguir precisamente os passos que estabeleci para atingir meu objetivo", a diferença é clara; a última declaração é mais realista.

Com isso, vê-se que o Pensamento Positivo não é suficiente. Assim como as pessoas constroem suas casas com todo o cuidado e precisão, do mesmo modo deveriam construir seus pensamentos. **Senso crítico, consciência emocional estável e pensamento correto é a combinação ideal, o caminho das realizações e da paz**. A base para o desenvolvimento de um pensamento positivo saudável está em manter sua relação adequada com a realidade. Quando o discernimento une o realismo ao Pensamento Positivo, você honestamente está anunciando confiança no futuro.

David J. Schwartz, professor da *Georgia State University*, observou muito bem: "*No que diz respeito ao sucesso, as pessoas não são medidas em metros ou quilos ou diplomas ou histórico familiar; elas são medidas segundo a dimensão de seu pensamento*". Se a qualidade dos resultados do que produzimos depende da qualidade de nossos pensamentos, com certeza absoluta, se pensarmos melhor, teremos melhores resultados. A conclusão disso tudo é que **você tem controle total sobre o que escolher para pensar**. Pensar bem não é fruto somente do talento inato, mas uma habilidade a ser desenvolvida, que requer esforço e dedicação.

Muito importante: pensar corretamente não leva a resultados infalíveis, mas com toda a certeza escolhemos melhor e decidimos mais acertadamente. Com um pouco de treino é possível desenvolver bons hábitos mentais. Depende só de sua vontade, e você pode!

E sabemos o quanto é necessário o treinamento mental, não somente para os esportistas em geral, mas para a nossa vida, pois a preparação ou condicionamento mental e emocional são imprescindíveis para que possamos ter um excelente desempenho em qualquer atividade.

Eu não poderia finalizar este capítulo sem deixar uma coisa bem clara: mais importante do que saber, afinal, o que são o Pensamento Positivo e a Lei da Atração, é saber como eles podem nos ajudar. Em geral, as pessoas acreditam que basta ser positivo diante da vida ou pensar coisas positivas, como já mencionei. No entanto, é preciso saber que existe uma técnica para deixá-los a nosso favor; e quanto mais eficaz sua prática, mais eficazes os resultados.

Quanto à Lei da Atração, alguém poderia dizer que se trata de uma "lei" e que, por isso, vai manifestar-se de qualquer jeito; porém, não é bem assim que ela funciona. Podemos influenciá-la, no entanto, de modo que suas manifestações nos sejam favoráveis. Vou adiantar que é semelhante ao que acontece com nosso subconsciente; ele nos comanda, mas, se quisermos, podemos influenciá-lo ativamente, assumindo o controle de nossa vida. E é disso que trata este livro.

"Não conheço nada mais estimulante do que a inquestionável capacidade do homem de elevar sua vida pelo comportamento consciente."

Henry David Thoreau

"O pensamento positivo pode vir naturalmente para alguns, mas também pode ser aprendido e cultivado; mude seus pensamentos e você mudará seu mundo."

Norman Vincent Peale

O poder do Pensamento Positivo e da Lei da Atração: verdade ou mentira?

Bastam o Pensamento Positivo e a Lei da Atração para alcançarmos nossos objetivos? Seria ótimo se a resposta fosse "sim", mas sabemos que, na realidade, não é isso o que ocorre, pois também há outros fatores igualmente relevantes e decisivos que devem ser levados em conta, conforme você verá à medida que for lendo este livro.

> *"Se é verdade que para alcançar um objetivo são necessários muitos fatores, podemos também admitir que o insucesso ao não alcançá-lo pode ser devido somente à falta de um deles."*
>
> Paulo Roberto Meller

Além dos fatores que comentaremos neste livro, não podemos esquecer também que há ainda outros, independentes de nosso controle individual, como muito bem enfatizou Ed Gungor em seu livro *Muito além do segredo*: "O problema é que não há uma única pessoa usando a lei – temos mais de um programa rodando neste momento no universo. Nós não usamos a lei da atração em um vácuo – existem outros jogadores, outras forças em movimento".

Ao mencionar que "existem outros jogadores", o autor quis dizer que não atraímos todas as coisas ruins para nós, citando o exemplo de um acidente de carro em que o culpado foi outra pessoa ("outro jogador", como expressa em seu texto). Ele cita outros exemplos, como o horror do Holocausto, com milhões de vítimas, abusos e assassinatos de crianças, e também o caso de uma colheita frustrada, em que ocorrem outros fatores ou intempéries da natureza, como uma seca, um furacão ou uma geada na temporada.

Poderíamos continuar citando uma infinidade de outros exemplos, mas o mais importante a destacar aqui é que, por mais que o termo "lei" (Lei da Atração) implique a ideia de infalível, as vítimas desses exemplos não atraíram aquelas coisas ruins para elas, pois sempre há "outras forças em movimento". A Lei da Atração e o Pensamento Positivo têm seus poderes e funcionam muito bem, mas ao considerarmos que outros fatores alheios à nossa vontade também estão em jogo, não podemos atribuir-lhes poderes ilimitados!

Diga-se, a bem da verdade, que se por um lado há fatores que nos causam sofrimento e não podemos evitar, como tragédias, acidentes, doenças, perda de um ente querido, alguma insatisfação ou decepção, por outro, há também aqueles em que somos vítimas, coautores ou autores – o que significa que podemos evitá-los ou fazer alguma coisa por eles. Dentre tantos desses sentimentos que nós próprios cultivamos e que nos causam as piores dores e danos ao comprometerem nossa paz interior, nossa saúde e nossas relações interpessoais, bem como dificultam a realização de nossas atividades, muitas vezes nos impedindo de atingir nossos objetivos, estão o ressentimento ou mágoa, o ódio ou raiva, a inveja, a impaciência, a intolerância, a irritação, a agressividade e a ansiedade exagerada.

No entanto, é possível atacar esses pensamentos negativos sentindo-se bem consigo mesmo e desfrutando de uma vida com mais energia e entusiasmo. O que fazer, então, para mudar toda essa negatividade? A resposta seria transformar seus pensamentos negativos em positivos. **O Pensamento Positivo tem a força de melhorar nossa visão da vida.** Sentimento e comportamento positivo são fundamentais em todos os aspectos de nossa existência.

> *"A maior parte de nossa felicidade depende de nossa atitude e não das circunstâncias."*
>
> Martha Washington

A mensagem que quero transmitir-lhe é: modificar seus pensamentos, substituindo-os por outros, positivos e realistas, vai mudar seus sentimentos e comportamento. Esta é a condição indispensável para ajudá-lo a mudar e melhorar sua maneira de pensar e viver.

Como já mencionado, o Pensamento Positivo e a Lei da Atração têm poderes que funcionam muito bem, mas, infelizmente, o que muitas pessoas não entendem é que, se não praticarmos uma atividade física corretamente, não teremos resultados positivos, por exemplo. Assim, o problema ou a culpa não está na atividade física, mas em nós mesmos, que a executamos erroneamente.

"Às vezes, uma simples mudança de perspectiva é tudo o que faz falta para transformar algo tedioso em uma possibilidade interessante."

Alberta Flanders

As pessoas que não acreditam no poder de se pensar positivamente, e também de se exercer influência na Lei da Atração, geralmente são aquelas que têm uma visão muito estreita sobre o assunto. Diante disso, devem ter muito cuidado ao que atribuem suas culpas, pois poderão estar dispensando algo muito útil para elas. Na verdade, essas pessoas sequer se dão ao trabalho (e trabalho exige esforço) de se "antenarem" para o fato de que o Pensamento Positivo e a Lei da Atração funcionam para muitas outras. Ou, quem sabe, "acham" que é devido somente ao fator sorte que essas pessoas têm sucesso, e que a maneira de pensar delas não conta em nada. Bem, aí novamente o problema está naqueles que assim pensam, e só esses podem resolvê-lo, pois passaram a rotular o Pensamento Positivo e a Lei da Atração unicamente sob seu ponto de vista, ignorando seu real significado. Essas pessoas, portanto, precisam transformar ou modificar seu modo de pensar, procurando, antes de mais nada, conhecer melhor o assunto, pois, como afirmou Blaise Pascal: *"O homem está sempre disposto a negar tudo aquilo que não compreende"*.

Volto a enfatizar que o problema jamais estará no Pensamento Positivo ou na Lei da Atração, que funcionarão muito bem em determinadas circunstâncias se usados de forma correta. O problema reside nas pessoas, quando pensam que pelo Pensamento Positivo e pela Lei da Atração podem controlar tudo e ter domínio total sobre o que é maior do que elas. É lamentável que muitas pessoas pensem assim e fiquem frustradas ao colocá-los em prática dessa maneira e não obterem sucesso.

Saber isso é essencial para que não haja gasto de energia à toa, com estresse e frustração elevados, por confiar e depositar todas as forças em algo impossível de ajudar magicamente na busca de objetivos. Por outro lado, uma vez que se esteja ciente disso, pode-se concentrar todas as forças naquilo que realmente funciona e dá excelentes frutos. É assim que o Pensamento Positivo e a Lei da Atração devem ser utilizados.

Um dos fatores que dão poder ao Pensamento Positivo e à Lei da Atração, tornando-os essenciais em nossa vida, é que, ao pensarmos positivamente, isso nos impede de nos sabotarmos. Por exemplo, diante de uma tarefa, se pensarmos que ela é difícil ou que não conseguiremos realizá-la, isso realmente vai influenciar em nossa ação, levando-nos a executá-la mal ou mesmo a não executá-la. Nosso subconsciente também poderia estar nos sabotando com suas ideias e crenças negativas, sem que percebamos, prejudicando nosso desempenho e comprometendo a concretização de nossos desejos.

Ao contarmos com o poder transformador do Pensamento Positivo e da Lei da Atração, portanto, estaremos mais dispostos a encarar nossas ações de maneira positiva, tornando-as mais eficazes, bem como seus resultados. Como afirma Thomas Jefferson: *"Nada pode parar o homem com a atitude mental correta de atingir seu objetivo, nada na Terra pode ajudar o homem com a atitude mental errada"*. Por outro lado, **pensar positivamente não significa ignorar os problemas, as dificuldades e a realidade dos fatos, mas sim reconhecer os desafios, não se deixando paralisar por eles, tendo a capacidade de positivamente superá-los.**

O filósofo grego Epictetus (55-135 d.C.), que viveu a maior parte da vida no Império Romano, um professor sereno e humilde, que estimulava os alunos a encarar com seriedade a arte de viver com sabedoria, já defendia e ensinava que a missão da Filosofia é ajudar as pessoas comuns a enfrentar positivamente os desafios e frustrações da vida. Logo, é uma escolha nossa, pois podemos pensar positiva ou negativamente.

Atenção! É importante compreendermos que o Pensamento Positivo não se restringe somente a "pensamentos ou afirmações positivas", mas essencialmente diz respeito ao pensamento correto ou adequado, o que, por sua vez, é positivo. Dennis Greenberger e Christine A. Padesky, psicólogos diretores de destacados centros de tratamento psicológico nos Estados Unidos, em seu livro *A mente vencendo o humor: mude como você se sente, mudando o modo como você pensa*, nos dão um exemplo que ilustra isso muito bem: *"Se estamos esperando na fila de um supermercado e pensamos 'Isto vai levar tempo, acho melhor relaxar', provavelmente nos sentiremos calmos. Nosso corpo ficará relaxado, e talvez comecemos a conversar com alguém que esteja próximo ou peguemos uma revista. Entretanto, se pensamos 'Este lugar é mal-gerenciado. Não é justo ter uma fila tão longa', podemos sentir raiva. Ficamos tensos ou impacientes e, talvez, ocupemos nosso tempo olhando para o relógio ou reclamando com o caixa".*

Como se pode ver, sempre que vivenciamos ou experimentamos um sentimento, há um pensamento que o está provocando. Assim, **quando conveniente, podemos mudar como nos sentimos substituindo o pensamento que temos em mente por pensamentos (positivos) que nos tornem mais equilibrados ou melhores.** Podemos (e devemos!) fazer isso nas mais diversas situações, pois é o Pensamento Positivo que nos proporciona os mais nobres sentimentos, como o amor, a bondade, o respeito, a tolerância, a alegria, o entusiasmo e uma relação harmônica conosco e com os outros.

Cada um pode experimentar o poderoso efeito de um pensamento positivo ao fazer um exercício simples: basta concentrar-se em uma ou mais palavras que representem algo de muito positivo para você, como "calmo, muito calmo, completamente calmo".

Ao concentrar-se exclusivamente nelas, pronunciando-as devagar, fazendo uma pausa entre uma e outra ao mesmo tempo em que respira lenta e profundamente, após um tempo, você perceberá nitidamente que seus sentimentos se modificam e, por sua vez, você mesmo. Assim, há muitas palavras com um forte teor de positividade que potencializam nossa mente evocando sentimentos positivos de bem-estar e bom humor e que podem mudar nossa maneira de agir com amor, entusiasmo, alegria, coragem, energia, confiança, vontade, serenidade, gratidão, entre outros bons sentimentos. Quando o apóstolo Paulo, em Filipenses (4:8), aconselha *"Ocupai-vos com tudo o que é verdadeiro, nobre, justo, puro, amável, honroso, virtuoso ou que de qualquer modo mereça louvor"*, está recomendando que prevaleça em nós os pensamentos e sentimentos positivos. Como já dizia Mahatma Gandhi: *"Comece pelo pensamento e veja aonde nossas palavras podem nos levar"*.

"Todo pensamento expresso por palavras é uma força, e tal força é sem limites."
Conde Leon Nikolaievitch Tolstoi

É evidente que ninguém vai se atrever a resolver todos os seus problemas com pensamentos positivos, pois o que a pessoa está sentindo pode ser o reflexo de um problema maior. Por exemplo, uma pessoa ansiosa, irritada, com cansaço, gastrite ou úlcera estomacal, dores de cabeça, entre outros sintomas, não vai resolver isso com pensamentos positivos. Se esses sintomas são decorrentes de seu estresse, por exemplo, ela até pode ajudar-se pensando positivamente, mas só vai resolver ou diminuir o estresse mudando seu estilo de vida. E se sua gastrite ou úlcera no estômago não forem decorrentes de problemas emocionais, mas de infecção bacteriana? Digo isso para chamar a atenção para o fato de que, em certas situações, é indispensável recorrermos a um profissional da saúde especializado.

Algum problema que a pessoa esteja enfrentando pode ter outros fatores envolvidos que não seu modo de pensar. Pode ser algo que tenha a ver com seus relacionamentos, família, trabalho... Ou seja, só mudar o pensamento, ou pensar positivamente, até pode ser um estímulo para superar seus problemas ou procurar ajuda, mas não basta. Como costumo dizer, quando usado adequadamente, o Pensamento Positivo inegavelmente ajuda, e muito, mas é imprescindível prevalecer sempre o bom senso.

Como se vê, o Pensamento Positivo e a Lei da Atração não são uma "panaceia milagrosa" capaz de resolver tudo, mas certamente têm algo de bom que mereça os devidos méritos e que nos estimula, encoraja e fortalece, levando-nos a muito bem aproveitá-los em tudo aquilo que podem nos ajudar. Infelizmente, quem não sabe aceitar o poder limitado do Pensamento Positivo e da Lei da Atração, ou seja, que eles não têm poder absoluto e ilimitado, também não aproveitará seus grandes benefícios, deixando de tirar proveito de suas potencialidades.

> *"O Pensamento Positivo nos permite ver novas opções, possibilidades e oportunidades; o que não é possível com o Pensamento Negativo."*
>
> Paulo Roberto Meller

Então, a questão principal que se deve lembrar é que tanto o Pensamento Positivo quanto a Lei da Atração são importantes e necessários, mas não suficientes. Não funcionam sozinhos; há outros fatores envolvidos no processo que agem combinados e que necessariamente devem ser considerados. Por exemplo, se Thomas Alva Edison, na intenção de criar a lâmpada elétrica, se restringisse a ficar somente pensando positivamente, nada aconteceria. Além de pensar, ele também agiu. Ao longo deste livro, o leitor vai descobrir e compreender facilmente quais são esses fatores.

Ao falar no poder que têm o Pensamento Positivo e a Lei da Atração – se verdade ou mentira –, não posso deixar de fazer uma analogia com o material a ser empregado em uma construção: por melhor que seja, ele não vai fazer a construção sozinho.

Este é o problema maior, diria o pecado capital cometido pelas pessoas que não entenderam o Pensamento Positivo e a Lei da Atração e passaram a usá-los como uma fórmula mágica, algo poderoso para trazer-lhes o que quer que fosse, sem que façam a sua parte. Tal postura é fadada ao fracasso, levando essas pessoas a se decepcionarem e – o pior – a desistirem de usá-los, passando a acreditar que é tudo uma grande bobagem. O que, obviamente, é lamentável, tendo em vista todos os benefícios que eles podem proporcionar, e ainda sem nenhum custo.

O maior benefício do Pensamento Positivo e da Lei da Atração, como princípios fundamentais do sucesso, é a capacidade de proporcionar às pessoas olharem para seus objetivos de forma positiva, e principalmente adequada, de forma a terem ânimo para executá-los, transformando-os em ações efetivas que produzem resultados.

> *"Assim também a fé: se não tiver obras, é morta em si mesma."*
>
> Tiago, 2:17

PARTE 1

Os 12 principais erros cometidos pelas pessoas para as quais o Pensamento Positivo e a Lei da Atração não funcionam e como evitá-los

> "Quando você não conseguir alcançar seus objetivos, reavalie e, se preciso, mude suas estratégias, mas não sua firme determinação de concretizá-los. Novas estratégias poderão levá-lo a novos resultados."
> Paulo Roberto Meller

Erro nº 1: Não pôr em prática o que aprendeu

"Quem estuda e não pratica o que aprendeu é como o homem que lavra e não semeia."

Provérbio árabe

Vamos ser sinceros. Seja honesto consigo mesmo, até para você chegar ao final deste livro e poder avaliar o quanto lhe foi útil. Pare a leitura por um momento e pense no que você tem feito em termos de Pensamento Positivo e Lei da Atração para ajudar a si mesmo. Refiro-me a algum ensinamento ou estratégia que procura seguir.

Embora hoje o acesso à informação esteja facilitado, **ainda são poucos os que têm a disciplina de pôr em prática o que leem ou aprendem**. A grande maioria das pessoas ainda acredita que a simples aquisição de conhecimento é suficiente, significa poder.

Um exemplo: são por demais conhecidos os graves danos causados à saúde pelo cigarro. São vários tipos de câncer de boca, garganta, laringe, faringe, estômago, pâncreas, rim, bexiga, colo de útero, pulmão; além de doenças coronarianas (angina e infarto), doenças pulmonares obstrutivas crônicas (bronquite e enfisema), doenças cerebrovasculares (derrame cerebral), sem contar com a trombose lesando veias e artérias do organismo, que acaba perdendo a capacidade funcional, levando à amputação de membros. O fumo também acelera a calvície, provoca rugas na pele, problemas de visão, perda gradual da audição, malformação do feto em caso de gravidez, impotência sexual, deficiência de concentração, alterações do sono, irritabilidade, diminuição da vitalidade, da disposição, etc.

A lista de danos à saúde associados ao hábito de fumar seria longa, mas o que cabe aqui destacar é que muitos profissionais da saúde, como médicos, psicólogos, dentistas, enfermeiros, nutricionistas, fisioterapeutas, preparadores físicos e tantos outros, mesmo lidando diariamente com pessoas com problemas gravíssimos de saúde decorrentes do cigarro – profissionais que têm grande conhecimento das consequências nocivas de fumar –, fumam e continuam fumando. Como corretamente observou Kleist: *"O saber não nos torna melhores nem mais felizes"*. Isso significa que **o valor das pessoas não está naquilo que sabem, mas fundamentalmente naquilo que fazem com o que sabem**. Aí reside a diferença fundamental entre estes dois termos, que as pessoas costumam confundir: conhecimento e sabedoria. **Conhecimento** é teoria, o que você aprendeu. **Sabedoria** é o seu aprendizado ou conhecimento posto em prática.

"O que você sabe não tem valor, o valor está no que você faz com o que sabe."

Bruce Lee

Para você refletir sobre a diferença entre conhecimento e sabedoria, compartilho esta mensagem significativa:

> *Dois discípulos procuraram um mestre para saber a diferença entre Conhecimento e Sabedoria. O mestre disse-lhes:*
> *– Amanhã, bem cedo, coloquem dentro dos sapatos vinte grãos de feijão, dez em cada pé. Subam, em seguida, a montanha que se encontra junto a esta aldeia, até o ponto mais elevado, com os grãos dentro dos sapatos.*
> *No dia seguinte os jovens discípulos começaram a subir o monte.*
> *Lá pela metade, um deles estava padecendo de grande sofrimento: seus pés estavam doloridos e ele reclamava muito.*
> *O outro subia naturalmente a montanha.*
> *Quando chegaram ao topo, um estava com o semblante marcado pela dor; o outro, sorridente. Então, o que mais sofreu durante a subida perguntou ao colega:*
> *– Como você conseguiu realizar a tarefa do mestre com alegria, enquanto para mim foi uma verdadeira tortura?*
> *O companheiro respondeu:*
> *– Meu caro colega, ontem à noite cozinhei os vinte grãos de feijão.*
> (Autor desconhecido)

Lembre-se: O conhecimento (conhecer, estar informado) se adquire com a aprendizagem; a sabedoria (como utilizar o conhecimento), com a observação.

Desejo que este livro o estimule a praticar os conhecimentos que você possui. Que, ao saber "cozinhar muito bem seus feijões" (pôr em prática seus conhecimentos), você possa usufruir positivamente, e ao máximo, todos os benefícios que isso pode lhe proporcionar. Como Sófocles observou, certa vez: *"É preciso aprender com a prática; pois embora você pense que sabe, só terá certeza depois de experimentar"*.

Então, DESPERTE! E rejeite ou descarte aquela velha mania do "Não consigo" e a espera por um momento especial (que tende a se prolongar indefinidamente) para começar o que quer que seja!

> *"Mais vale uma cabeça benfeita que bem cheia."*
>
> Michel de Montaigne

Por uma "cabeça benfeita" entende-se que, em vez do acúmulo de conhecimento, é mais importante e imperiosamente necessário dar-lhe sentido. Dito de outra maneira, as pessoas alcançam seus objetivos não simplesmente pelo que elas são, mas geralmente pelo que fazem. Parece-me válido pensar nisso lembrando a observação de Dwight D. Eisenhower: *"O que conta não é necessariamente o tamanho do cachorro na luta. É o tamanho da luta no cachorro"*.

Quando se trata de mudar hábitos, não é nada fácil, conforme já foi observado. Por isso, as pessoas que não se sentem capazes de fazê-lo sozinhas necessariamente deveriam recorrer a um profissional especializado, pois ninguém precisa lutar sozinho, se não consegue, contra a obesidade, o tabagismo, as drogas e o alcoolismo, por exemplo.

> *"Dá-se muita atenção ao custo de se realizar algo.*
> *E nenhuma ao custo de não realizá-lo."*
>
> Philip Kotler

Que fique claro que meu propósito aqui não é criticar ou denegrir a imagem de ninguém, pois as pessoas têm suas razões para fazerem ou não algo para melhorarem, e não cabe a mim julgá-las. Como aconselhou François de La Rochefoucauld: *"Não desprezamos todos os que têm vícios; mas desprezamos aqueles que não têm nenhuma virtude"*. Ou, como lembrou Elvis Presley: *"Julgar um homem por seu ponto mais fraco ou dívida é como julgar o poder do oceano por apenas uma onda"*.

As palavras de Steve Jobs, contudo, me deixam aliviado: *"Meu trabalho não é o de pegar leve com as pessoas. Meu trabalho é torná-las melhores"*.

> *"A principal necessidade de nossas vidas é alguém que nos obrigue*
> *a fazer o que podemos fazer. Eis a tarefa do amigo."*
>
> Ralph Waldo Emerson

O que pretendo aqui é simplesmente enfatizar – usando o exemplo da saúde, válido também para a prevenção – que, embora hoje haja muita informação disponível, ela infelizmente ainda é pouco usada. Mais precisamente, afirmo que não é por falta de informação que as pessoas não agem. Mesmo muitos daqueles que muito se preocupam com a saúde pouco ou nada fazem por ela. E não é por falta de informação!

> *"A verdade, no fundo, é que você sempre sabe a coisa certa a fazer. A parte difícil é fazê-la."*
>
> Norman Schwarzkopf

O conhecimento, então, é importante? Claro que sim! É de extrema importância e devemos sempre buscá-lo, esteja onde estiver, mas sozinho ele não é tudo. É necessário torná-lo útil. Como muito bem lembrou Thomas Henry Huxley: *"A grande finalidade da vida não é conhecimento, mas ação"*. Ou, como declarou Peter Drucker: *"Inteligência, imaginação e conhecimento são recursos essenciais, mas somente a eficiência os converte em resultado"*.

> *"A coisa principal da vida não é o conhecimento, mas o uso que dele se faz."*
>
> Talmude

No passado, quando a informação não estava disponível para todos, o conhecimento exercia um determinado poder. Mas atualmente, com a internet, quando a maioria das pessoas tem fácil acesso à informação, apenas *ter* conhecimento não é mais poder.

Então não importa, por exemplo, o quanto você considera bom um livro de autoajuda, mas fundamentalmente o que você acaba pondo em prática daquilo que leu: o conhecimento transformado em ação – útil, proveitoso, enfim, que gera resultados. Caso contrário, por melhor que seja o livro, trata-se de satisfação momentânea – simplesmente euforia transitória!

Felizmente, por outro lado, mesmo com tanta informação inútil e desnecessária, que rouba uma quantidade apreciável de nosso tempo, nos foi dado este fantástico poder: a liberdade absoluta de escolher. Escolher o que ler e o que aproveitar. É necessário – e possível! – fazer as melhores escolhas.

O leitor saberia dizer por que cachorro come osso? "Cachorro come osso porque não dão carne pra ele."

Da mesma forma, pode acontecer de as pessoas ocasionalmente se depararem com uma literatura de péssima qualidade, não lhes restando outra opção. Aí voltamos à frase supracitada, utilizada certa vez pelo escritor Ivo Barroso, ao referir-se à produção literária de baixa qualidade que, segundo ele, se fazia sentir numa determinada época em nosso país.

Escrever nos dá o poder de expressarmos o que bem entendemos, mas jamais podemos esquecer que "poder" implica grande responsabilidade! Como Harvey Cox advertiu: *"Aquele que é chamado à liberdade é, ao mesmo tempo, chamado à responsabilidade"*.

> *"Por mais inspiracional e prático que seja um livro de autoajuda, se com a leitura dele o leitor não modifica para melhor sua vida, não passa de satisfação momentânea ou euforia transitória."*
>
> Paulo Roberto Meller

Levando em conta o que foi observado, continue sempre buscando o conhecimento, especialmente aquele que lhe possa ser útil, esclarecedor e inspirador, lembrando sempre que seu progresso e autoaperfeiçoamento só virão com o fazer!

Se existe algo valioso em sua vida, que pode lhe render bons frutos, é o fazer – a aplicação daquilo que você aprendeu. Faça-o com cuidado e atenção: o fazer sempre recompensa!

O conhecimento nos dá poder de saber das coisas, mas por si só não é suficiente. Para nos tornarmos melhores, é preciso mais do que isso – é fundamental saber usá-lo, colocá-lo em prática! O mesmo se aplica, e é essencial, para todo o conhecimento que você tem sobre o Pensamento Positivo e a Lei da Atração. Por mais dura e triste que seja a realidade, "o mundo não premia o esforço, só o resultado". Lembre-se do que ensinou Lao-Tsé, o grande mestre chinês: *"Saber e não fazer, ainda não é saber"*! Não basta, portanto, você conhecer o caminho, tem de percorrê-lo!

Erro nº 2: Praticar erradamente

Você tem certeza de que "a prática leva à perfeição"? E se a prática não for correta e adequada?

Neste caso, devemos ter cautela. A prática incorreta ou inadequada, por mais intensa que seja, é contraproducente, com perda de tempo, sem contar os efeitos nocivos que pode implicar.

É claro que, com a prática, tornamos permanente aquilo que exercitamos. Isso, no entanto, não significa que o que praticamos seja correto. A persistência é uma qualidade que conduz ao sucesso – mas com escolhas e atitudes acertadas!

"Não existe maneira certa de fazer a coisa errada."

Autor desconhecido

Para ilustrar isso, dentre uma infinidade de exemplos de práticas incorretas, que não levam à perfeição, cito o caso de uma pessoa que resolva praticar atividades físicas, exercitando-se indiscriminadamente, sem nenhuma cautela. O mais provável, certamente, é que consiga transformar-se em uma grande vítima de hérnia de disco ou de outra lesão qualquer.

"Não adianta dizer que está dando o melhor de si. Você tem de conseguir fazer o que é necessário."

Winston Churchill

Muitas pessoas dizem que o Pensamento Positivo e a Lei da Atração não funcionam para elas, sem perceberem que o que acontece, na verdade, é que não sabem usá-los corretamente. O que se observa com frequência é que muitas fracassam não por falta de esforços – uma vez que se empenham total e exaustivamente até perderem suas energias –, mas por usarem o Pensamento Positivo e a Lei da Atração de uma forma errada. O maior obstáculo, como já foi dito, pode ser elas mesmas!

Isso nota-se facilmente pelo simples fato de essas pessoas não terem uma noção ou conceito claro do que é o Pensamento Positivo e a Lei da Atração.

Para melhor entender o que quero dizer, seria o mesmo que se restringir a saber que é muito importante ter atitude e motivação, por exemplo. Tudo bem, são duas coisas importantíssimas, todo mundo sabe disso, mas e daí? Como a pessoa vai ajudar a si mesma a melhorar sua atitude ou motivação se não sabe o que significam esses termos? Como será capaz de perceber que já chegou lá?

"A maior de todas as ignorâncias é rejeitar uma coisa sobre a qual você nada sabe."

H. Jackson Brown

Apresentei somente um exemplo, mas as noções ou conceitos errados não terminam por aí. Você os encontrará facilmente durante a leitura deste livro, porque, de uma forma ou outra, procuro destacá-los. Quanto à atitude e à motivação, falarei mais adiante.

"Muitíssimas são as pessoas que colocam em prática o Pensamento Positivo e a Lei da Atração exaustivamente; pouquíssimas são as que o fazem de forma correta."

Paulo Roberto Meller

Confesso a você, prezado leitor, que o que acabou de ler não provém de nenhum trabalho científico. Apenas é o resultado de minha observação pessoal. Por razões evidentes, apresentadas neste livro, entretanto, em especial quanto aos erros mais comuns e mais importantes que as pessoas cometem quando põem em prática o Pensamento Positivo e a Lei da Atração, sou levado a crer que você vai concordar comigo.

Quanto à sua prática com o Pensamento Positivo e a Lei da Atração, no entanto, como você pode ter certeza de que ela é eficaz? Monitorando os resultados e refletindo sobre ela, o que o leva a aprender com seus sucessos e insucessos, procurando melhorar sempre.

No caso de não obter os resultados que espera, é de fundamental importância procurar entender por que algumas coisas não funcionam, identificando os erros e fazendo as devidas correções para que da próxima vez os resultados possam ser melhores – e o progresso, evidente. A palavra-chave aqui, portanto, é a interrogação por quê? É o recurso mais eficaz para avaliarmos se estamos tendo progresso naquilo que fazemos, isto é, por que está acontecendo isso ou aquilo?

O que não podemos é nos tornar reféns de nossos erros, pois eles acabam nos escravizando. O primeiro passo para buscar mudanças é determinar suas falhas ou erros conhecendo a verdade sobre o que está acontecendo. A *Bíblia Sagrada* diz: "*E conhecereis a verdade, e a verdade vos libertará*" (João, 8:32). Em todas as questões relativas à vida, esta é ainda a melhor orientação.

Com base no seu conhecimento e na sua experiência pessoal, bem como no conhecimento dos outros e na experiência pessoal deles, diante de um erro, uma dúvida ou algo que lhe seja conflitante, o melhor que pode fazer é buscar a verdade. Pergunte-se o que há de verdade ou verdadeiro nisso e transforme suas dúvidas e incertezas em verdades!

> "Não acreditem em nada só porque lhes foi dito. Não acreditem na tradição apenas porque foi passada de geração em geração. Não acreditem em nada só porque está escrito nos seus livros sagrados. Não acreditem em nada apenas por respeito à autoridade de seus mestres. Mas qualquer coisa que, depois do devido exame e análise, vocês achem que leva ao bem, ao benefício e ao bem-estar de todos os seres – nesta doutrina creiam e aferrem-se a ela e a tomem como guia."
>
> Buda

Isso também se aplica a tudo na vida. Ou seja, sempre procure "conhecer" em vez de "acreditar". Por quê? Porque o fato de acreditar pode levar a dúvidas que se tornarão um problema. Acreditar, portanto, tem limites.

> "Os livros que visam ao aperfeiçoamento do indivíduo devem ser estudados e não lidos como romances."
>
> Frank S. Caprio

Aí pode estar a razão de se ver a triste realidade de tantas pessoas fazendo uma confusão total sobre determinados assuntos, entre os quais o que estamos tratando nesta obra, seja em termos de conceitos, como vimos antes, ou ao colocá-los em prática de forma errada.

> *"Todos comem e bebem; poucos são os que sabem distinguir os sabores."*
>
> Confúcio

Tendo em vista que a maneira como você pratica define o resultado, como pratica é o que há de mais essencial. Se você pratica erroneamente – não importa o que, o quanto ou quantas vezes –, está se preparando para errar (a Lei da Atração se manifestando: erro atraindo erro). E as pessoas ainda reclamam que nada dá certo!

Mais triste ainda é acreditarem que estão fazendo uma grande coisa pelo fato de estarem "lendo" um livro e, ainda, dando o melhor de si. A "simples leitura" de um livro de autoajuda, em vez de seu estudo aprofundado, é como ver somente os galhos de uma árvore, ignorando ou deixando de apreciar seus frutos.

> *"Para mim, livro de autoajuda bom é aquele tão repleto de informações úteis que tenho de lê-lo diversas vezes para apreciá-lo completamente."*
>
> Paulo Roberto Meller

Como muito do que as pessoas sabem sobre o Pensamento Positivo e a Lei da Atração foi aprendido através de livros de autoajuda, muitas delas, ao acharem que esse tipo de leitura não exige um estudo atento e reflexivo, acabam por não aprender devidamente. Por isso, chamo a atenção do leitor para que aproveite ao máximo a leitura e o aprendizado do que é ensinado neste livro.

Como já comentei, *se as pessoas não sabem os conceitos mais básicos (se há confusão), quais elementos desses conceitos ou conhecimentos seriam postos em prática?* Simplesmente confusão! E o resultado não poderia ser diferente: confusão atraindo mais confusão!

> *"Deve-se aprender lendo mais em profundidade do que em largura."*
>
> Quintiliano

Tudo bem, é importante que as pessoas sejam ecléticas, isto é, tenham um gosto variado e diversificado em termos de conhecimento, procurando saber de tudo um pouco. Até porque a era do especialista já passou há muito tempo. Hoje vivemos a era do generalista especialista em alguma coisa. Dependendo, porém, das preferências de cada pessoa, bem como da necessidade e importância que um determinado assunto tem em sua vida, para melhor aproveitá-lo, é necessário dedicação e aprofundamento. Supondo que a pessoa venha a se ajudar sozinha, seus cuidados devem ser redobrados.

Todas as regras para a leitura de um livro de autoajuda podem se resumir a uma muito simples: é preciso ler o livro com muita atenção.

"A performance de hoje é o produto do aprendizado do passado.
A performance de amanhã é um produto do aprendizado de hoje."

Bob Guns

Repito aqui a pergunta feita anteriormente: Diante de um objetivo a ser alcançado, qual estratégia você tem posto em prática no que diz respeito ao Pensamento Positivo e à Lei da Atração? É bem provável que você peça um tempo para responder, pois ainda não parou para pensar sobre isso. Se tiver de pensar demais, entretanto, é sinal de que as coisas não estão muito claras, o que significa que não assimilou alguma estratégia ou método, e muito menos os tornou um hábito.

Se, por acaso, você tem ideias confusas sobre o Pensamento Positivo e a Lei da Atração, certamente sua prática também é confusa.

É somente pela aplicação da técnica – correta e adequada – que conseguimos melhorar naquilo que fazemos, e esta pode ser aprendida, cultivada, incentivada e aperfeiçoada. E, mais ainda: pode ser transformada em hábito regular.

Saber qual procedimento costuma usar é importante, pois, ao desfrutar da leitura deste livro, poderá avaliar se o que tem feito é correto ou se existe uma forma mais eficiente de fazê-lo.

Lembre-se de algo importantíssimo: existe somente uma prova real de sua prática correta e eficaz: os resultados!

A prática – *somente se correta e adequada* **– leva à perfeição.**

Erro nº 3: Pensamento extremista: tudo ou nada

Sem dúvida, esse é um dos grandes erros; diria, mais precisamente, um erro grave ou fatal que as pessoas que não tiveram êxito com o Pensamento Positivo e a Lei da Atração cometem, colocando tudo a perder; isto é, acabam desistindo facilmente de seus objetivos, de seus sonhos. Como se costuma dizer: "É oito ou oitenta".

Por que, porém, isso acontece? Ninguém melhor do que Sêneca, importante filósofo e escritor da época do Império Romano, que viveu entre 4 a.C. e 65 d.C., para descrever de modo tão simples tal explicação. Dizia ele que *"as pessoas se frustram e ficam nervosas justamente porque acreditam que vai dar tudo certo"*.

Provavelmente muitos leitores, num primeiro momento, se revoltem com essa explicação, pois ela pode contradizer tudo o que aprenderam em termos de Pensamento Positivo, Lei da Atração, otimismo, etc.

O que é interessante assinalar, entretanto, é que o mais dramático de tudo isso é que se trata de uma condição autoimposta. Pior do que o pássaro que só vê o grão e não a arapuca, a pessoa cai em uma armadilha por ela própria preparada – a frustração gerada por ela mesma ao criar uma expectativa alta demais.

A importante observação de Sêneca, portanto, é perfeitamente válida e sempre deve ser lembrada. Para elucidarmos esta questão, a mensagem a seguir é de grande ajuda:

"O sucesso é um péssimo professor. Ele faz até uma pessoa inteligente achar que jamais será derrotada."

Bill Gates

Por favor, não me entendam mal. Eu não sou pessimista! É claro que devemos assumir uma atitude ousada explorando todos os recursos de nossa mente e de nosso cérebro para alcançarmos nossos objetivos, envolvendo-nos com todo o nosso esforço e dedicação, bem como com todos os pensamentos positivos sobre a possibilidade de alcançá-los. Mas devemos fazer isso com os pés no chão! Não podemos ser pessimistas, claro, mas otimismo demais é falta de maturidade!

Tudo bem, a pessoa leu ou ouviu falar que o Pensamento Positivo e a Lei da Atração podem dar-lhe tudo o que deseja: sucesso, felicidade, saúde, riqueza, etc. como o gênio da lâmpada, cujo desejo se realiza num passe de mágica; mas, cá para nós, qualquer pessoa com uma mínima parcela de bom senso reconhece que o "pensamento mágico", segundo o qual nosso pensamento é suficiente para alcançarmos "tudo" o que queremos, com absolutíssima certeza, não existe.

Diga-se, a bem da verdade, que felizmente as coisas não funcionam assim, pois o Criador fez tudo incrivelmente perfeito. O leitor, se atento à leitura, e certamente com os olhos arregalados, sem dúvida está intrigado e se perguntando por que eu disse "felizmente". Calma, você já vai entender.

Na realidade, se tudo fosse tão fácil e imediato, uma pessoa não tão tranquila e serena numa viagem de avião, "só de pensar" que aquele trambolho é mais pesado do que o ar e que poderia cair, já viu, né? Seria tudo muito triste, mas muito triste mesmo. Você não concorda?

Uma grande verdade que deve ser dita é expressa tão sucintamente por Adam Smith: *"A ambição universal dos homens é viver colhendo o que nunca plantaram"*. Isso me faz lembrar a história contada pelo sábio, filósofo e mestre Mullah Nasruddin:

> *Nasruddin postou-se na praça do mercado e dirigiu-se à multidão:*
> *"Ó povo deste lugar! Querem conhecimento sem dificuldade, verdade sem falsidade, realização sem esforço, progresso sem sacrifício?"*
> *Logo juntou-se um grande número de pessoas, todas gritando em coro: "Queremos, queremos!"*
> *"Excelente!", disse Mullah. "Era só para saber. Podem confiar em mim. Eu lhes contarei tudo a respeito, caso algum dia descubra algo assim."*

Sabemos que sempre existirão momentos de frustração em nossa vida. Como se costuma dizer, "a vida não é tudo mil maravilhas". **O problema maior não são as frustrações, mas como as pessoas as encaram.** Diante delas, algumas se sentem impotentes, incapacitadas, indo parar no fundo do poço, com a autoestima lá embaixo, por encará-las como derrota pessoal; outras as enxergam como oportunidades de aprendizagem e acabam progredindo mais rapidamente, sentindo-se com sua autoconfiança e autoestima fortalecidas.

Quanto ao que as pessoas leram ou ouviram falar sobre o Pensamento Positivo e a Lei da Atração (refiro-me mais especificamente àquilo que promete tudo), a palavra de ordem é: cautela! **É importante observarmos a necessidade de termos fé, mas sem sermos bobos ou idiotas!** Tudo bem, você pode ler tudo o que encontrar, mas se acreditar em tudo que lê, é melhor não ler. *"A desconfiança é o farol que guia o prudente"*, já afirmava William Shakespeare.

> *"Duvidar de tudo ou crer em tudo. São duas soluções igualmente cômodas, que nos dispensam, ambas, de refletir."*
>
> Henri Poincaré

Lembre-se sempre do conselho do apóstolo Paulo: *"Examinai todas as coisas e escolha a que for boa"*. Ou, em outras palavras, no que diz respeito ao Pensamento Positivo e à Lei da Atração: teste muitas coisas e mantenha o que funciona, o que realmente dá resultados.

O principal a ser destacado é que ainda deve prevalecer o velho e bom senso, nosso discernimento como pessoas sensatas e equilibradas. Como muito bem lembrou Cícero: *"A razão ensina e explica o que se deve fazer e evitar"*.

> *"A arte de vencer é a arte de ser ora audacioso, ora prudente."*
>
> Napoleão Bonaparte

> *"Quem mantém o bom senso, demonstrando discernimento e equilíbrio, é uma pessoa que irradia confiança aonde quer que vá."*
>
> Paulo Roberto Meller

É imprescindível insistir no fato de que não podemos ser pessimistas, mas devemos ter expectativas mais realistas. Isso é muito importante, pois não devemos estabelecer falsas expectativas ao criarmos objetivos ou metas irrealistas, inatingíveis, o que acaba nos levando ao fracasso, à decepção e à falta de interesse por outros propósitos. Por exemplo, se a pessoa tem 1,30 m de altura, dificilmente vai se tornar uma campeã de basquete. Outro exemplo: se alguém quiser perder 15 kg, não vai conseguir isso em uma semana.

Antes que o leitor pergunte quanto ao otimismo, a resposta é idem. Portanto, seja equilibrado. Ao pensar de maneira excessivamente positiva, e as coisas não derem certo, você pode abalar-se psicologicamente e sentir-se culpado por tudo. Eis por que se deve pensar de forma realista. Somente assim você aumentará suas chances de êxito.

"Feliz daquele que só deseja o que pode alcançar."
Juan Vives

"Procure batalhas tão grandes para que valham a pena, e tão pequenas para que possa ganhá-las."
Jonathan Kozol

O psicólogo clínico e psicoterapeuta Hans Morschitzky, em seu livro *Como vencer o medo de fracassar*, nos incentiva a evitar três tipos de objetivos errados:

1) Não estabelecer nenhum objetivo para si mesmo, por temer qualquer fracasso;
2) Escolher objetivos muito modestos, por pura falta de confiança; e
3) Estabelecer para si objetivos muito elevados, por sempre desejar alcançar mais do que é possível.

No que diz respeito às expectativas excessivas ou falsas expectativas, e às sábias palavras de Sêneca, chamando a atenção para o fato de que as pessoas se frustram porque acham que vai dar tudo certo, qual é a solução? Simplesmente humildade para aceitar que não se pode controlar o futuro. O que não significa que não se pode influenciá-lo.

Influenciar o futuro... Como? Pondo em prática o Pensamento Positivo e a Lei da Atração, tendo sempre em mente que você deve estabelecer objetivos possíveis de ser alcançados, não alimentando expectativas além de suas possibilidades; tendo em vista que as frustrações fazem parte da vida de qualquer pessoa, em vez de sentir-se derrotado, reclamando, aja fazendo uma autoavaliação e aprenda com a frustração ou o fracasso; mantenha-se motivado.

Diante de tudo isso, o importante é lembrar que, por mais otimista que você seja, o Pensamento Positivo e a Lei da Atração não vão garantir tudo para você. Lembrar isso é importante porque, se acontecer algo de errado, você não terá uma grande decepção ou frustração.

> *"O Homem é livre para fazer o que quer, mas não para querer o que quer."*
> Arthur Schopenhauer

> *"Desespero é o preço que se paga ao se dar um objetivo impossível."*
> Graham Greene

Confesso que não faço tanto uso do Pensamento Positivo e da Lei da Atração como uma obstinação para conseguir algo. Para mim, é uma atividade estimulante e prazerosa para exercitar o cérebro. Além do mais, isso me proporciona momentos de serenidade, de inspiração e um grande poder de concentração que me possibilitam fazer um melhor uso de minha atividade mental – levando-me, por conseguinte, a bem agir. Seguidamente, porém, sou agradavelmente surpreendido conseguindo algo. Podem dizer que é coincidência, se quiserem, mas, para mim, "mais importante do que descobrir o santo é curtir o milagre", como alguém já disse.

O que importa mesmo, portanto, é que a prática do Pensamento Positivo e da Lei da Atração muitas vezes dá resultado. E não há nenhuma novidade nisso, pois **quando a pessoa assume uma atitude que, fundamentalmente, a leva a agir, a tendência é que o futuro comece a se desdobrar à sua frente – uma tendência natural que pode levá-la ao resultado desejado.**

Henry David Thoreau afirma: *"Eu aprendi que, se alguém avança confiantemente na direção de seus sonhos, e se esforça para viver a vida que imaginou, encontrará um sucesso inesperado nas horas comuns"*.

Sigmund Freud expressou uma profunda verdade quando asseverou: *"Todo pensamento é um ato em estado nascente"*.

Tais afirmações combinam bem com o que expôs Johann Wolfgang von Goethe: *"Tudo que possa ou sonha fazer, comece; a audácia contém gênio, poder e magia"*.

"Saiba que o que você tem hoje foi seu 'castelo no ar' ainda ontem", como tão bem expressou Elmer Weeler, em seu livro *Realize suas aspirações*.

> *"Enquanto você sonha, você está fazendo o rascunho de seu futuro."*
> Charles Chaplin

Lembre-se, acima de tudo, de que atenção, ousadia, atitude, ação, determinação, dedicação, esforço, motivação, criatividade, responsabilidade, persistência, bom senso, equilíbrio emocional e tantas outras qualidades tão importantes não vêm de fora... são algo interno.

Nossos recursos internos postos em ação – essa é a verdadeira lei inviolável que atua a nosso favor quando nos mobilizamos com determinação e persistência!

O ponto que quero chamar a atenção aqui é: **mesmo que você não possa conseguir tudo o que quer com a prática do Pensamento Positivo e da Lei da Atração, não deixe de tentar, pois pode alcançar muita coisa.**

> *"O poder nasce do querer. Sempre que o homem aplicar a veemência e a perseverante energia de sua alma a um fim, vencerá os obstáculos, e, se não atingir o alvo, fará pelo menos coisas admiráveis."*
>
> José de Alencar

Com a prática do Pensamento Positivo e da Lei da Atração, o querer nem sempre é poder. Porém, ainda que você não possa obter tudo o que quer com eles, não deixe de tentar, pois, pelo menos, pode conseguir muito.

Erro nº 4: "Querer é poder", e basta

*"Não basta saber, é preciso também aplicar;
não basta querer, é preciso também fazer."*

Johann Wolfgang von Goethe

Tornou-se comum repetir que normalmente é usado apenas 10% de nossa capacidade mental, conforme afirma William James, um dos fundadores da Psicologia e professor da *Harvard University*. Embora muito já se tenha dito sobre isso, na verdade, quase ninguém procura usufruir deste ensinamento usando melhor seu potencial mental ou sua capacidade cerebral.

Alguns neurocientistas até podem questionar sobre a percentagem referida, mesmo porque hoje a Neurociência sabe que usamos nosso cérebro por inteiro. O mais importante, entretanto, é que continua servindo de advertência para que usemos nossas potencialidades. Elas podem estar adormecidas pela preguiça mental, pois normalmente mobilizamos apenas uma pequena parte delas. Assim, a afirmação de William James continua mais atualizada do que nunca.

"Em relação ao que poderíamos ser, estamos apenas meio despertos, utilizando uma pequena parte de nossos recursos físicos e mentais. A criatura humana, de um modo geral, está, portanto, vivendo muito aquém de suas possibilidades."

William James

"Querer é poder"! Um dos grandes equívocos que as pessoas cometem é acreditar literalmente nesta afirmação. Mas por que é um erro fatal? Porque as pessoas, na ilusão do prêmio fácil, ficam apenas querendo, formulando alguns "pensamentos positivos" e desejando fortemente – paradas – que o que querem caia do céu, em vez de agirem e lutarem por isso.

> *"Querer é escolher um objetivo, determinar uma linha de ação que o levará a esse objetivo e, em seguida, manter-se firme nessa ação até o objetivo ser alcançado. O segredo está na ação."*
>
> Michael Hanson

Sem ação, nada acontece!

Essa esperança do ganho fácil, sem trabalho, tem conduzido muitas pessoas a procurar atalhos incertos ou duvidosos – que acabam por levá-las ao fracasso total. Não se engane, pois, como diz o ditado: *"Se atalho fosse bom, não existiria caminho"*. Você só pode alterar sua realidade querendo; e a chave para abrir a porta de possibilidades infinitas é agindo. A grande verdade é que muitas pessoas somente ficam pensando no que querem ou permanecem pessimistas, porque é mais confortável. Fazer exige ação!

> *"Ficar somente pensando no que você realmente deseja, e não desenvolver habilidades para consegui-lo, é o menor caminho para a frustração."*
>
> Paulo Roberto Meller

"Querer é poder", mas somente quando nos empenhamos e tiramos proveito de nossos recursos, de nosso potencial para saber usá-lo. Esse esforço pessoal é um dos fatores determinantes do sucesso e, muitas vezes, o que nos torna tão diferentes uns dos outros.

Assim, bem observou o psiquiatra Henrique Shcützer Del Nero, da Universidade de São Paulo, um estudioso da mente e do cérebro:

> *(...) Acreditar que podemos fazer uma coisa – seja ela qual for – fornece-nos parte da motivação para conseguir fazê-la. Mas grande parte dessa crença tem que ser baseada na nossa lucidez acerca das realidades. Seria ridículo que eu acreditasse poder fazer do meu casamento um sucesso pela única razão de querer que ele fosse um sucesso. Só isso não basta. Mas, se eu combinasse essa determinação com a consciência de algumas das minhas deficiências e a compreensão da melhor maneira de controlá-las, teria razão para desenvolver alguma confiança a partir disso.*

> *"Os pequenos atos que se executam são melhores do que todos aqueles grandes que apenas se planejam."*
>
> George C. Marshall

A máxima diz "querer é poder". Não fique, porém, só querendo, pois você corre o risco de virar quero-quero... (com todo o respeito à ave símbolo do meu estado, o Rio Grande do Sul). Querer (somente) não é poder. Querer e agir bem, sim, é poder.

Erro nº 5: Pensar que quer

Ou se quer alguma coisa, ou não se quer. Não existe meio-termo. Uma pessoa, por exemplo, pode não querer emagrecer. Esse é um direito que lhe cabe: o direito e a obrigação de ser ela mesma. Já outras querem emagrecer e, de uma forma ou de outra, conseguem seu objetivo. Muito bem!

Por outro lado, o que se vê muito são pessoas que dizem querer algo, mas, na verdade, é apenas "da boca para fora" – "pensam" que querem, mas na realidade não querem. Isso é facilmente percebido, pois não há coerência entre seu pensamento, sua palavra e sua ação.

Tenho um amigo que diz querer parar de fumar. Ele sempre comenta: "Eu recém parei de beber, será que parar de fumar agora não é muita coisa junto?". Só que já faz um bom tempo que ele parou de beber. E, continuando a conversa, costuma confessar: "No fundo, acho que não quero parar de fumar...".

Pelo menos, está falando a verdade. Normalmente, no entanto, não é isso o que acontece. Há um ditado árabe que descreve, de maneira excelente, esta realidade: *"Quem quer, dá um jeito; quem não quer, uma desculpa"*. Quando a pessoa tem uma vontade intensa, sempre encontra um caminho. É o que afirma sabiamente a velha frase: *"Quem procura, acha"*.

"Nada mais difícil para quem não quer; nada mais fácil para quem quer."

Alexandre Dumas Filho

Muitas pessoas confundem explicação com justificativa, porém há uma diferença muito grande entre ambas. Lamentavelmente, muitas pessoas são vítimas do engano que elas próprias provocam, pois acreditam no que querem acreditar, seja por prazer, conveniência, lucro... Tragicamente, todavia, das consequências de seu erro não escaparão!

Saber o que levou uma pessoa a fazer ou não fazer alguma coisa, isto é, entender por que e como alguma coisa aconteceu, não significa que o que ela fez ou deixou de fazer é justo ou correto; como diz a expressão, "isso explica, mas não justifica". A justificativa – por que e como alguma coisa é correta – baseia-se em argumentos consistentes, ou até mesmo em desculpas cabíveis. Explicações ou meras desculpas podem ser compreensíveis, o que não significa que sejam justificáveis. Uma boa justificativa, no entanto, é mais valiosa.

> *"Bem-feito é melhor do que bem-explicado."*
>
> Benjamin Franklin

> *"As pessoas podem duvidar do que você diz, mas acreditarão no que você faz."*
>
> Lewis Cass

Quanto a "pensar" que quer, trata-se da síndrome do "querer chegar a querer". O leitor não vai encontrá-la em nenhum manual de classificação e diagnóstico de transtornos mentais, mas, por ser tão comum, por uma quantidade bastante significativa de pessoas manifestá-la, bem que poderia constar em alguns deles.

Essa síndrome caracteriza-se pela pessoa "dizer" que quer, mas, na realidade, apenas "pensa" ou "acha" que quer – é tudo "da boca para fora", como dito anteriormente. São pessoas que, ao se tratarem com profissionais desavisados (para não dizer despreparados), tentam enlouquecê-los. Mas por quê? Porque querem uma fórmula mágica para "quererem chegar a querer". Imaginam que o profissional, por ser "doutor", necessariamente tem de saber essa fórmula mágica.

Essas pessoas acabam presas na ilusão das coisas fáceis para conseguirem seus objetivos, em vez de realmente verificarem e fazerem o que é necessário ou exigido. E quando recorrem a um profissional, esquecem que essa relação deve funcionar como se fossem professor-aluno. O aluno, necessariamente, fazendo a sua parte. Assim, se a pessoa não dá tudo de si, o resultado será igual: nada feito; nada acontece; fica só na ilusão.

> *"Até para a loucura há tratamento. Não, porém, para a síndrome do 'querer chegar a querer'. Para esta há somente autotratamento: a própria pessoa querer."*
>
> Paulo Roberto Meller

A grande verdade é que "querer é poder" somente para quem tem o poder de querer e, evidentemente, agir.

> *"Hoje não basta o saber, que é conhecimento acumulado; e não basta o saber fazer, que é a habilidade de aplicar esse conhecimento. É preciso querer fazer, que é uma atitude."*
>
> Carlos Alberto Júlio

A esta altura, o leitor pode estar pensando a meu respeito: ou muito dócil, ou muito ingênuo, porque o que há mesmo é muita gente preguiçosa. Definitivamente, uma ótima observação no que diz respeito a uma quantidade bastante grande de pessoas que têm preguiça. Ainda que isso seja verdade, há um porém: o ócio também cansa, o que acaba levando as pessoas em um determinado momento a se mexerem. Dentre as causas mais superficiais dessa inércia ou dificuldade de as pessoas quererem algo e partirem para a ação em busca de seus objetivos, podemos encontrar: a falta de iniciativa e de motivação; a insegurança; a preguiça; o cansaço que leva ao desânimo (até pelo fato de já terem feito algumas tentativas e não terem dado certo) e que culmina na desistência; não fazer o correto, o necessário, o suficiente ou o bastante; a falta de conhecimento e não buscá-lo por arrogância ou preguiça; enfim, quando a pessoa não quer, como vimos, sempre há um motivo ou explicação para ir adiando a sua realização.

Embora cada um de nós, uma vez ou outra, tenha momentos de desinteresse, desmotivação, falta de disciplina ou desânimo, há um tipo de gente que dificilmente avança em seus propósitos: o arrogante.

Quem é que não conhece alguma pessoa arrogante? Aquela que tem estas características, entre outras: "acha" que sabe tudo; considera as outras pessoas inferiores e usa a arrogância enaltecendo suas supostas qualidades como uma forma de acobertar sua própria insegurança. O pecado maior delas é a criação de obstáculos para elas mesmas ao julgarem que sabem tudo. Como não têm a humildade de aprender – justamente por se considerarem perfeitas e sábias, não fazendo nenhum esforço para melhorar –, fica evidente que são as que sabem menos. Isso as leva à estagnação e, muito provavelmente, ao fracasso.

Tal ignorância e ousadia também faz com que falem de assuntos sobre os quais não têm o devido conhecimento. Daí concordo com o empresário e político Paulo Maluf, quando enunciou com muita propriedade: *"A pior coisa do mundo é burro com iniciativa"*.

Se você não está muito a fim de perder seu tempo, fique sabendo que estas pessoas não estão nada dispostas a ouvirem o que você tem a ensinar, explicar ou esclarecer. Elas simplesmente querem que você aprove as ideias delas (preconcebidas) e ponto final! Com essas pessoas, você só vai ganhar uma discussão evitando discutir. Infelizmente, tentar ajudá-las é como colocar moedas em bolsos furados. Como Confúcio afirmou: *"Fica muito difícil ajudar aqueles que não ajudam a si mesmos"*. No dizer de Indira Gandhi: *"Com o punho fechado não se pode trocar um aperto de mãos"*. É bom lembrar-se disso para ter uma convivência pacífica e não entrar numa sintonia negativa, ruim para você.

"É impossível para um homem aprender aquilo que ele acha que já sabe."

Epictetus

"Aquele que não sabe e pensa que sabe, é um tolo: fuja dele.
Aquele que sabe e pensa que não sabe, está dormindo: acorde-o.
Aquele que não sabe e sabe que não sabe, é humilde: guie-o.
Aquele que sabe e sabe que sabe, é um mestre: siga-o."

Provérbio chinês

Em suma, é possível saber se uma pessoa apenas "pensa" que quer algo (síndrome do "querer chegar a querer") ou se realmente quer? Sim, e é muito fácil. Como afirmei no início do livro, não se surpreenda ao ler coisas óbvias, pois não posso deixar de abordá-las, uma vez que o óbvio pode sê-lo para algumas pessoas e para outras não. Ademais, como também já foi dito, por se tratar de coisas simples, muitas vezes podem passar despercebidas ou as pessoas acabam esquecendo.

Então, vamos à resposta: o fato de pensar, dizer ou achar que quer alguma coisa, na realidade, não prova que a pessoa realmente quer. Isso está no mesmo plano do sonho, da aspiração, do interesse e da intenção.

"Não é a intenção que valida um ato, mas seu resultado."

Nicolau Maquiavel

O critério para saber se uma pessoa quer efetivamente algo é baseado em sua ação – o que está fazendo para conseguir o que quer.

> *"'Eu quero' não significa nada, mas 'eu estou fazendo' pode significar grandes resultados."*
>
> Paulo Roberto Meller

Você é exatamente aquilo que faz, pois o resultado do que faz é o que conta. Com toda a certeza, você realiza sua própria "sorte" por meio do que faz. Se esperar fazer somente aquilo de que gosta, é bem provável que nunca vai fazer nada. E se disser que alguma coisa não pode ser feita, alguém que já o esteja fazendo poderá surpreendê-lo.

> *"Nós julgamos a nós mesmos pelo que nos sentimos capazes de fazer, enquanto os outros nos julgam pelo que já fizemos."*
>
> Henry Wadsworth Longfellow

Isto é importantíssimo: quando a pessoa "pensa" que quer, ela espera pela ação; quando quer de verdade, provoca os acontecimentos. *"Algumas pessoas querem que algo aconteça, outras desejam que aconteça, e outras fazem acontecer"*, já dizia Michael Jordan. Muitas vezes não sabemos os resultados de nossas ações, mas, se não agirmos, nunca existirão resultados.

> *"Se todos fizéssemos as coisas que somos capazes de fazer, ficaríamos literalmente maravilhados com os resultados."*
>
> Thomas Edison

De igual modo, isso é extremamente útil quando nos defrontamos com problemas. E como todos sabemos, eles são uma constante em qualquer atividade humana.

> *"Os problemas fazem parte de nossa vida. Vivê-la sem problemas, portanto, não se trata de uma opção, mas administrá-los com bom senso depende de cada um de nós."*
>
> Paulo Roberto Meller

Sempre que alguém definitivamente quer algo, necessita focar a ação, a solução e não simplesmente a intenção ou o problema. Como disse anteriormente, **o que mostra se alguém quer de verdade algo é o que está fazendo para consegui-lo.**

Vamos supor, por exemplo, que você queira emagrecer; em vista disso, o que está fazendo para consegui-lo?

- Obteve orientação de um médico, nutricionista ou outro profissional da saúde especializado?
- Está cuidando de seus hábitos alimentares, seguindo uma reeducação alimentar indicada por um médico ou nutricionista?
- Está ficando longe das tentações, bem como evitando ter em casa alimentos gordurosos, ricos em açúcar ou muito calóricos?
- Está fazendo as refeições calmamente, servindo-se de porções pequenas e mastigando bem os alimentos?
- Está praticando atividades físicas regularmente, com exercícios recomendados para o seu caso (sob a supervisão de um profissional)?
- No caso de estar desmotivado, com a autoestima baixa e a autoconfiança abalada, está combinando a dieta com um tratamento psicológico?
- E quanto aos fatores emocionais que o levaram a ganhar mais peso, está aprendendo a controlá-los sozinho (ou com a ajuda de um psicólogo)?
- Está visualizando, criando imagens mentais daquilo que quer, isto é, vendo-se e sentindo-se como deseja, com a "cabeça de magro"? Em termos simples, seu desejo ou sentimento de emagrecer está sendo suficientemente mais forte do que sua vontade de comer desregradamente?
- Está fazendo esforços conscientes, por exemplo, exercitando e fortalecendo constantemente sua vontade por meio de uma motivação também forte e consistente?

Este eficiente critério – o que está fazendo para conseguir o que quer – aplica-se a todos os objetivos que as pessoas têm em mente, seja para quem quer perder peso, parar de fumar, parar de beber, passar num concurso ou prova de seleção, obter um novo emprego, montar um negócio, comprar um carro, uma casa, etc.

"A menos que um compromisso seja estabelecido, só há promessas e esperanças..."
Peter Drucker

Sempre que se sentir reclamando que quer algo, ao invés de se queixar e resmungar a respeito do que quer, pergunte a si mesmo sinceramente: "O que estou fazendo para conseguir o que quero?".

> *"Diga e faça algo positivo, que ajude na situação;
> não é preciso ter cérebro para reclamar."*
>
> Robert A. Cook

Dito de outra maneira: aja! Os resultados serão satisfatórios, significativos e animadores. Procure questionar tudo quanto for possível a respeito de seu objetivo. Por exemplo:

- O que estou fazendo para conseguir o que quero?
- Busco meios de conseguir e estou colocando minhas ideias em prática?
- Estou me empenhando, esforçando-me ao máximo, completamente envolvido e grandemente motivado para alcançar meu objetivo?
- Vejo progresso naquilo que estou fazendo?
- Estou vendo as dificuldades como oportunidades para reavaliar, mudar ou acrescentar algo em busca do que quero?
- E quanto aos pensamentos sabotadores, estou atento para que esses pensamentos negativos e debilitantes não me atrapalhem?
- Assumi o compromisso de controlar meus pensamentos?
- Tenho procurado saber o que está faltando para ir em busca disso e tornar mais efetivo o alcance de meu objetivo?
- O que posso aprender com esta experiência?

Nenhuma gestão, seja pessoal, empresarial ou de outra natureza, atingirá seu potencial máximo se não for feito um "balanço" ou avaliação de seus resultados. Assim, vou lhe sugerir um ótimo exercício, bem prático, indicador de progresso, que costumo usar: vá empilhando, mentalmente, na palma de uma das mãos, as "desculpas" e, na outra, as "ações". Medir os resultados constantemente é fundamental para ter uma visão clara de sua evolução, se está marcando passo ou se realmente está evoluindo.

> *"Por mais bonita que seja a sua estratégia, ocasionalmente
> dê uma olhada nos resultados."*
>
> Winston Churchill

Não confunda "persistência" com "teimosia". Se você está lutando e fazendo tudo o que é necessário, mas sem resultados, isso significa que algo está errado e precisa mudar. Você pode até estar muito ocupado, mas, por incrível que pareça, nem sempre isso significa que está sendo produtivo.

> *"A vida é um risco constante. Existe apenas um grande risco que você deve evitar a todo custo, é o risco de não fazer nada."*
>
> Denis Waitley

Pensar que quer algo não é o mesmo que querê-lo verdadeiramente. O querer sincero é meio caminho andado. Mas tenha sempre em mente as palavras de Tom Peters: *"Chegar no meio do caminho é não chegar a lugar nenhum"*. Lembre a si mesmo constantemente de afastar estes grandes sabotadores de seus sonhos: falta de paixão por seus objetivos, fraco compromisso com eles e nenhuma ação efetiva ao buscá-los. Considerando, portanto, que você sabe o que quer e também como fazê-lo, resta-lhe apenas agir e continuar perseguindo seu objetivo até alcançá-lo. Repito: basta fazer acontecer!

Erro nº 6: Confundir o querer com o desejar

À primeira vista parece não haver diferenças (ou aparentam ser mínimas) entre querer e desejar, mas, na medida em que se procura entender noções básicas sobre pensamento, sentimento e comportamento, verifica-se que a diferença entre eles é muito grande, e que até competem entre si, podendo, inclusive, ser antagônicos, ou seja, contrários um do outro. Aliás, quando o assunto diz respeito à mente e ao cérebro, com frequência, veem-se muitas pessoas com ideias equivocadas ou fazendo alguma confusão. Isso ocorre porque as pessoas, em geral, entendem de seus carros, de seus computadores, de suas ocupações, mas infelizmente quase nada de si mesmas – como funcionam –, como seu organismo exerce as mais elementares funções. Com relação ao cérebro, é igual a ter um supercomputador, uma máquina incrivelmente poderosa com uma grande potencialidade de funções e recursos; mas e daí? Se a pessoa não sabe usá-lo, de nada adianta, pois não vai aproveitar todos os benefícios que ele pode proporcionar – ou vai usá-lo erradamente. Para usufruí-lo, é preciso conhecer, pelo menos, suas funções básicas.

"*Conhece-te a ti mesmo*", recomendava Sócrates, filósofo grego do século 5 a.C.

Este ensinamento nos alerta para a importância de identificarmos e avaliarmos nossos pensamentos e sentimentos percebendo como eles influenciam nossa conduta – para podermos modificá-los, se necessário, e utilizá-los a nosso favor.

Isso é tão importante que na Bíblia, em Provérbios (4:23), encontramos outro grande alerta para todos nós: "*Guarda teu coração acima de todas as outras coisas, porque dele procedem todas as fontes da vida*". Em outras palavras, tenha o máximo cuidado com a sede de seus sentimentos, de suas emoções, das coisas que o movem, pois sua vida é dirigida por eles. Isto é, toda e qualquer ação nossa é resultado de nossos sentimentos e emoções. Por esse motivo, torna-se mais do que evidente a necessidade de você dirigir sua mente e não o contrário, para que não fique ao sabor de tais influências. Repito: é necessário você dirigir sua mente, e não o contrário, para que não fique sob a influência de seus sentimentos e emoções, uma vez que são eles que o movem. Horácio, um dos maiores poetas da Roma Antiga e também filósofo, tão maravilhosa e resumidamente nos ensinou: *"Controle sua mente ou ela o controlará".*

Qual é, porém, a sede de nossos sentimentos, de nossas emoções? A sede de todos os sentimentos e de todas as emoções (que a Bíblia se refere como "coração") é a mente subconsciente. Analisaremos este tema mais adiante e descobriremos a grande influência que nosso subconsciente exerce em nós, e também como podemos controlá-lo de maneira simples e prática.

> *"O autoconhecimento que mais vale a pena obter é o que envolve saber mais sobre sua própria mente."*
>
> F. H. Bradley

Este conhecimento e compreensão de como funcionamos, dos instrumentos de que dispomos e o papel importante que cada um desempenha em nossa vida, enfim, o entendimento do "painel de comandos" de nossos processos mentais, é indispensável para identificarmos o que precisa ser mudado ou aprimorado para atingirmos nosso potencial máximo.

Ademais, a compreensão de nossas reações e do universo que nos cerca, bem como o conhecimento de nossas dificuldades e formas de solucioná-las, são fundamentais para a redução de nossas incertezas e de nossa carga de ansiedade.

É sempre bom lembrar que nosso comportamento, nossa maneira de agir e de reagir, é resultado de nossos pensamentos e sentimentos. Esses fazem parte de nossa natureza, de nosso ser biológico. Não podemos evitá-los, mas podemos ter pleno controle deles.

É importante termos um mínimo de compreensão do funcionamento de nossa mente para podermos escolher o que mudar, a fim de atingirmos nossos objetivos.

Mente consciente e mente subconsciente

Mediante nossa mente consciente – analítica, lógica e racional –, nós pensamos, raciocinamos, analisamos, comparamos, compreendemos, julgamos, decidimos, escolhemos, queremos, entre outras funções. Esta é a nossa mente objetiva. É por meio do consciente que captamos informações pelos cinco sentidos, diferenciamos o certo e o errado, fazemos nossas escolhas livres e responsáveis, bem como controlamos nossos instintos.

Estamos conscientes de uma informação, fato ou circunstância de acordo com a intensidade de nossa atenção. Quando estamos desatentos, distraídos, divagando ou dormindo, a função consciente não está ativa.

É bom lembrar que, muitas vezes, nossa dispersão mental, além de poder nos acometer de pequenos erros a grandes acidentes, ainda pode nos levar a um enorme desgaste de energia e ao cansaço, o que faz com que corramos mais riscos.

Sabemos que, na maior parte do tempo, nossa atenção está dispersa. Entretanto, como bem observou em seu livro *Foco*, Daniel Goleman, psicólogo, pesquisador e escritor, doutor pela Universidade de Harvard, a divagação da mente tem seu valor, uma vez que estimula muitas funções positivas. Entre essas está o despertar da criatividade, o surgimento de alguma resposta a um problema ou uma ideia brilhante de que tanto precisamos, entre tantas outras funções e, é claro, além de ser uma forma de interromper uma atividade mental intensa e desgastante de concentração, faz com que essa pausa restabeleça a mente, revigorando-a. Por outro lado, há momentos em que temos de pensar profundamente, necessitando manter a atenção focada.

Quando estamos ansiosos, nossa mente consciente também fica comprometida. Analisarei esta parte mais adiante, quando abordar o Erro nº 11.

PENSAMENTO CONSCIENTE
=
ESTADO DE ATENÇÃO MENTAL NO AQUI E AGORA

A principal função da mente consciente é o raciocínio: o poder de opção – avaliar as informações ou dados recebidos e tomar decisões.

Nosso sistema de aprendizagem; nossa maneira própria de interpretar e perceber as situações e o mundo ao redor; nossas experiências e vivências, e seus respectivos significados; nossos sentimentos, emoções, paixoes, crenças, convicções, preconceitos, valores, hábitos – nossa história pessoal –; tudo encontra-se armazenado em nossa mente subconsciente/subjetiva. É importante assinalar que a mente subconsciente também lida com as imagens e a imaginação.

Como não é minha pretensão explorar aqui os componentes psicológicos em sua globalidade (preconsciente, superconsciente, supraconsciente, inconsciente...), mas o estritamente essencial para nosso objetivo e, principalmente, para facilitar ainda mais sua compreensão, uso o termo subconsciente de uma forma geral para me referir aos conteúdos não conscientes.

Enquanto a função consciente é voluntária, isto é, depende de nossa vontade (pensar, ler, falar, caminhar, fazer um gesto, pegar um objeto), a função subconsciente é involuntária, autônoma, funciona independentemente de nossa vontade, daí chamar-se também de automática, controlando todas as funções do corpo que não estão sob o controle direto da mente consciente (digestão, pressão, respiração, temperatura corporal, entre outras).

O consciente funciona somente quando prestamos atenção; já o subconsciente funciona sempre. Muitas das programações do subconsciente são criadas pelo consciente (daí ser chamado de subconsciente, pois também está sujeito ao consciente), pela função racional, isto é, por nossa vontade. Depois de programado, o subconsciente torna-se autônomo, ou seja, sua função independe de nossa vontade, produzindo reações automáticas, não racionais.

Não resisto à tentação de transcrever aqui o que Germano de Novais escreveu sobre as funções consciente e subconsciente. Em seu livro *Somos o que pensamos*, ele fez, com bom gosto e adequação, esta excelente descrição:

> O consciente lúcido como cristal é uma semente boa. O subconsciente é a terra fértil, apta para receber a semente. O consciente comanda. O subconsciente é como a terra que não sabe se a semente é de boa ou má ou até de péssima qualidade. O subconsciente também não distingue se o pensamento que acolhe é bom ou mau, positivo ou negativo, otimista ou pessimista. A função da terra é fazer nascer o que nela se deposita, como a função do subconsciente é desenvolver os pensamentos e sentimentos que nele penetram. Se colocarmos na terra um grão de abóbora, vai nascer um pé de abóbora. Se semearmos uma pequenina semente de mostarda, brotará um pé de mostarda. Se pusermos um grão de milho, nascerá um pé de milho. Assim acontece com a mente humana. Quando plantamos um pensamento de amor no subconsciente, brotam atitudes impregnadas de amor. Quando plantamos pensamentos de angústia e preocupação, pode até nascer uma úlcera gástrica... A função da mente consciente é pensar, dirigir, plantar ideias certas na época certa. A função do subconsciente é fazer brotar ou realizar o que a mente consciente lhe ordenou ou entregou. O pensamento é uma grande energia, uma semente poderosa. A mente consciente a emite e transmite ao subconsciente, que é seu receptor.

A função irracional do subconsciente explica por que muitas vezes agimos e reagimos sem querer, nos indagando "Por que fiz isso?", "Onde estava com a cabeça?".

Na verdade, neste caso, fizemos besteira, ou seja, agimos como as bestas, os animais – irracionalmente.

> *"Nenhum computador tem consciência do que faz. Mas, na maior parte do tempo, nós também não."*
>
> Marvin Minsky

> *"Quem pensa pouco erra muito."*
>
> Leonardo da Vinci

O monge vietnamita Thich Nhat Hanh, em seu livro *A essência dos ensinamentos de Buda*, conta-nos uma história em que um homem passa cavalgando muito rápido por uma estrada. Outro homem, parado na beira do caminho, pergunta para onde ele está indo com tanta pressa: "Não sei, pergunte ao cavalo". O cavalo, explica o monge, é a força de nossos costumes, que nos puxa. "Estamos sempre correndo e isso já se tornou um hábito", diz ele. "Tomamos uma xícara de chá sem aproveitar o sabor. Sentamo-nos com a pessoa que amamos, mas não percebemos que ela está ali. Estamos sempre em outro lugar, pensando no passado ou no futuro."

Pois é, em nossa vida tudo são hábitos e costumes, como sabiamente afirmou Aristóteles: *"Somos o que fazemos repetidamente. Por isso o mérito não está na ação, e sim no hábito"*. Isso significa que nossa tendência é sentir, pensar e agir conforme nossos hábitos. Na verdade, os hábitos são um grande aliado, pois, como nosso organismo trabalha com economia de energia, não precisamos aprender a amarrar os cadarços do tênis cada vez que vamos calçá-lo. A lista de exemplos é imensa. O hábito é o caminho do menor esforço de que se utiliza nosso organismo. Isso leva as pessoas a viverem, predominantemente, no "piloto automático", no automatismo. E como acontece com o piloto automático do avião, dos carros, etc., ao mesmo tempo em que é bom, também pode tornar-se perigoso se não for dada a devida atenção. Isso significa que muitas vezes fazemos coisas sem refletir sobre elas. Assumir o comando, eis a questão! Quando algumas coisas não nos são favoráveis, para sairmos dessa espécie de "piloto automático", temos de assumir a direção, prestando atenção, mantendo a concentração.

> *"Metade dos nossos erros na vida nascem do fato de sentirmos quando devíamos pensar e pensarmos quando devíamos sentir."*
>
> John Churton Collins

Lembro aqui a grande dificuldade que enfrentam as pessoas que fazem dieta alimentar para emagrecer, só para citar um exemplo. O desejo de comer fala mais alto. Mas por quê? Porque se trata de um sentimento, de prazer ou de saciedade, que se encontra no subconsciente (hemisfério direito) e cuja reação é acionada automaticamente.

Convém ressaltar que a reação referida, o desejo ou sentimento de prazer ou saciedade, é automática, mas pode ser regulada, controlada.

> *"A primeira condição para se superar as tentações é ter força de vontade maior do que elas."*
> Paulo Roberto Meller

O que, então, fazer? Como conseguimos mudar?

Trata-se de uma situação que, como disse, em vez de sentir (desejo), a pessoa tem de pensar (querer, vontade). Se, por um lado, não temos acesso ao nosso subconsciente, por outro, dispomos de um grande recurso: podemos influenciá-lo! E isso se consegue por meio do querer, do exercício do pensamento consciente, do poder de escolher o que pensar, do poder consciente da vontade, do autocontrole, resistindo aos impulsos automáticos, mantendo um estado de lucidez estável, tornando-se alerta e tendo mais clareza para pensar e atuar.

Muitas vezes é tão difícil o querer ou ter vontade que é necessário um grande empenho nosso, a ponto de chamarmos de **força de vontade**. A vontade ou o querer são uma função consciente e encontram-se no hemisfério esquerdo do cérebro, como vimos. O combustível da vontade é a motivação (conforme o leitor verá no Erro nº 9).

Ao tratarmos da motivação, veremos que é somente agindo que vamos adquiri-la. Este ponto que tanto quero enfatizar sobre a ação está muito bem expresso nas palavras de Frank Tibolt: *"Não devemos esperar pela inspiração para começar qualquer coisa; a ação sempre gera inspiração; a inspiração quase nunca gera ação"*.

Há pouco citei a grande dificuldade enfrentada pelas pessoas que fazem dieta alimentar para emagrecer. Talvez alguém queira questionar: "Não é nada fácil para eu emagrecer, mas, na verdade, minha maior dificuldade é a manutenção da dieta. Qual o motivo das recaídas, e o que fazer para evitá-las?".

A resposta está no fato de que a grande maioria das pessoas, além de perderem peso, perdem o foco do que desejam, perdem a paixão por seu objetivo, a motivação, o ânimo... Ou seja, não há somente um fator responsável pelo fracasso, mas um conjunto de fatores. Como disse Bruce Lee, o lutador de artes marciais mais influente do mundo:

"Lembre-se: o sucesso é uma jornada, não um destino. Tenha fé em sua capacidade". Não se trata, portanto, de um fator isolado, mas de um processo contínuo.

> *"Sejamos tão vigilantes depois da vitória quanto antes da batalha."*
>
> Andrew Bonar

Montesquieu também analisou este aspecto de maneira excelente. Esteja ciente de que, ao pôr em prática seu ensinamento, que é um verdadeiro tesouro, você se tornará próspero, com seus desejos resultando em ações bem-sucedidas: *"As conquistas são fáceis de alcançar, pois fazemo-las com todas as nossas forças; mas são difíceis de conservar, uma vez que apenas as mantemos com uma parte de nossas forças".*

> *"Há algo na natureza humana que nos faz relaxar no momento de maior realização. Quando se atinge o sucesso, é preciso ter muita autodisciplina para não perder o senso de equilíbrio, a humildade e o empenho."*
>
> Henry Ross Perot

Lembre-se de que isso também se aplica quando lidamos com a mudança de outros hábitos e quando buscamos alcançar nossos objetivos. É tão fácil as pessoas caírem nos mesmos erros ou fraquezas, que na Bíblia há uma passagem que chama a atenção para isso na expressão: "Orai e vigiai".

O que esta mensagem significa? Na primeira parte, "orai", ela chama a atenção para o fato de que, se não pedimos aquilo que queremos, seja por meio de uma afirmação positiva, um pedido, uma invocação, uma súplica, uma oração ou qualquer outra forma, é porque, na verdade, não queremos tal coisa. O que significa que temos outras prioridades como mais importantes. Na segunda parte, "vigiai", adverte para que fiquemos vigilantes, observando-nos atentamente, pois temos a tendência de cairmos em tentação, e um dos muitos significados da palavra tentação é nos permitirmos voltar para o "piloto automático", ou seja, retomarmos aquilo que estávamos acostumados (habituados) a fazer. Essa luta entre a vontade e o sentimento é expressa nas palavras de Khalil Gibran: *"Muitas vezes a alma é um campo de batalha, no qual a razão e o discernimento travam uma guerra contra a paixão e os apetites".*

Quanto ao "vigiai", isto é, quando assumimos o comando com nossa força de vontade, vamos consolidar o comportamento que queremos, tornando-o automático pela repetição, fazendo dele um novo hábito.

> *"Pensar é o trabalho mais difícil que existe.
> Talvez por isso tão poucos se dediquem a ele."*
>
> Henry Ford

> *"Chegar a ter sucesso não é nada fácil. Conservá-lo, entretanto,
> com muito bom senso é tão ou mais difícil ainda."*
>
> Paulo Roberto Meller

Não adianta, portanto, alcançar o sucesso. É preciso saber mantê-lo com eficiência.

Conforme vimos, nosso subconsciente armazena todas as nossas memórias, nossos hábitos e padrões de comportamento (positivos ou negativos). São nossos programas internos. Reagimos às situações ou circunstâncias de nosso dia a dia de acordo com essa programação que está gravada em nosso subconsciente. Isso significa que, apesar de podermos conscientemente tomar nossas decisões, geralmente é essa programação subconsciente ou padrões estabelecidos que acabam, automaticamente, escolhendo por nós nossas decisões e comportamentos. O que precisamos saber, então, é se nossos programas internos estão nos fortalecendo ou enfraquecendo, se estão nos levando ao sucesso ou ao fracasso. Assim, se estão a nosso favor, tudo bem; se não, precisamos mudá-los, para nosso bem.

É o que sugere o tema deste capítulo: não podemos confundir o querer com o desejar. Quando nossos desejos (sentimentos) não nos são favoráveis, é necessário querer (com uma vontade forte) modificá-los.

Mudar nossa programação interna, quando necessário, é importante, mas mudar como? Conseguimos mudar nossa programação interna com a educação da vontade. Mas, para isso, devemos lembrar sempre que a educação da vontade exige disciplina. A recompensa é grande, uma vez que é a prova que você dá a si mesmo de que é você quem está no comando de sua mente, de sua vida.

Primeiramente, necessitamos educar, desenvolver e fortalecer nossa vontade, aprendendo a querer substituir o desejar pelo querer. Com isso, **conseguimos mudar nossa programação interna com a instalação de um novo pensamento associado a um forte sentimento ou emoção que estejam de acordo com o pensamento**. A mudança de seu pensamento irá ajudá-lo a alterar a realidade de sua vida! O poder de realização de sua mente está em você transformar seus desejos em vontade e sua vontade em ações.

Esse é o poder que tem nossa mente consciente de reprogramar de uma maneira mais eficaz nossa mente subconsciente pela repetição. Temos o poder de escolher qual sentimento ou emoção queremos.

> *"A mente subjetiva está totalmente sob o controle da mente objetiva. Com a máxima fidelidade reproduz e funciona até as últimas consequências o que quer que a mente objetiva impressione sobre ela."*
>
> Thomas Troward

O que fazer quando há conflito entre o pensamento e o sentimento, quando seu pensamento quer uma coisa e seu sentimento outra? Este conflito entre o pensamento e o sentimento acontece quando seu sentimento de prazer ou de saciedade, por exemplo, desperta-lhe a vontade de comer um doce, mas você não quer, porque seu pensamento diz que você já comeu a quantidade diária recomendada de calorias.

Para solucionar este conflito, comece controlando seus pensamentos automáticos e sentimentos que podem estar o sabotando. Aristóteles já considerava mais corajoso aquele que supera seus desejos do que aquele que vence seus inimigos. Depois, procure refletir sobre o porquê desta situação; a razão de estar acontecendo tal duelo. Observe o que está acontecendo para compreender a desarmonia entre seus pensamentos e sentimentos, sobretudo para poder decidir e pensar em hipóteses alternativas que sejam mais coerentes para você. Baseie seu raciocínio fundamentalmente na realidade e não em seus sentimentos. **O simples fato de parar para pensar permite que sua sabedoria interior lhe indique qual o melhor caminho a seguir, não agindo por impulso e não deixando que a dúvida ou arrependimento esgotem suas energias.** Então, em vez de desperdiçar energia ao se arrepender depois, procure empregá-la bem.

Importantíssimo: educar a vontade é manter-se vigilante utilizando-se do raciocínio e de nosso poder de escolha para, com base na Lei da Causa e Efeito, semearmos somente pensamentos que ajudem a nos mantermos saudáveis e felizes.

Fique muito atento e pare para pensar nisto: se a pessoa não aprender a fazer essa substituição do desejar pelo querer, ficará na dependência das "ordens" de sua programação interna, de seus instintos, de seus sentimentos que, se negativos ou não favoráveis, jamais poderão levá-la ao êxito. Pior, ainda poderão levá-la a algo completamente contrário do que quer (lembre-se de que nas páginas iniciais eu disse que há pessoas que, além de não atraírem o que querem, acabam ainda atraindo o fracasso).

> *"Se eu tivesse que escolher uma frase que resumisse todos os meus ensinamentos, eu diria: não deixes o mal dominar os teus pensamentos."*
>
> Confúcio

Se você não substituir sua programação interna desfavorável, mais precisamente suas crenças interiores que não estão de acordo com o que você quer, sua "voz interna" também não vai mudar, e consequentemente suas ações jamais estarão realmente de acordo com o que você quer. **Por mais que você diga que pensa positivamente o tempo todo, lembre-se de que mais importante do que essa sua conversa consciente é sua conversa interior inconsciente, aquilo que você sente.** Eis aí outro importantíssimo fator que impede muitas pessoas (para não dizer a quase totalidade delas) de alcançarem seus objetivos, porque se descuidam disso, ignoram ou não lhe dão a devida atenção. Veja bem: isso é útil e indispensável não somente para atingir seus objetivos, mas para suas atitudes e ações em geral, pois, caso contrário, poderá estar agindo automaticamente, inconscientemente, irracionalmente, de forma equivocada, precipitada, descontrolada e violenta – fazendo besteiras!

Saia, portanto, do papel de refém, evitando decepções e aborrecimentos maiores ao substituir algo que não lhe é favorável ou que lhe parece danoso por uma experiência simples, mas poderosa, que pode modificar sua vida para melhor, o que irá proporcionar maior segurança em suas possibilidades e mais felicidade e entusiasmo para suas realizações. É com muita satisfação e carinho que o convido a ter sempre consciência disto – programação ou reprogramação de seu subconsciente –, pois tenho certeza de que, agindo assim, renovando sua mente e seus pensamentos de acordo com sua necessidade, conseguirá sentir-se mais forte interiormente e sua vida não será mais a mesma!

Todos nós já sabemos da importância do pensamento em nossa vida como o primeiro passo do processo criador; mas o que dá força ou potência aos nossos pensamentos? **A força motriz que "carimba", isto é, registra, grava ou impressiona uma mensagem em seu subconsciente é um sentimento intenso ou uma emoção muito forte acrescidos de repetição.**

FORÇA OU PODER DO PENSAMENTO

=

PENSAMENTO

+

SENTIMENTO INTENSO OU EMOÇÃO FORTE

+

REPETIÇÃO

"É uma lei psicológica que tudo o que desejamos realizar, devemos impressionar na mente subjetiva ou subconsciente."

Orison Swett Marden

Com um pensamento, um sentimento intenso e uma consistente repetição, a pessoa passa a ouvir em seu diálogo interno uma frase ou "voz interior" totalmente diferente daquela que estava a sabotando.

"O hábito é vencido pelo hábito."

Thomas A. Kempis

Na atividade física, você exercita seus músculos; aqui você exercita sua mente para uma melhor qualidade de vida. Mas atenção! Necessariamente deve haver sintonia ou concordância entre a vontade, a imaginação e o respectivo sentimento para que os resultados sejam significativos. Sua mente precisa, portanto, ser treinada e disciplinada.

Se você fizer uma afirmação contrária a seu desejo, a seu sentimento profundo, não vai funcionar. Pior ainda, além de não conseguir o que quer, vai obter exatamente o contrário, como já disse. Exemplo: se sua vontade é parar de fumar e você afirma "Sei que é impossível eu conseguir parar de fumar" (este é seu sentimento, o que você imagina), tal afirmação, contrária a sua vontade, vai fortalecer sua imaginação, seu sentimento de que não consegue parar de fumar. E na guerra entre a vontade (parar de fumar) e a imaginação (impossível conseguir parar de fumar), sempre vencerá a imaginação. **Quando nossa imaginação ou sentimento são contrários a nossa vontade, eles se tornam nossos maiores inimigos, porque vão dar uma direção completamente diferente àquilo que queremos.** O exemplo citado por Émile Coué, psicoterapeuta francês, em seu livro *O domínio de si mesmo pela autossugestão consciente*, nos dá uma ideia clara do enorme poder da imaginação quando se defronta com uma vontade mesmo sendo forte:

> *Suponhamos que haja no solo uma tábua de 10 m de comprimento por 25 cm de largura. Está claro que todo mundo é capaz de ir de uma ponta a outra dessa tábua sem pôr o pé fora dela. Mudemos, porém, as condições da experiência e façamos de conta que está colocada à altura das torres de uma catedral. Quem terá, então, a coragem de avançar um metro, que seja, nessa estreita passagem? Os senhores que me leem? Não, sem dúvida. Antes de darem dois passos, começarão a tremer e, apesar de todos os esforços de vontade, fatalmente cairão.*

> *Por que não cairão se a prancha estiver em terra, e por que hão de cair estando ela no alto? Simplesmente porque, no primeiro caso, aos senhores se afigura que é fácil ir de uma ponta a outra da tábua, ao passo que, no segundo caso, julgam-no impossível, julgam que não o podem.*
>
> *Observem que os senhores têm boa vontade para avançar; se imaginam que não o podem, ficam na impossibilidade absoluta de fazê-lo.*

Este exemplo deixa claro que **a vontade e a imaginação devem ser educadas para que estejam de acordo, alinhadas, e os resultados sejam eficazes**. Quando nossos pensamentos estão em sintonia com nossos desejos (sentimentos), o poder realizador se multiplica. É simples: **somos guiados tanto pela razão quanto pela emoção. Então, para não acabarmos pensando em uma coisa e fazendo outra, oposta, é necessário que razão e emoção estejam em sintonia, trabalhando juntas.**

Como vimos, **se há um conflito entre a vontade e a imaginação, esta sempre vencerá. Por isso é mais importante treinar a imaginação do que a vontade. Repito: é mais importante treinar a imaginação do que a vontade!**

Quanto ao exemplo que foi dado sobre a vontade de parar de fumar, o que fazer então para que sua formulação seja eficaz? Há três maneiras bastante eficazes de se ajudar: por meio de afirmações positivas, visualização criativa (você verá quando ler a abordagem sobre o Erro nº 10 e, na Parte 2, "Use afirmações positivas e visualização criativa") e motivação (abordagem no Erro nº 9). O que é importantíssimo lembrar quando se quer mudar um hábito é que a vontade, além de não ajudar, vai dificultar ainda mais ao criar tensão. É algo imposto de fora para dentro, do consciente para o subconsciente, muitas vezes tendo que vencer diversas resistências. Portanto, ao ter que mudar um hábito, use sempre a imaginação e a emoção, pois já se encontram em seu subconsciente, num processo mental que já passa a ser acionado. Falei em mudança de hábito, mas isso também é válido para qualquer tipo de condicionamento, programação ou reprogramação mental.

Mais precisamente sobre a programação pela visualização criativa, Jorge Renato Johann, em seu livro *Modificação do comportamento e autorrealização*, explica isso da seguinte maneira:

> *Mentalizar ou programar mentalmente quer dizer conceber imagens vivas daquilo que desejamos. Devemos desenvolver em nossa mente um quadro bem definido de nossos projetos e propósitos. Quanto mais preciso, mais detalhado e mais claro for o quadro mental, melhor será a programação. Todavia, para isso, é preciso que saibamos o que queremos. Muita gente reclama porque não*

consegue nada na vida. Porém, quando se lhes pergunta o que é que estão buscando e não encontram, não sabem responder. São desejos indefinidos e aspirações muito imprecisas que os movem.

É, pois, necessário definir o que se quer e não querer muitas coisas ao mesmo tempo. Para isso, devemos estabelecer prioridades para nossa programação mental. Um bom método é fazer uma lista de nossos objetivos e ordená-los de acordo com a sua importância. Dois ou três pontos são suficientes para serem perseguidos com perseverança.

Com uma imagem bem nítida em nossa mente daquilo que queremos, temos que nos pôr a caminho de sua conquista.

A prática da mudança de sua programação interna pode tornar-se um processo muito natural, seja para atingir suas metas ou objetivos, podendo ser usada em todas as áreas da vida: familiar, saúde, financeira, intelectual, profissional, social, espiritual, etc., melhorando uma habilidade, aumentando sua autoestima, ajudando a curar/evitar doenças, eliminando um hábito indesejado, entre outros. Vale a pena experimentar este processo simples. Permita-se ser mais feliz e saudável. É um ato de vontade, de decisão e de ação. É só dedicar-se paciente e persistentemente!

Sabemos que parar de fumar, e isto vale para os demais hábitos, não é nada fácil. Quanto à nicotina, para se ter uma ideia, basta dizer que a farmacologia e os especialistas em todo o mundo a veem como uma das piores drogas. Por outro lado, quando a pessoa está decidida e convencida de que não quer mais o cigarro fazendo parte de sua vida, isto é, tem uma imensa vontade de trocar esse prazer danoso por uma melhor qualidade de vida – enquanto "ainda pode" escolher parar de fumar, porque talvez mais adiante "seja tarde e não tenha mais essa chance" –, então tudo fica mais fácil e já pode começar a comemorar para valer o voto de confiança que deu a si mesma! Lembre-se sempre: o hábito é poderoso, o vício é poderoso, mas você dispõe de algo mais poderoso ainda que o Criador lhe deu: a sua mente. Faça uso dela, portanto, encontrando o melhor caminho! Ah, e não se esqueça de agradecer a Deus por ainda ter essa chance de poder escolher parar de fumar.

"Não espere por uma crise para descobrir o que é importante na vida."

Carlos Castañeda

Atenção: quando a pessoa precisa de ajuda, qualquer uma é útil, e mesmo um simples livro de autoajuda, uma palavra amiga ou a própria pessoa pode ajudar-se. Há, porém, casos em que não basta simplesmente tentar melhorar, pois o principal pode ser saber por que se encontra assim (no caso de quem fuma, bebe ou come demais, por exemplo, verificar por que está ocorrendo isso), posto que seu problema pode fazer parte de um quadro mais amplo ou mesmo profundo psicologicamente. Não me canso de bater nesta tecla, por mais repetitivo e cansativo que seja, pois, conforme já lembrei, as pessoas podem e devem ajudar-se, e temos hoje uma infinidade de livros e manuais de autoajuda comprometidos com essa missão, escritos por renomados profissionais, verdadeiros cientistas, psicólogos, médicos, psiquiatras e tantos outros, mas o leitor deve ter o máximo cuidado para não se submeter a "tratamentos muito simplórios" quando seu caso exige a consulta e o acompanhamento de um profissional qualificado da área de saúde. Diante disso, quando a pessoa realmente quer melhorar e não consegue se ajudar, deve deixar a teimosia em casa e ir em busca de um profissional ou uma clínica especializada.

> "Quando surge uma possibilidade de mudança em que é preciso mudar e você se recusa a fazê-lo, começa a cavar o seu fracasso ou insucesso."
>
> Paulo Roberto Meller

Inter-relação entre pensamento, sentimento e comportamento

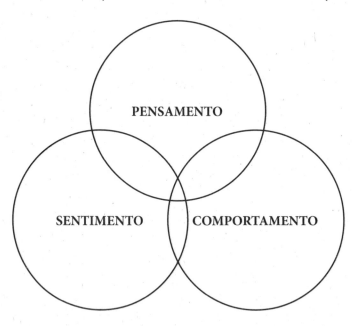

Existe uma inter-relação entre pensamento, sentimento e comportamento. Isso significa que eles tendem a andar juntos, estão interligados, influenciando-se mutuamente e tendo impacto na qualidade de vida de uma pessoa. Quando você modifica um, automaticamente mudará os outros. Quanto ao sentimento, se não posso mudá-lo diretamente, ao modificar meu pensamento ou comportamento vou acabar mudando o sentimento também, melhorando a forma como me sinto.

Eis alguns exemplos muito simples para clarificar esse dinamismo:

Se uma pessoa que diz ter vontade de fumar após um cafezinho, ao alterar seu comportamento, reduzindo a quantidade de vezes que toma café, irá automaticamente modificar seu pensamento e o respectivo sentimento, também reduzindo o desejo de fumar.

Pensar "Eu vou ficar nervoso na hora da prova" vai fazê-lo sentir-se nervoso, levando-o a comportar-se como uma pessoa nervosa.

Se estiver sentindo raiva de uma pessoa, muito magoado e tenso, pensando "Eu odeio esta pessoa!", em vez de agir (comportar-se) queixando-se, ao mudar o comportamento, seja fazendo uma caminhada, uma reflexão, uma meditação ou uma prece, poderá mudar seu pensamento, o que vai fazê-lo sentir-se melhor.

Ao ter um pensamento do tipo "Eu sou infeliz, negativo, tudo dá errado comigo", a química de seu organismo vai alterar e você vai sentir-se exatamente assim, infeliz. Consequentemente, passa a pensar de acordo com o que está sentindo, reforçando então o pensamento e o sentimento num círculo vicioso sem fim. Evidentemente, seu comportamento vai ser igual ao que sente e pensa.

Se você pensa "Eu não vou ser capaz de fazer esta tarefa", vai se sentir com falta de confiança, inútil e desanimado, e seu comportamento simplesmente vai incorporar tudo isso, acabando por não fazer ou não completar.

Em geral, as pessoas sabem o que pensam, como se sentem e se comportam, mas, ao viverem seus dias ocupados e numa correria exaustiva, não se dão ao trabalho de controlar aquilo que pensam, sentem e como agem. Em termos simples, vão sobrevivendo em vez de irem criando a realidade que querem, conforme suas expectativas de crescimento e progresso, e que pode muito bem ser repleta de infinitas possibilidades. E ainda chamam isso de destino. É claro que, sem essa reflexão, direcionamento e comprometimento, seus projetos, expectativas e desejos se tornam inalcançáveis.

Benjamin Disraeli nos dá um conselho cheio de sabedoria: *"Nutra sua mente com grandes pensamentos, pois você nunca irá mais alto do que o que você pensa"*.

Como mudar, então, o pensamento, o sentimento e o comportamento? Com a vontade, podemos mudar qualquer um deles, o que levará a se alterarem os demais.

Eis os passos:

1º) Assuma a responsabilidade de ajudar a si mesmo, estando disposto e comprometido com a mudança. Esse seu comprometimento é que vai fazer toda a diferença. Deve sempre lembrar que você cria seu próprio mundo de pensamentos, sentimentos e ações que, por sua vez, vai criar seu mundo exterior ou realidade, o qual em grande parte é apenas o reflexo de como você pensa, sente e age;

2º) Identifique qual pensamento, sentimento ou ação repetitivos e negativos deseja mudar;

3º) Escolha qual novo pensamento, sentimento ou comportamento quer colocar no lugar do que está sendo substituído;

4º) Mude-o imediatamente, procurando constantemente policiar-se reforçando o novo pensamento, sentimento ou comportamento que deseja incorporar, até ele estar integrado em sua vida.

Compreender a relação entre pensamento, sentimento e comportamento é fundamental porque abre possibilidades de mudar e fazer melhorias em nossa qualidade de vida. Isso é importante para o sucesso em qualquer aspecto ou área de nossa vida. A força que precisamos para mudar qualquer um dos componentes dessa dinâmica, alterando todo o ciclo ou processo, está toda dentro de nós: **vontade forte ou força de vontade**. Horácio, a quem já me referi anteriormente, dizia também: *"Sem grande esforço, a vida não concede nada aos mortais"*.

> *"A diferença entre as pessoas comuns e as bem-sucedidas é a percepção de seus pensamentos, sentimentos e comportamentos, não se deixando levar automaticamente por eles, mudando-os imediatamente quando não lhes são favoráveis."*
> Paulo Roberto Meller

Que isto fique bem claro: quando a pessoa nota que um hábito não é bom para sua vida, com sua força de vontade ela pode substituí-lo por outro melhor. Quando, porém, se trata de uma dependência, isto é, uma necessidade incontrolável de realizar algo, tornando-se escrava dessa atitude, deve procurar um médico ou outro profissional da área de saúde. A dependência é uma doença e deve ser tratada. É muito importante as pessoas sempre lembrarem que é uma doença, até para não rotularem os dependentes como pessoas fracas ou de pouca força de vontade. Há muitos fatores envolvidos provocando uma predisposição física e emocional para a dependência. Por isso, essas pessoas precisam de tratamento e de ajuda competente e adequada. Como afirma Sally Kempton: "É difícil lutar contra um inimigo que instalou posições avançadas em sua cabeça".

Quanto a procurar ajuda, não poderia deixar de compartilhar com o leitor esta excelente verdade escrita pelo palestrante, escritor e consultor Carlos Hilsdorf, em seu livro *Atitudes vencedoras*: "É grande aquele que se reconhece pequeno, e sábio o que busca ajuda!". E também esta dos autores Harold H. Bloomfield e Peter McWilliams, em seu livro *Como curar a depressão*: "Buscar ajuda para uma doença (qualquer doença) não é sinônimo de fraqueza mental, física, psicológica ou moral. Muito pelo contrário – é preciso muita coragem para admitir que algo esteja errado".

Um esclarecimento: o hábito você pode controlar, já o vício e a dependência não; por isso, a necessidade de ajuda profissional.

Afinal, a responsabilidade em manter sua saúde depende de quem? É importante você reconhecer a verdade e assumir a responsabilidade pelo que faz e pelo que deixa de fazer. Seja como for, você é responsável. Por quê? O escritor John Chaffee, diretor do New York Center for Critical Thinking and Language Learning e professor de Filosofia na City University of New York, em seu livro *Pense diferente, viva criativamente – 8 passos para tornar a sua vida mais completa*, nos dá a resposta de forma muito sábia, clara e objetiva:

> Seria natural pensar que o fato de sua liberdade ser tantas vezes limitada por restrições internas e externas diminui sua responsabilidade, já que parecem ser fatores que fogem ao seu controle. Esse, porém, não é o caso. Mesmo assim você é responsável. Por quê? Porque as restrições às quais se sente atrelado são tipicamente o resultado de decisões tomadas anteriormente. Por exemplo, embora possa se sentir agora sob o efeito de uma droga ou preso a um relacionamento emocional e/ou fisicamente violento, o fato é que seu aprisionamento levou tempo para acontecer. Você pode agora se sentir aprisionado e incapaz de enxergar diferentes possibilidades. Mas sua situação não aconteceu de uma hora para outra. É resultado de uma longa série de decisões que tomou. É semelhante a um fio sendo enrolado devagar em volta de suas mãos, atando-as juntas. Nos estágios iniciais, é fácil rompê-lo, mas se nenhuma atitude for tomada, atinge gradualmente um ponto em que não é possível se libertar sem ajuda externa. Mesmo assim, está em seu poder decidir procurar tal assistência. E, assim, você é responsável pelo que ocorre.

É erro comum confundir o querer com o desejar. Somos conduzidos automaticamente pelos nossos desejos (que são nossos sentimentos), os quais, muitas vezes, não nos são favoráveis. Podemos, porém, assumir a direção, mantendo nossa mente sob controle, querendo com vontade, determinação e persistência. Como corretamente observou Sigmund Freud, o criador da Psicanálise: *"A inteligência é o único meio que possuímos para dominar nossos instintos"*. O querer ou a vontade forte, controlados pelo pensamento, e com base na razão, na lógica e no raciocínio ponderado e moderado, são a "chave" que abre caminho, realiza e definitivamente nos faz avançar com discernimento, equilíbrio, segurança e serenidade rumo ao sucesso! Lembre-se disto: você não precisa somente se deixar levar pelos instintos. Você tem o poder de programar ou reprogramar seu subconsciente, e a liberdade de tomar decisões e agir.

Erro nº 7: Falta de autoconfiança

Todos sabem que o talento não é suficiente para se ter sucesso na vida. Para superar dificuldades e perseguir seus objetivos, também é indispensável uma boa dose de autoconfiança. Como afirma Samuel Johnson: *"A autoconfiança é o primeiro requisito para as grandes realizações"*.

"Todas as coisas esplêndidas foram alcançadas por aqueles que ousaram acreditar que algo dentro deles era superior às circunstâncias."

Bruce Barton

Por que é tão importante a autoconfiança? Porque, ao não ter absoluta autoconfiança, isto é, ao sentir-se insegura, esse sentimento bloqueia os recursos internos da pessoa, dificultando suas ações.

"O homem que duvida de si mesmo é como o homem que se alista no exército inimigo e empunha armas contra si mesmo. Ele torna certas as suas derrotas por ser o primeiro a estar convencido delas."

Alexandre Dumas

O nível de autoconfiança, a ideia ou o julgamento que você faz de si mesmo exercem uma grande influência em suas ações, como você age e reage, como se relaciona com os outros, suas expectativas de sucesso e felicidade, naturalmente afetando significativamente sua vida em seus mais diferentes aspectos. Eis aí por que sua autoconfiança tem uma poderosa influência em todas as suas realizações: porque você age em conformidade com o que pensa e sente acerca de si mesmo, e isso vai determinar sua vida!

Assim, a autoconfiança, um dos fatores mais importantes que contribui para o sucesso de qualquer iniciativa, bem como determina o que podemos alcançar, tem um significado especial em nossa vida: ela possibilita usarmos o máximo de nossas forças e capacidades.

Já no caso da falta de autoconfiança ou seu enfraquecimento – a incerteza sobre suas habilidades e capacidades –, a pessoa passa a subestimar-se, menosprezando-se, deixando de acreditar em si mesma, e, ao julgar-se incompetente, torna-se incapaz de iniciar o que quer realizar, ou desiste no caminho. O triste resultado disso é que suas realizações acabam definitivamente em fracasso total.

De fato, se a pessoa pensa que consegue fazer algo, ou não, isso vai refletir em sua ação. É sua expectativa mudando sua atitude e esta mudando seu comportamento, que, por consequência natural, transforma sua vida. Se pensa que pode fazer algo, evidentemente existe a possibilidade de fazê-lo. Já no caso de pensar que não é capaz, por certo, a tarefa pode realmente tornar-se difícil, paralisando a pessoa e impedindo-a de ir adiante, não por ser difícil, mas porque a própria crença da limitação a impediu de fazer – a falta de autoconfiança fez com que aquela visão ou profecia (expectativa) fosse autocumprida, autorrealizada, isto é, houve a concretização daquilo que a própria pessoa profetizou. Simplesmente, o resultado daquilo que ela própria programou. Daí a razão por que Henry Ford afirmou: *"Se você pensa que pode ou se pensa que não pode, de qualquer forma, você está certo"*. Pois é, enquanto se pensa que não se pode, tudo vai convergir para isso. Entre outros fatores, também a Lei da Atração estará agindo de acordo com o que sentimos.

E quanto à autoconfiança e à autoestima, são a mesma coisa? Algumas pessoas acreditam que os dois termos são sinônimos, mas não são. Assim, há certa confusão sobre a diferença entre autoconfiança e autoestima.

E qual é a diferença entre elas? A autoconfiança diz respeito à avaliação que a pessoa faz sobre suas capacidades. Ela está confiante ou não para fazer alguma coisa em decorrência desse julgamento. A autoestima reflete como a pessoa se sente, se avalia, se dá valor; enfim, como se vê, gosta, admira e respeita a si mesma. A autoestima refere-se ao senso de valor pessoal, independente do que a pessoa realiza.

Ao ter de fazer uma apresentação oral, por exemplo, a pessoa pode não conhecer muito bem o assunto, não ter se preparado o suficiente, entre outras coisas – não se sentindo confiante ou capacitada para fazer a apresentação. Neste caso, falta autoconfiança. Também pode se sentir ansiosa, tendo em mente o que os outros vão pensar dela, como irão julgá-la – a pessoa pode estar se sentindo inferiorizada, se dando pouco valor, se subestimando, ou seja, com a autoestima baixa. Claro, neste exemplo, as razões da falta de autoconfiança e baixa autoestima são óbvias, como bem lembra esta notável observação de Arthur Ashe: *"Uma chave importante para o sucesso é a autoconfiança. Uma chave importante para a autoconfiança é a preparação"*.

> *"Preparação é melhor do que arrependimento."*
> Paulo Roberto Meller

> *"A vontade de se preparar tem de ser maior que a vontade de vencer."*
> Bob Knight

No exemplo citado, se a pessoa não tiver sucesso ao falar em público, sua autoconfiança e autoestima ficarão abaladas, mas se procurar meios de tornar-se um melhor orador, aprimorando-se para que suas apresentações sejam um sucesso, sua autoconfiança e autoestima se fortalecerão, permitindo que fale em público com segurança e tranquilidade.

Isso implica também continuar sempre estudando, mais ainda nos tempos atuais, em um mundo de rápidas e constantes mudanças, quando o conhecimento torna-se obsoleto em um curto espaço de tempo, exigindo de todos o desenvolvimento de competências, sempre se esforçando e procurando melhorar em todos os sentidos. Trata-se de um processo de vigilância constante e de aperfeiçoamento contínuo. Diante de um mundo que muda continuamente, a palavra-chave para se ajustar a ele é *renovar-se*. Por isso, gosto muito desta citação de Benjamin Franklin: *"Se você acha que a instrução é cara, experimente a ignorância"*.

> *"Nunca considere o estudo como um dever, mas como uma oportunidade para entrar no maravilhoso mundo do conhecimento."*
> Albert Einstein

> *"Humildade para admitir que não se sabe tudo. Esta é a primeira condição para o crescimento."*
> Paulo Roberto Meller

Se eu perguntar às pessoas uma palavra-chave em sua vida, acredito que iria ouvir de tudo, mas há somente uma capaz de fazê-las evoluir: humildade.

A humildade nos permite buscar respostas para nosso crescimento, portanto é uma virtude fundamental para nosso progresso. Ela nos dá paciência, tolerância e permite admitirmos que não sabemos tudo, que devemos sempre estar aprendendo.

Quanto ao conhecimento, lembre-se sempre de que há um bom tempo já não vivemos mais sua era, pois este, devido a tornar-se de fácil acesso, passou a ser algo básico e comum às pessoas. Hoje vivemos a era do saber antes, conhecer antes, chegar antes. Como sabiamente ensina o pintor e poeta francês Francis Picabia: *"A melhor maneira de sermos seguidos é correr mais depressa que os outros"*. O que é ótimo para aumentarmos nossa autoconfiança e autoestima.

> *"O mundo não se divide mais entre grandes e pequenos, direita e esquerda, mas entre rápidos e lentos."*
>
> Alvin Toffler

Uma coisa fundamental que também precisamos lembrar é que nos tornamos confiantes com a prática. Como afirmou Francis Bacon: *"Não se aprende bem senão pela experiência"*. Ou, no dizer de Nicolau Maquiavel: *"A natureza faz poucas pessoas fortes, mas esforço e treinamento fazem muitas"*.

Todos estamos familiarizados com esta verdade: uma baixa autoestima não permite que a imensa maioria das pessoas alcance seus objetivos. As palavras de Joe Tye, em seu livro *Inove, vença e faça sucesso – mantendo-se no topo*, dão bem a ideia disto:

> O indivíduo com baixa autoestima sofre e não tem certeza se merece ou não os resultados favoráveis de uma tarefa realizada. Na verdade [...] a baixa autoestima pode ser uma desculpa para a preguiça ("Não mereço um emprego tão bom, por isso nem vou me candidatar"). Se você se sente assim, visualize-se por alguns instantes, todos os dias, como vencedor: um indivíduo atencioso e digno, cujo sucesso ajuda as pessoas que lhe são importantes.

Uma autoestima saudável significa um senso de aceitação, crença em si mesmo, respeito e confiança. Há o reconhecimento de suas limitações, mas a pessoa valoriza suas qualidades. Essencialmente, é um estado em que a pessoa não está em conflito consigo mesma ou descarregando alguma pendência conflituosa sua nos outros (o que é muito comum).

Já uma autoestima baixa significa que a pessoa faz uma avaliação negativa de si mesma, de suas qualidades pessoais, habilidades, jeito de ser, aparência e as causas podem ser bastante diferentes de um indivíduo para outro. Conforme comentei, uma baixa autoestima vai repercutir negativamente nas demais pessoas.

> *"O maior mal que pode acontecer a um homem é que ele pense mal sobre si mesmo."*
> Johann Wolfgang von Goethe

Uma pessoa muito autoconfiante não necessariamente tem uma grande autoestima, pois pode sentir-se capaz de seus feitos, mas julgar-se com pouca inteligência ou inferior, tendo em vista o julgamento negativo que faz de algum outro aspecto seu. Por outro lado, pode ter uma autoestima alta e não ser autoconfiante em tudo.

Também é importante observar que arrogância ou prepotência não são sinônimos de autoconfiança. A pessoa arrogante simplesmente finge que é autoconfiante devido à necessidade de demonstrar superioridade ou se colocar acima dos outros, uma vez que costuma ser demasiadamente preocupada consigo mesma.

Todos sabemos que autoconfiança e autoestima são fatores-chave em todos os aspectos de nossas vidas, pois agimos e reagimos dependendo delas. Algumas pessoas, no entanto, fingem tê-las ao demonstrarem arrogância. Claro, é fácil ser arrogante enganando a si e aos demais – o que não leva a nada. Construir autoconfiança e autoestima requer muito esforço e dedicação, pois se trata de uma conquista que vale a pena por abrir caminho para as demais realizações.

Por sua vez, uma autoestima elevada às vezes não quer dizer tudo, pois muitas pessoas arrogantes, e até muitos criminosos, também a têm. Mais importante do que uma elevada autoestima é uma autoestima boa, saudável!

É muito comum as pessoas perderem a autoconfiança ou a autoestima por uma série de razões. Uma das principais é elas focarem alguma imperfeição, limitação ou deficiência sua, valorizando-as excessivamente. Também pode ser decorrente de uma visão distorcida de si mesma. Apesar de ter qualidades, méritos e talentos, a pessoa faz um julgamento errado de si, apegando-se a algum detalhe, como alguma coisa negativa que lhe tenha ocorrido no passado ou algo que vê negativamente no presente. Seria como se uma casa tivesse 15 lâmpadas acesas e uma queimada, e o julgamento da iluminação fosse basear-se somente na única lâmpada que não está acendendo.

> *"O inimigo mais perigoso que você poderá encontrar será sempre você mesmo."*
> Friedrich Nietzsche

> *"Não consulte seus medos, mas suas esperanças e sonhos. Não pense sobre suas frustrações, mas sobre seu potencial não desenvolvido. Não se preocupe com os fracassos, acredite naquilo que você ainda realizará."*
>
> Papa João XXIII

Cada um de nós, de uma maneira ou de outra, pode passar por momentos de dúvida, insegurança, desconfiança ou medo de não conseguir enfrentar desafios, dificuldades, obstáculos ou uma situação estranha, desconfortável – o que é perfeitamente normal, pois todo mundo tem altos e baixos. Isso passa a ser problema quando é constante, mesmo diante das situações mais simples e comuns, quando há um sentimento de inferioridade e insegurança nas nossas capacidades impedindo nossa iniciativa, aprisionando-nos ou limitando-nos, comprometendo nossas realizações. Neste caso, deve ser dada a devida atenção para a autoconfiança e a autoestima que, felizmente, podem ser desenvolvidas e potencializadas ao longo da vida para nos tornarmos mais confiantes em nossas habilidades e capacidades, fazendo-nos mais fortes diante das mais diversas situações.

Não se nasce com falta de autoconfiança ou baixa autoestima. Se a pessoa se sente assim, é porque aprendeu. É importante compreender, no entanto, que, assim como aprendeu, também pode desaprender e reaprender. Você tem o poder de fazer isso no dia a dia. Como, todavia, melhorar essas condições – construir e revigorar a autoconfiança e a autoestima? Há uma grande variedade de publicações sobre o assunto – como aumentar a autoconfiança e a autoestima – e cada uma das sugestões propostas pode funcionar muito bem quando é baseada em alguns princípios científicos básicos.

Para ajudar o fortalecimento de sua autoconfiança e de sua autoestima nesse processo de sentir-se bem e também capaz de enfrentar desafios, condicionando sua mente para o sucesso e fazendo isso refletir de forma positiva em sua vida, apresento mais adiante algumas dicas simples, mas comprovadamente importantes, úteis e eficazes, que devem sempre ser mantidas em mente, e que qualquer um pode pôr em prática. Aliás, para que realmente se tornem valiosas, é imprescindível que sejam executadas.

Não há fórmula para aumentar a autoconfiança e a autoestima, mas vou apresentar-lhe o que aprendi com minha própria experiência e com a de outros. O mais importante é você saber que a autoconfiança e a autoestima podem e devem ser aprendidas e desenvolvidas. Se, entretanto, você sente grande dificuldade para resgatar sua autoconfiança e sua autoestima ou para lidar com problemas de ordem psicológica e comportamental que o preocupam e o impedem de caminhar em direção ao sucesso pessoal, não hesite em procurar ajuda de um profissional da Psicologia. O que você não pode fazer é deixar-se ficar paralisado, ainda mais que a falta de autoconfiança e a baixa autoestima por si sós já nos paralisam, ou seja, deixam-nos menos desejosos de agir. De qualquer modo, não perca tempo se lamentando, apenas aja! As realizações aumentam nossa autoestima e autoconfiança.

> *"Se você está seguindo no rumo errado, lembre-se de que Deus encheu a estrada de retornos."*
>
> H. Jackson Brown

Por que nossas ações ou realizações aumentam nossa autoestima e nossa autoconfiança? Porque assim como nossa confiança (autoconfiança) determina nossas ações e respectivos efeitos, os resultados positivos de nossas ações afetam nossa confiança, fortalecendo-a.

Em todos os casos, somente por estar tentando se sentir melhor, por seu interesse nesta leitura e procurando se ajudar por meio das dicas que apresentarei, ou até mesmo no caso de precisar de um profissional e recorrer a ele, já é um ótimo indicativo de sua força e determinação – um excelente começo rumo à transformação. Parabéns!

Por falar nisso, como andam sua autoconfiança e sua autoestima? O que você tem feito para fortalecê-las?

> *"Erros graves: julgar-se mais do que se é, estimar-se menos do que se merece."*
>
> Johann Wolfgang von Goethe

Dicas para construir, manter e reforçar sua autoconfiança e sua autoestima

> *"Não posso escolher como me sinto, mas posso escolher o que fazer a respeito."*
>
> William Shakespeare

Aceite-se como você é

O temor da rejeição faz as pessoas silenciarem ou paralisarem para tomar decisões, bem como para agir. O antídoto para a rejeição é a autoaceitação. Esta é a base mais sólida para a confiança, a segurança, a estima, o amor, enfim, para nosso bem-estar e progresso.

Aceitar-se como se é implica autoconhecimento, que é a avaliação ou conhecimento de si próprio, de suas reais condições para ir em busca de seus objetivos, de seus pontos fortes e fracos, de suas capacidades, de suas limitações, de suas atitudes, da sua postura diante dos problemas e das pessoas que o rodeiam, pois como você poderia fazer um melhor uso de seus pontos fortes ou melhorar os pontos fracos, por exemplo, se não os conhece?

Uma coisa essencial que você precisa saber é que se sentir inferior não é um fato, apenas um sentimento, e sentimentos, quando prejudiciais ou não construtivos, podem e devem ser mudados.

É importante deixar claro que aceitar a si mesmo não significa deixar de melhorar no que for preciso, mas, essencialmente, não se deixar prejudicar por conceitos de aprovação ou desaprovação.

"Não é o que você é que lhe restringe, é o que você pensa que não é."

Denis Waitley

Algo interessante a ser lembrado quando se fala em autoaceitação é que, muitas vezes, as pessoas não percebem tudo o que têm de importante. Não raro, elas têm capacidades, mas não são capazes de reconhecê-las.

"Pior do que não ter alguma coisa, é você não valorizar aquilo que tem."

Paulo Roberto Meller

"As pessoas viajam para admirar a altura das montanhas, as imensas ondas dos mares, o longo percurso dos rios, o vasto domínio do oceano, o movimento circular das estrelas e, no entanto, passam por si mesmas sem se admirarem."

Santo Agostinho

A aceitação de si mesmo, evitando comparações, lembrando-se de que você é único, especial – sem esperar pela aprovação dos outros –, é a base de sua autoconfiança e de sua autoestima para seus relacionamentos e realizações.

É oportuna a observação de François de La Rochefoucauld: *"Há pessoas desagradáveis apesar de suas qualidades e outras encantadoras apesar de seus defeitos"*. Ou no dizer de Jacques Maritain: *"Não amamos qualidades, amamos uma pessoa; às vezes, tanto por seus defeitos quanto por suas qualidades"*.

Aceitarmos a nós mesmos como somos e aos demais remete-nos necessariamente à seguinte reflexão de Madre Teresa de Calcutá, que é uma maravilhosa lição de vida: *"Quem julga as pessoas não tem tempo para amá-las"*.

Antoine de Saint-Exupéry, em seu livro *Cidadela*, escreveu este importante lembrete: *"Fica sabendo que, quando vais ao templo, Deus, em vez de te julgar, te recebe"*.

Quando o assunto é aceitação, para ajudá-lo na busca da harmonia, tão desejada e necessária em sua vida, eu não poderia deixar de recomendar a famosa Oração da Serenidade, do teólogo americano Reinhold Niebuhr: *"Concede-me, Senhor, a serenidade necessária para aceitar as coisas que não posso modificar; a coragem para modificar as que posso, e a sabedoria para distinguir a diferença"*.

Espero que essas quatro grandes virtudes e palavras-chave da oração – serenidade, aceitação, coragem e sabedoria – tornem-se um exercitar constante em sua vida, e que a paz, advinda delas, preencha sempre o seu coração, fazendo-o mais feliz!

Valorize a si mesmo

"Muitas pessoas supervalorizam o que não são e subestimam o que são."

Malcolm Forbes

É fato: Se você não se valoriza, quem vai valorizá-lo? E sabe qual a razão disso? É que ao desvalorizar-se, as pessoas acabarão também desvalorizando você! Como diz a sabedoria popular: *"Quem não se dá o respeito, não é respeitado"*.

"Se o homem se considera um verme, ele não deve se queixar quando for pisado."

Immanuel Kant

Não há ignorância pior do que você não conhecer suas capacidades ou não usá-las, pois acabará acreditando nas limitações que você próprio se impõe, bem como nas que os outros lhe impõem, e atuará conforme essas expectativas ruins. Não espere, portanto, que os outros o valorizem, pois isso deve partir de VOCÊ.

Se a pessoa não se valoriza (o que significa sabotar a si mesma), certamente não acredita (isto é, falta-lhe autoconfiança) que é digna de alcançar um determinado objetivo.

Talvez você possa pensar que valorizar seus dons, suas qualidades, seus talentos, suas habilidades, seus feitos, suas conquistas, seus êxitos e mostrá-los aos demais seria falta de humildade. Pense nisto: a humildade fundamenta-se na verdade e na justiça. Se é verdade o que você está valorizando, o que há de mal nisso? Você apenas está sendo justo e honesto consigo mesmo! Somente o faça, no entanto, natural e espontaneamente, para servir de inspiração aos demais sem se impor de forma autoritária e arrogante.

> *"A ideia comum de que o sucesso estraga as pessoas tornando-as vaidosas, egoístas e autocomplacentes é errada; ao contrário, em geral as torna humildes, tolerantes e bondosas. O fracasso é que faz pessoas amargas e cruéis."*
>
> William Somerset Maugham

Você pode dizer que tem alguma deficiência física, psicológica ou intelectual, ou apresenta alguma condição e circunstância desfavorável em sua vida, mas será que você não tem algumas qualidades que está sufocando ou alguns talentos para desenvolver e que o fazem especial? Todos nós temos algo de bom de que podemos nos orgulhar!

Tenha orgulho de seus dons, de suas qualidades, valorize-se, elogie-se e comemore sempre suas conquistas celebrando para valer. Consequentemente, vai ficar repleto de energia para novos desafios e novas conquistas. Como disse Samuel Butler: "A vantagem de elogiar a si mesmo é que você pode exagerar exatamente quanto merece".

E sinta-se muito feliz quando for elogiado. Em seu livro *Os segredos do carisma – novas maneiras de captar as habilidades mágicas dos líderes e dos amantes*, Doe Lang escreveu: *"Procure resistir ao impulso de devolver o elogio como se este fosse uma bomba que poderia explodir se você a segurasse. 'Fico satisfeito em saber disso' ou um e sorridente 'Obrigado', 'Você é muito gentil' ou 'É bom ouvir isso' são respostas bem melhores. E... Não se preocupe em merecer o elogio"*.

Ao reconhecer seus valores, valorizando-se no que você realmente é, antes de tudo, você mesmo está sendo o seu melhor amigo!

Ah! E quanto ao que os outros vão pensar de você, é evidente que quanto mais demonstrar ou fizer algo de bom, mais pessoas (exatamente aquelas que não conseguem fazê-lo), de uma forma ou de outra, não irão gostar.

Ou você acha que estou escrevendo este livro imaginando aprovação unânime, sem críticas, e somente palavras de elogio? Como maravilhosamente observou Martha Medeiros, em seu livro *Doidas e santas*: *"São tantos os leitores, das mais diversas origens e crenças, que fica absolutamente impossível almejar uma unanimidade, só em santa ingenuidade"*.

Confesso ao prezado leitor que as palavras de Martha Medeiros, bem como estas três mensagens a seguir, me deixam completamente tranquilo:

> *"Não sei qual é a chave para o sucesso, mas a chave para o fracasso é tentar agradar a todos."*
>
> Bill Cosby

> *"A vida é curta demais para vivermos de acordo com o que pensam os outros."*
>
> Steve Jobs

> *"Ninguém está proibido de fazer melhor do que eu."*
>
> Martinho Lutero

A esse respeito, escreveu o renomado psicólogo Nathaniel Branden, em seu livro *Autoestima e os seus seis pilares*: "A triste verdade é que todos os que obtêm sucesso neste mundo correm o risco de se tornar um alvo. Pessoas de baixo nível de desempenho com frequência invejam e ressentem-se das outras que conseguem mais. Os que são infelizes em geral invejam e ressentem-se dos que são felizes".

Esta questão me faz lembrar a perspicaz observação de um parlamentar após ouvir o primeiro discurso de Winston Churchill: "*Com a inteligência que demonstrou hoje, deve ter conquistado, no mínimo, uns trinta inimigos. O talento assusta*". Por essa razão, Sêneca ensinava que "*A primeira regra da arte de vencer é saber aguentar o ódio alheio*".

> *"Para evitar críticas, não faça nada, não diga nada e não seja nada."*
>
> Elbert Hubbard

Para quem se preocupa muito com críticas, Henry David Thoreau nos incentiva a lembrar que "*Aquele que procura falhas, as encontrará mesmo no paraíso*".

> *"Quem tenta analisar-se com base no que os outros pensam será sempre um ser humano de segunda mão."*
>
> Jiddu Krishnamurti

> *"Nunca reaja emocionalmente às críticas. Analise a si mesmo para determinar se elas são justificadas. Se forem, corrija-se. Caso contrário, continue vivendo normalmente."*
>
> Norman Vincent Peale

E você, como lida com isso? Tem se preocupado muito com o que os outros pensam de você? Se a resposta for sim, deixo-lhe esta sábia sugestão, sempre muito saudável, de Jô Soares: *"Aprendi que não devo me importar com comentários que não vão mudar minha vida"*.

"O que você pensa de si mesmo é muito mais importante do que o que os outros pensam de você."

Sêneca

Todos nós devíamos seguir, além dos demais ensinamentos, o sábio conselho de Mark Twain: *"Mantenha-se afastado das pessoas que tentam depreciar sua ambição. Pessoas pequenas sempre fazem isso, mas as realmente grandes fazem você sentir que você, também, pode se tornar grande"*.

"Um amigo é alguém que gosta de você, apesar do seu sucesso."

Winston Churchill

Ah! E quando você se deparar com alguém melhor do que você, dê graças a Deus, pois, como muito bem nos lembra a frase do filme *Match Point*, *"Só melhoramos se jogarmos com alguém melhor do que nós"*. Sendo assim, fique feliz ao ver alguém melhor do que você, pois é um ótimo estímulo para impulsioná-lo a melhorar.

"Seja humilde, pois até o Sol, com toda a sua grandeza, se põe e deixa a Lua brilhar."

Bob Marley

Mantenha sempre em mente as palavras do cantor e compositor Ray Charles: *"Não deixe que nenhum empecilho se interponha entre você e sua felicidade, entre você e suas conquistas, entre você e seus sonhos. Queira de verdade, pense de maneira positiva, ofereça sempre mais do que as pessoas esperam de você. Aos poucos, você conquistará seu espaço no mundo"*.

Faça atividade física regularmente

"Os que não encontram tempo para o exercício, terão que encontrá-lo para as doenças."

Edward Stanley

Quando bem orientada, e feita de forma adequada, a prática da atividade física é excelente para se manter saudável. Alguns dos benefícios da prática de exercícios são: aumenta a força muscular, melhora a flexibilidade das articulações, a eficiência do coração e da função respiratória, o controle da hipertensão, o controle da taxa glicêmica no sangue, melhora a digestão, aumenta o colesterol bom (HDL) e reduz o ruim (LDL), diminui o risco de infarto e derrame, auxilia na perda e/ou manutenção de peso, ajuda a evitar o aparecimento de doenças crônicas e reduz o estresse.

O exercício físico, além de todos os benefícios que proporciona à saúde e ao bem-estar, também aumenta nossa autoestima por estarmos fazendo algo a favor de nós mesmos, sentindo-nos com mais disposição e energia para enfrentarmos os desafios.

Como o exercício ajuda a fornecer oxigênio para o cérebro, tende a melhorar o funcionamento cognitivo, isto é, o funcionamento dos processos mentais, ajudando-nos a nos sentir mais alertas e focados, melhorando nossa concentração e memória. Essa melhora da função mental e da concentração ajuda-nos a realizar nossas tarefas de forma mais eficaz, o que nos leva também a melhorar nossa autoconfiança.

Infelizmente, devido ao cotidiano corrido, à grande carga de responsabilidades e ao fato de a ansiedade ou o estresse (atenção!) inicialmente não apresentarem sintomas alarmantes, as pessoas costumam "achar" que estão muito bem. Outras "não querem" reconhecer ou negam os sintomas (sinais de que algo não está bem consigo), quando estes começam a se manifestar. Mas o pior é quando, mesmo reconhecendo algum sintoma, não fazem nada. Aí reside o grande perigo! Inevitavelmente, mais cedo ou mais tarde, começam a surgir os efeitos danosos para a saúde do indivíduo, decorrentes do ritmo anormal de desgaste físico-mental ocasionado pelas grandes exigências, estado esse mais precisamente conhecido como *estresse*.

É comum as pessoas pensarem que fazer aquilo que se gosta não causa estresse. Este é um grande engano, uma vez que não é bem isso que acontece, pois, como no caso do carro, que ao ser exigido demais tem um desgaste anormal, o mesmo acontece com nosso organismo, independente de gostarmos ou não daquilo que fazemos. Aliás, nos consultórios médicos certamente encontraremos pacientes tão apaixonados por aquilo que fazem que não têm nem um tempinho para si próprios. Em outras palavras, encontram-se numa bela e prazerosa canoa furada...

A ansiedade e o estresse podem ser ocasionados por diversos fatores. Estes variam muito de pessoa para pessoa, pois enquanto para uma um problema ou situação difícil podem ser um estímulo para se superar, propondo-se o desafio de sair-se bem, para outra podem ser uma angústia, ou seja, um problema que a leva a continuar se debatendo, ruminando sua insatisfação infindavelmente, uma vez que não tem controle sobre o mesmo. Como o professor doutor Hudson de Araújo Couto, uma das maiores autoridades em Medicina do Trabalho, reconhecido nacional e internacionalmente, muito bem observou em seu livro *Stress e qualidade de vida do executivo*: "A magnitude de um problema depende do que você faz dele e de como você o enfrenta".

O que é realmente importante assinalar, entretanto, é que a ansiedade e o estresse são condições inerentes ao trabalho e também fazem parte da vida de pessoas dinâmicas e empreendedoras. Como é difícil para essas pessoas diminuírem suas atividades, quando se fala em mudar o estilo de vida o que se quer dizer é que elas devem dar mais atenção para si, para sua qualidade de vida. E uma das maneiras eficazes para melhorar a qualidade de vida é a atividade física regular. Veja bem, a atividade física não é suficiente para solucionar a situação estressante, mas é um recurso eficaz porque reduz seus efeitos danosos ao organismo. A atividade física diminui a tensão acumulada e tão nociva gerada pelo estresse, trazendo inúmeros benefícios à saúde.

> *"Dizer para as pessoas diminuírem suas atividades de trabalho ou se tornarem menos dinâmicas ou empreendedoras, devido ao estresse, é uma grande bobagem. Com o propósito de se ajudarem, então, essas pessoas necessitam reservar um tempo para si, implementando estratégias como a atividade física regular, que vão aliviar os efeitos danosos do estresse no organismo, melhorando seu estilo e qualidade de vida."*
>
> Paulo Roberto Meller

Muito importante: independente de ter estresse ou não, fazer exercícios é uma necessidade para se manter saudável.

Quando uma pessoa tem preguiça para realizar atividades físicas, sempre arranja uma desculpa. Ao dizer que tem problema em algum membro inferior, como o joelho, por exemplo, tudo bem; mas por que, então, numa posição cômoda, sentada, não exercita seus membros superiores? Pois é, arranjar uma desculpa é o caminho mais fácil para fugir dos exercícios.

> *"A pessoa até pode se perdoar por não dar a devida atenção à prática da atividade física regular para manter ou melhorar sua saúde e qualidade de vida, mas sua saúde não a perdoará."*
>
> Paulo Roberto Meller

Um dos grandes benefícios da atividade física, além dos que vimos, é reduzir o nível dos hormônios de estresse, como a adrenalina e o cortisol, ao mesmo tempo em que estimula várias substâncias químicas cerebrais que podem aliviar a ansiedade ou o estresse, deixando a pessoa mais feliz e relaxada, proporcionando uma sensação de prazer, bem-estar e bom humor. Ao se sentir mais calmo, isso permite que você tenha também um sono mais tranquilo e profundo. Com isso, temos melhores condições de seguir o que luminosamente nos ensinou o grande mestre Masaharu Taniguchi, fundador da Seicho-No-Ie, ao dizer que temos que imitar os campeões olímpicos, os quais enfrentam obstáculos e dificuldades de todos os tipos com alegria, vendo cada situação como uma oportunidade para se fortalecerem ainda mais, o que faz com que se sintam contentes a qualquer hora.

A escolha da atividade física vai depender da preferência de cada um, considerando que é fundamental sentir-se bem e ter prazer ao praticá-la para a sua tão importante continuidade e regularidade.

Quando se fala em prática de atividade física regular, convém lembrar a necessidade de uma avaliação médica periódica para verificar se está tudo bem com sua saúde ou se há alguma restrição. Também, para não colocar a saúde em risco, é imprescindível a orientação e o respectivo acompanhamento de um profissional de Educação Física.

"Além de fortalecer nossos músculos, a atividade física também é uma forma saudável de fortalecer nossa autoestima e autoconfiança."

Paulo Roberto Meller

"Torna-se indispensável manter o vigor do corpo, para conservar o do espírito"

Marquês de Vauvenargues

Não adie o que você pode fazer hoje

"Daqui a um ano você vai desejar ter começado hoje."

Karen Lumb

O adiamento de uma ação chama-se procrastinação. Embora seja normal, pode se tornar um problema quando passa a ser um hábito ou quando, de qualquer forma, o prejudica.

"O adiamento é a arte de manter o ontem."

Don Marquis

As causas da procrastinação podem ser muitas, dentre as quais o medo, a ansiedade, a passividade, o pessimismo, a falta de capacitação, de organização, de entusiasmo, bem como o perfeccionismo. Nem todo procrastinador é perfeccionista, mas todos os perfeccionistas são procrastinadores.

O adiamento vai acarretar a culpa, o acúmulo de tarefas, o estresse e a sensação de incapacidade. Enquanto atrasa as suas decisões e deixa as coisas para depois, você não realiza, não faz, e sabemos que o importante é o "fazer", pois de nada vale a palavra e a intenção de alguém se seu exemplo e ação não vierem a justificá-los.

O que combate a mania de adiamento é a disciplina, uma eficiente administração do tempo e, principalmente, a motivação. Encontrar as razões profundas que justificam seu desejo e vão impulsioná-lo à ação é fundamental.

"O ontem já se foi. O amanhã ainda não chegou. Só temos o hoje. Comecemos."

Madre Teresa de Calcutá

"Se você espera por condições ideais, você nunca fará nada."

Eclesiastes

Não permita que o adiamento roube seu tempo. Viva o dia de hoje, decida-se, mexa-se, lute e FAÇA! Tenha sempre presente o que observa o provérbio chinês: *"Todas as flores do futuro estão nas sementes de hoje"*.

"Não fique esperando por dias melhores. Faça-os acontecer."

Paulo Roberto Meller

Assuma a responsabilidade por sua vida

Parar de reclamar da vida, dos problemas, das dificuldades, das situações e não culpar os outros é um passo fundamental para uma vida mais produtiva e prazerosa. Ao assumir a responsabilidade por suas próprias palavras, decisões, atitudes, ações, pensamentos e sentimentos, você terá mais controle sobre sua vida, bem como seus valores também vão mudar. Isso vai lhe proporcionar muitos benefícios, gerando mais autoconfiança, sucesso e satisfação.

Ademais, como bem observou Abraham Lincoln: *"Você não consegue escapar da responsabilidade de amanhã esquivando-se dela hoje"*.

É importante compreendermos que não temos controle sobre tudo o que acontece em nossa vida. É importante sabermos o que depende de nós ou não. Saber isso é essencial para que nossa responsabilidade não fique refém daquilo que não depende de nós, comprometendo nossa autoestima.

Ao sentir-se pessoalmente responsável por aquilo que depende de você, que você faz ou deixa de fazer, certamente vai surpreender-se ao perceber como sua vida vai mudar, e muito – para melhor!

Afinal, existe em você um potencial imenso para fazer acontecer. Tudo depende de seu desejo e vontade, que vão gerar comprometimento, determinação e persistência para alcançar o que pretende.

Comprometimento significa fazer tudo o que for possível e da melhor maneira para alcançar seu objetivo.

Determinação é a firmeza ao fazer o que se propôs.

Persistência é não desistir de seu objetivo, encarando os obstáculos como desafios e não como barreiras.

"Você é a força criadora em sua vida. Nada lhe acontece sem sua participação."

Autor desconhecido

Tome consciência de que o principal responsável pela concretização (ou não) de seus desejos é VOCÊ. Tudo depende de SEU próprio esforço!

"Seu futuro depende de muitas coisas, mas, antes de mais nada, ele depende de você."

Frank Tiger

"Hoje sou o que sou, por causa das escolhas que fiz ontem."

Autor desconhecido

Sempre pense positivo – Sempre seja positivo

Muitas vezes podemos ter pensamentos negativos que nos vêm de forma automática, independentemente de nossa vontade. Não podemos impedi-los de surgirem em nossa mente, mas podemos e devemos escolher como reagir a eles. Nossos pensamentos podem surgir independentemente de nossa vontade. Mas depende, porém, somente de nossa vontade controlá-los.

Se não reagimos nem avaliamos nossos pensamentos negativos, estamos admitindo-os como verdades, e eles de uma forma ou de outra vão influenciar negativamente nossa conduta.

É bom lembrar que uma infinidade de males também pode ser decorrente de pensamentos negativos, como ansiedade, hipertensão arterial, depressão, gastrites, úlceras, entre outros. Livrar-se desses pensamentos negativos, sabotadores, derrotistas, que nos paralisam e nos puxam para baixo, deve ser uma prioridade. Como disse, os pensamentos podem surgir de nosso subconsciente de forma automática, mas é perfeitamente possível controlá-los por meio de um processo consciente.

Como? Pela substituição dos pensamentos.

Se temos um objeto em nossa mão, por exemplo, podemos jogá-lo fora. Segundo as Leis da Física, podemos fazer isso a qualquer momento. Já quanto aos pensamentos que nos surgem e não queremos, as leis da mente não nos permitem jogá-los fora. No entanto, é possível substituí-los. Aliás, a tentativa de evitar um pensamento o reforça ainda mais em sua mente.

Você é livre para escolher como reagir a eles.

Não vacile quando surgir em sua mente um pensamento negativo. Substitua-o por um construtivo, benéfico. Nas palavras de Alfred Whitney Griswold: "*A única arma eficaz contra ideias são ideias melhores*".

Motivar-se imaginando os resultados e situações positivas que irão beneficiá-lo, ou seja, assumir uma atitude positiva, também fará de você uma pessoa positiva. A substituição de pensamentos negativos por positivos e a motivação podem ser usadas simultaneamente.

Um recurso muito eficaz e que ajuda a aumentar a autoestima são as técnicas de afirmações positivas e visualização criativa descritas na Parte 2 deste livro. São exercícios simples em que você influencia seu subconsciente enviando sugestões para ele. Exemplo de afirmação: "Eu sou uma pessoa única. Gosto de mim assim como sou, controlo meus pensamentos pensando e agindo positivamente".

É bom lembrar que este é apenas um exemplo, você pode criar as afirmações conforme suas necessidades.

Você pode usar junto com as afirmações a técnica de visualização criativa, em que visualiza uma imagem de si mesmo com todos os detalhes de como gostaria de se ver: uma pessoa alegre, positiva, forte e satisfeita. Para que seus objetivos sejam alcançados, é preciso que esta imagem esteja em sintonia com seus desejos e sentimentos mais profundos.

Pensar positivamente e ser positivo vão nos estimular a fazer coisas positivas também, o que, por sua vez, só tende a fortalecer nossa autoconfiança e nossa autoestima, sem contar os inúmeros benefícios que proporcionam a nossa saúde.

Não seja perfeccionista

Perfeccionismo é a busca da perfeição levada ao extremo, isto é, uma obsessão, um desejo doentio ou excessivo de perfeição, quando a pessoa se sente sempre insatisfeita com seu desempenho. As pesquisas mostram que o perfeccionismo se desenvolve sob a influência de fatores hereditários, familiares e culturais. A pessoa perfeccionista exige demais dela mesma, o que a leva a exigir demais dos outros também.

O que torna difícil para as pessoas mudarem é que, apesar de grandes comprometimentos com sua saúde, decorrentes dos níveis elevados de estresse e de ansiedade, o comportamento perfeccionista também pode proporcionar realizações de sucesso.

É importante distinguir entre perfeccionismo e autoexigência saudável. O perfeccionista muitas vezes evita o que tem de fazer e, quando faz, nunca fica contente, ou seja, não é capaz de apreciar o resultado; ele sempre quer ainda mais. Já a pessoa autoexigente apenas tem a atitude responsável de fazer da melhor forma possível, sentindo-se contente com o resultado. Em vista disso, fique vigilante e livre-se do perfeccionismo, o que não significa deixar de procurar o autoaperfeiçoamento por intermédio de uma disciplina saudável.

O cardeal inglês John Henry Newman fez esta memorável observação: "*Nenhuma coisa poderia ser feita se o homem esperasse até poder fazê-la tão bem a ponto de ninguém encontrar falhas nela*".

Não exigir perfeição exagerada de si e dos outros também não significa tornar-se irresponsável, mas sim permitir-se menos estresse e ansiedade, o que significa importar-se com sua saúde. É, portanto, acima de tudo, uma questão de inteligência. Ademais, somos humanos e podemos falhar; não somos perfeitos, mas podemos sempre melhorar.

O problema do perfeccionismo não está em querermos fazer o melhor. Vamos ser sinceros: Quem é que não o quer? O grande problema está em culpar-nos quando não conseguimos o melhor. O perfeccionista não tolera erros, e como esses fazem parte de nossa condição humana, sentem-se constantemente culpados.

É importante ter em mente: um trabalho imperfeito concluído hoje é sempre melhor do que um trabalho perfeito adiado indefinidamente.

"O trabalho que nunca começa é o que mais demora a terminar."

J. R. R. Tolkien

O que é preciso lembrar sobre o perfeccionismo: basta seu desprendimento, isto é, você dar o melhor de si e se contentar com isso!

Tenha sempre algo grande em mente, mas dê pequenos passos

Como disse certa vez Donald Trump: *"Já que você vai pensar, pense grande"*. Seus sonhos até podem ser grandes, e é bom que o sejam para despertar-lhe interesse, mas cada passo seu deve ser de tal forma pequeno que consiga vencê-lo.

"O segredo de seguir em frente é começar. O segredo de começar é dividir suas tarefas complexas e difíceis em tarefas pequenas e gerenciáveis, e depois começar pela primeira."

Mark Twain

A realização de grandes projetos é sempre um processo complicado e complexo. Para facilitar e tornar mais confortável e segura sua execução, a melhor técnica é dividi-lo em etapas menores, estabelecendo pequenas metas, passos ou tarefas de ação que vão ajudar em sua caminhada para realizá-los com pleno sucesso. O mesmo é válido quando temos grandes sonhos ou objetivos em mente e também quando temos os mais diversos tipos de problemas a resolver.

"Uma vida saudável e próspera é um processo contínuo que resulta de pequenas ações, e não de uma situação ou circunstância."

Paulo Roberto Meller

O sucesso das pessoas mais bem-sucedidas vem geralmente na forma de **pequenos passos dados de forma consistente**. É como escalar uma grande montanha: passo a passo e com segurança, você irá chegar ao topo. Lembre-se de que o sucesso ou a grande transformação são o resultado da soma de pequenos passos ou pequenas mudanças.

"A vida é dura a cada metro, mas torna-se mais fácil quando se avança centímetro por centímetro."

Gean Gordon

Dividir seu objetivo em pequenos passos ou etapas vai permitir-lhe monitorar melhor seu progresso e fazer pequenas correções em seu plano de ação quando necessário, colocando-o no caminho mais favorável ou conveniente. Também vai proporcionar-lhe a sensação e a segurança de que é simples, de que é mais fácil quando se concentra energia em alcançar aquele objetivo menor, que você pode fazer, pode conseguir, renovando-lhe o senso de realização, bem como maximizando as chances de alcançá-lo.

A estratégia dos pequenos passos sempre leva a resultados concretos, desde que a pessoa esteja firmemente comprometida com este sistema simples. Os passos são pequenos, mas as recompensas são grandes, significativas, excepcionais! Nas palavras de Robert Collier: "O sucesso é a soma de pequenos esforços – repetidos dia sim e no outro dia também".

> "Quando você parar para pensar que pequenos passos podem levar a um grande resultado, vai chegar à conclusão de que de pequeno eles não têm nada. Cada um é um grande e importante passo."
>
> Paulo Roberto Meller

"O sucesso é uma questão de hábito. Ele não consiste em se fazer coisas extraordinárias, mas sim em se repetir coisas comuns, extraordinariamente."

Autor desconhecido

O compromisso fundamental: **apenas um pequeno passo, seguido de outros pequenos passos**. Pode-se andar até lentamente, mas o importante é que, aconteça o que acontecer, não se deve parar. Como o sábio chinês Confúcio tão bem ensinou: "Não importa o quão devagar você vá, contanto que não pare".

Estabelecer pequenas metas e realizá-las, além de ser um fator fundamental para deixá-lo mais entusiasmado e atento para as etapas seguintes, avançando em direção ao objetivo que deseja alcançar, é uma ótima maneira de melhorar e fortalecer sua autoconfiança e sua autoestima para enfrentar novos desafios, estimulando seu progresso, incentivando-o e impulsionando-o para frente, fazendo-o sentir-se cada vez melhor, mais confiante, satisfeito e feliz consigo mesmo.

"A única maneira de enfrentar o obstáculo maior é ultrapassar os obstáculos menores."

Julio Verne

Apenas lembre-se: pequenos passos, isto é, ação, por menor que seja, é a diferença entre sonho e realidade – é o que torna diferente aquele que sonha daquele que realiza, constrói o sucesso e o alcança!

> *"Mais importante que festejar suas grandes realizações é comemorar suas pequenas vitórias do cotidiano."*
>
> Paulo Roberto Meller

Livre-se da raiva

O que é a raiva? A raiva é um sentimento de rancor, ira, ódio, fúria, indignação, decepção ou ressentimento que pode se tornar intenso e descontrolado, em que há conflito com o mundo externo ou consigo mesmo, proveniente de uma expectativa não correspondida, de uma inconformidade, de um acontecimento inesperado e ruim, de uma contrariedade, de uma desilusão ou de uma culpa. Ou seja, a raiva pode ser tanto contra os outros quanto contra si próprio.

A ira ou a raiva são sentimentos naturais, portanto normais, e estão presentes no nosso dia a dia. A pessoa fica irritada diante de alguma situação desagradável ou de uma frustração e a primeira resposta é a raiva.

Qual o perigo da raiva? O problema é que a emoção da raiva pode variar de uma irritação simples até a fúria. E isso depende de como cada pessoa interpreta o acontecimento de acordo com sua "bagagem" ou crenças. O que nos causa raiva está geralmente relacionado ao passado, e a reação defensiva ou de ataque diante de um acontecimento no presente pode tornar-se exageradamente desproporcional ao evento que a provoca.

A raiva pode tornar-se um sentimento tão forte e ruim que é considerada um dos sete pecados capitais e, entre estes, o mais prejudicial, pois, além de tudo, é o grande responsável por numerosas doenças, desde as mais simples até as mais graves, uma vez que se trata de uma emoção, um fenômeno psicossomático, isto é, em que há uma conexão ou envolvimento simultâneo entre corpo e mente. O organismo passa a produzir substâncias químicas em resposta à emoção, as quais, quando persistentes, tornam-se danosas ao organismo. Pode-se dizer que por trás do rancor ou ressentimento encontra-se o sentimento mais nocivo para o ser humano e que é o maior obstáculo ao seu desenvolvimento: sentir-se culpado, depreciado ou rejeitado.

> *"Um homem enraivecido está sempre cheio de veneno."*
>
> Confúcio

Há vários tipos de depressão e muitas são as suas causas, sendo que o ressentimento (sentir de novo, "remoer") é uma das mais poderosas.

As pessoas mais infelizes são aquelas repletas de ressentimentos. É fácil identificá-las, pois se costuma dizer que estão de mal com a vida, são mal-humoradas, pessimistas, impulsivas, ranzinzas, resmungonas, briguentas e agressivas. Sua autoestima é muito baixa e suas "mãos estão sempre cheias de pedras", prontas para atacar. Essas pessoas são chamadas, popularmente, de "pavio curto". Infelizmente, não se admitem ou não se reconhecem como tal. São facilmente identificadas por suas características plenamente notáveis. O preço que essas pessoas pagam por sua agressividade, causando uma forte reação negativa nos demais, é o isolamento social. Como muito bem observou Thomas Jefferson: *"Certamente ninguém gosta de quem não gosta de ninguém"*.

Assim como a ansiedade natural ou normal é saudável, porque nos torna mais vigilantes, deixando-nos em estado de alerta para agir (por exemplo, quando vamos atravessar uma rua, cuidamos para não ser atropelados por um carro), a raiva também é um sentimento saudável, quando não é muito frequente ou descontrolado. Sua função é nos alertar para o fato de que algo está errado conosco, isto é, estamos magoados e temos de fazer alguma coisa a respeito. Dito de outra forma, ela nos leva a agir em vez de ficarmos reféns da emoção. Mas devemos agir atacando o problema e não a pessoa.

> *"Aprende que quando está com raiva tem o direito de estar com raiva, mas isso não te dá o direito de ser cruel."*
>
> William Shakespeare

As pessoas raivosas ou rancorosas estabelecem um "mundinho" para elas, em que todos os demais estão errados e somente elas certas. Quando os outros não satisfazem suas expectativas, elas explodem de ira. Quando caem na real e reconhecem o quanto estão erradas, sua culpa é tão grande que gera uma ansiedade capaz de lhes causar problemas de saúde que podem ser gravíssimos, tornando-se elas próprias as maiores prejudicadas.

> *"Odiar as pessoas é como colocar fogo na própria casa para se livrar dos ratos."*
>
> Harry Emerson Fosdick

Quando uma pessoa está diante de um estímulo que provoca ansiedade ou a faz se sentir irritada, seu sistema nervoso central ativa as glândulas suprarrenais que produzem hormônios, entre os quais a adrenalina. Até aí tudo bem, muito normal.

O problema se dá, como disse, quando o estímulo (ansiedade ou raiva, por exemplo) persiste, tornando-se frequente. Então o organismo passa a liberar a adrenalina em maiores quantidades, bem como o hormônio cortisol, que também é benéfico em pequenas quantidades porque funciona como um anti-inflamatório contra aquilo que o organismo entende como uma agressão. Quando, porém, sua produção é maior, o cortisol passa a inibir a produção de glóbulos brancos, que são os responsáveis pela defesa do organismo (nosso exército ou sistema de imunidade). Ao baixar nossa imunidade, isto é, ao não estarmos imunizados (protegidos), ficamos vulneráveis aos mais diversos tipos de doenças. O que não se sabe ainda é o porquê de atingir este ou aquele órgão. Sabemos, entretanto, que um curto-circuito ocorre na parte mais fraca de um fio ou instalação elétrica.

Não há nenhuma novidade em se falar do grande mal que nos faz o ressentimento. Os antigos já sabiam muito bem disso, pois Provérbios (17:22) diz claramente: *"O coração bem disposto é remédio eficiente, mas o espírito oprimido resseca os ossos"*.

Lembre-se de que as emoções nos movem, mas o problema é quando elas se tornam muito intensas, atrapalham, não nos deixando desfrutar o presente, ou começam a causar sofrimento, prejudicando-nos. São os ressentimentos, sentimentos ou emoções negativas que comprometem nossa capacidade de pensar, nossa estrutura psicológica, nossa autoconfiança e nossa autoestima, e, além de tudo, destroem nossa saúde em geral. Eles roubam toda a nossa energia, mantendo-nos prisioneiros do sofrimento, o que nos impossibilita de buscar nossos objetivos. Se os alcançamos, não conseguimos desfrutá-los, porque os sentimentos negativos, além de comprometerem nossa saúde, tendem a atrair desgraças, fazendo-nos cair num ciclo interminável de raiva e dolorosa condição de vítimas.

"Para cada minuto que você se aborrece, você perde sessenta segundos de felicidade."

Ralph Waldo Emerson

Qual a solução?

Admitir o que está sentindo, ter sinceridade de falar sobre seu descontentamento e explicar seus motivos.

Isso é assertividade. A habilidade (na verdade, uma obrigação) que a pessoa deve ter ao manifestar seu descontentamento diante de uma situação, respeitando a opinião do outro sem ofendê-lo.

Rever suas expectativas muito elevadas em relação aos outros.

O problema pode estar em seu perfeccionismo ou grandes expectativas, segundo suas "verdades". Humildade para reconhecer isso é o primeiro grande passo para mudar e sentir-se melhor.

Perdoar a si próprio e aos outros.

Perdoar é não guardar ira, rancor, raiva, ódio, mágoa, culpa ou qualquer outro ressentimento dos outros ou de si mesmo, pois esses ressentimentos não irão mudar o ocorrido. Então, prolongar seu sofrimento vai ajudar em quê?

A pessoa ansiosa vive no futuro; já aquela com raiva vive no passado. Desse modo, não vive o momento presente.

Enquanto a mágoa é um sentimento (pode surgir automática e irracionalmente), o perdão é uma decisão que depende exclusivamente de sua vontade, o que significa que pode muito bem estar sob seu controle. Você tem uma escolha: ou fica preso ao trauma do passado, ou vive o presente.

Perdoar e esquecer são a mesma coisa? Perdoar é diferente de esquecer, pois quem perdoa pode não esquecer necessariamente os fatos, o que aconteceu, mas o mais importante é que conseguiu dessensibilizar-se, ou seja, dissipou ou diluiu a mágoa gerada pelo fato.

Ao esquecer, a pessoa até pode não lembrar do fato, mas, se por acaso lembrar, a lembrança também virá acompanhada de toda a emoção negativa; o que não acontece quando ela perdoa. É importante sabermos essa diferença.

Ao perdoar, você não está esquecendo nem negando a realidade, mas está inteligentemente sabendo superar um sentimento negativo que lhe provoca mal, pois está restabelecendo sua saúde emocional, e sabemos o quanto ela é importante.

Ao perdoar aos outros e a si mesmo, você está provando que sabe lidar com as emoções negativas, tendo o controle delas.

"Sempre que alguém me ofende, tento erguer bem alto a minha alma para que a ofensa não a atinja."

René Descartes

Perdoar... mas como? Exercitando a paciência, a humildade, a tolerância e a flexibilidade.

Ao tratar-se de uma pessoa religiosa, há uma técnica muito eficaz para perdoar alguém que a magoa: ter compaixão ou misericórdia por essa pessoa orando com amor para que Deus a ilumine (tornando-a uma pessoa melhor). Como disse o Grande Mestre Jesus, depois de ter sido ridicularizado, humilhado, falsamente acusado e passado por sofrimentos extremos como a pregação na cruz: *"Pai, perdoa-lhes, pois não sabem o que estão fazendo"*. Assim, transfere seu problema para Ele, pois ninguém mais tem controle sobre tudo e pode resolver da melhor maneira. Quanto à oração, é difícil falar sobre seu incrível poder e resultado. Só quem experimenta sabe.

Que fique bem claro: ao transferir nossos problemas ou responsabilidades, estaríamos nos iludindo ou sendo irresponsáveis, pois somente nós podemos resolvê-los. No caso do perdão, porém, transferir o problema para Aquele que sabe lidar com nossos inimigos melhor do que nós é recomendável. O apóstolo Paulo, em seu livro aos romanos, já ensinava: *"Amados, nunca procurem vingar-se, mas deixem com Deus a ira, pois está escrito: 'Minha é a vingança; eu retribuirei', diz o Senhor"* (Romanos, 12:19). Assim, diante de uma injustiça, em que é normal surgir um sentimento de vingança, deixemos a justiça com Ele, que pode fazer melhor do que nós.

Para ilustrar o efeito disso sobre nós, eis um exemplo ou comparação bem simples: você se imagina em uma montanha-russa (vivenciando a experiência, "dentro" dela), visualizando-a exatamente como ela é com todos os seus detalhes; você sentado no carrinho, passando por todas aquelas manobras bruscas em um percurso cheio de curvas fechadas e subidas e descidas vertiginosas, ora para um lado, ora para outro, e vivenciando todas as emoções que o brinquedo pode lhe proporcionar. Se visualizar isso como se fosse real por alguns segundos (repito: você no carrinho e este fazendo todas as manobras radicais), ao cabo de poucos segundos vai notar que, na realidade, está sentindo as mesmas emoções como se estivesse de fato andando em uma montanha-russa. Agora, se dissociar, ou seja, se você vê a si mesmo de fora, como se tivesse assistindo a um filme, vendo-se lá na tela andando na montanha-russa, não vai sentir emoção ou ela será mínima. Semelhantemente acontece quando transferimos o problema de nossa mágoa. Com a dissociação, alcançamos a neutralidade.

Se conseguir esquecer as mágoas, excelente, pois feliz de quem tem a capacidade de esquecer rapidamente conflitos, ressentimentos, tudo de ruim e desagradável em sua vida. O quanto os outros ou algo lhe causam ressentimentos não é problema seu, mas o quanto você se deixa ficar ressentido, sim; é uma questão que depende exclusivamente de você. Como afirma Robert J. Sawyer: *"Aprender a ignorar as coisas é um dos grandes caminhos para a paz interior"*.

> *"É verdade que é doloroso, muito difícil e até parece impossível perdoar, mas quem não perdoa aos outros e a si próprio sofre ainda muito mais."*
> Paulo Roberto Meller

Não perdoar a si mesmo é julgar-se infalível, incapaz de cometer erros, e mesmo as pessoas boas fazem coisas ruins ou cometem erros, uma vez que ninguém é perfeito. Então, não precisa sentir-se culpado ou envergonhado por seu erro, pois errar pode não significar que seja uma pessoa má. A imperfeição faz parte do ser humano. O autoperdão deve necessariamente incluir esse reconhecimento de nossas imperfeições, tendo humildade e coragem de repararmos nossos erros ao mesmo tempo em que perdoamos aos outros e a nós mesmos.

Assumir a responsabilidade por nossos erros, aprendendo a lição, é melhor do que ficar autoflagelando-nos pela autoculpa, que, além de não resolver a situação, só tende a agravá-la. Em vez de continuar fazendo autojulgamentos ou autocríticas equivocadas ou cruéis, o que só alimenta suas doenças emocionais, comece a "trabalhar" para melhorar certos aspectos seus, o que o levará a crescer com os resultados de suas ações, passando a amar-se incondicionalmente e aos demais. Ao perceber que ofendeu ou causou algum tipo de constrangimento a alguém, seja humilde e peça desculpas.

Tudo tem um preço, e perdoar aos outros e a si mesmo pelas fraquezas, deficiências e falhas é o que se paga pela paz de espírito. Somente liberando o ressentimento você dará a oportunidade a si mesmo de desfazer-se da autodestruição traiçoeira provocada por esse avassalador sentimento negativo. Deixa de ser impossível perdoar quando se percebe este gesto como uma das habilidades mais úteis e que beneficia, acima de tudo, VOCÊ, pois nosso primeiro dever é fazer o bem a nós mesmos. Como disse São Francisco: *"Seja gentil com você mesmo. Perdoe-se a cada dia"*. No fundo, é uma questão de decisão pessoal.

> *"Aquelas pessoas que nos magoaram fizeram apenas o que sabiam fazer, em função das condições de suas vidas. Se você não perdoar, permitirá que essas mágoas antigas continuem a dominá-lo."*
>
> Wayne W. Dyer

Com o perdão você não vai mudar nenhuma ação nem o passado, mas terá a certeza absoluta de que vai mudar para melhor o futuro, vivendo em harmonia consigo mesmo.

Existe alguma maneira de prevenir-se da raiva, da mágoa ou do ressentimento? Sim, preparando-se para aquelas situações em que se vê a possibilidade de sentir raiva ou mágoa. Na maioria das vezes, as pessoas procuram resolver momentaneamente apenas os sintomas decorrentes dessas emoções negativas, até porque são muito fortes e as incomodam demais. Isso significa que, ao não ser dada também a devida atenção à solução do problema, este não terá fim. Os medicamentos para aliviar os sintomas, com o passar do tempo, precisam ser cada vez mais fortes, acabando em um círculo vicioso ou crônico.

Uma professora, por exemplo, que, ao se incomodar com um aluno, sente cada vez uma forte tristeza ou ressentimento que culmina numa intensa dor de cabeça; se ela tomar algum medicamento, fizer uma massagem ou algum tipo de relaxamento, está apenas aliviando os sintomas, o que significa que, da próxima vez, novamente ficará refém emocional da situação.

Um recurso útil para nos prepararmos para qualquer situação ou desafio que temos de enfrentar é a visualização criativa ou ensaio mental (abordagem que faço no Erro nº 10). A antecipação de um acontecimento estressante por meio do ensaio mental diminui consideravelmente seu impacto ou estresse.

Ao antecipar uma situação futura, visualizando-a em sua mente com todos os detalhes, como se fosse real, você pode lidar com ela imaginando-a de todas as formas possíveis e como você poderia agir (não somente reagir emocionalmente), de modo que tudo possa transcorrer da melhor maneira possível, chutando a raiva para longe. Logo, em vez de preocupação, planejamento. Imaginar o pior pode ajudá-lo a desarmar a ameaça e, então, desenvolver estratégias para lidar com a situação, antecipando como se comportar, ou seja, como trabalhar com as objeções, etc. O ensaio vai possibilitar que você enfrente a situação real mais confiante e preparado emocionalmente para não se deixar abater magoado e ressentido. Napoleão Bonaparte já dizia que *"A melhor defesa é um bom ataque"*. Entenda-se aqui "um bom ataque" como um melhor preparo. Antecipar a situação por intermédio do ensaio mental, pensar e agir bem são os recursos de que você dispõe para "quebrar" o círculo vicioso, tornando-o virtuoso ou vitorioso.

Agora você conhece algumas das melhores maneiras de melhorar sua autoconfiança e autoestima, e pode concentrar-se naquelas que parecem mais próximas das suas necessidades. Com determinação e dedicação, faça delas seus novos hábitos. Logo, perceberá o quanto são eficazes.

> *"O pior inimigo não é o que põe em risco sua vida, nem o que esvazia seu bolso, nem o que macula sua reputação. O pior inimigo é aquele que aniquila sua fé em você mesmo."*
>
> Autor desconhecido

> *"Falta de autoconfiança e baixa autoestima levam à fraqueza. Quando são fortes levam ao poder. É você quem escolhe. Faça sua escolha!"*
>
> Paulo Roberto Meller

Autoconfiança = sua confiança em sua capacidade para fazer algo. Autoestima = como você se percebe, se julga, se valoriza, se aprova e gosta de si.

Com a autoconfiança, você confia naquilo que faz. Com a autoestima, aprecia quem você é. Mais autoconfiança, mais autoestima = alimentar as suas esperanças, acreditar mais em suas capacidades, focar as soluções e não os problemas, superar grandes desafios, arriscar-se mais, enfim, sentir-se bem consigo mesmo. A autoconfiança e a autoestima são dois conceitos intimamente ligados. Ao aumentar a autoconfiança, sentimo-nos bem sobre nós mesmos, melhorando nossa autoestima e nos tornando mais confiantes em nossas realizações. Em resumo, a autoconfiança e a autoestima melhoram todos os aspectos de nossa vida. Isso se consegue com pensamentos e ações – o preço que a vida cobra para o sucesso!

Erro nº 8: Focar muitos objetivos simultaneamente

Focar um objetivo ou meta significa convergir todos os esforços e toda a atenção disponível em sua realização; é controlar e dirigir nosso pensamento para um fim determinado.

A importância do foco ou senso de prioridade é não dispersar energia. Ao perder energia, você perde a persistência, e essa é fundamental para realizar seus objetivos.

O que se entende por atenção e concentração? A atenção é a utilização de nossa mente ou vigília para alguma coisa captada por nossos sentidos. A concentração é a focalização da atenção de modo intenso e exclusivo em um só objeto ou em uma ação. Concentrar-se significa manter atenção plena, total, dirigida a um único ponto ou objeto.

Qual é a principal diferença entre elas? A principal diferença é que a atenção é ampla (podemos estar atentos a mais de uma coisa ao mesmo tempo). Por exemplo, quando dirigimos um carro, estamos atentos ao que está em volta. A concentração é focada (somente um objeto ou ação). Dependendo do estímulo, **a atenção pode estar aqui ou acolá, passivamente. Já a concentração, o fazemos ativamente. A concentração é voluntária.**

"Eu apenas tento me concentrar em concentrar."

Martina Navratilova

O conto a seguir ilustra a real dimensão ou profundidade da concentração:

> Após ganhar vários torneios de arco e flecha, um jovem e arrogante campeão resolveu desafiar um mestre Zen que era renomado por sua capacidade como arqueiro. O jovem demonstrou grande proficiência técnica quando acertou, na primeira flecha lançada, um distante alvo bem na mosca, e ainda foi capaz de dividir a primeira flecha em duas com seu segundo tiro.

> *"Sim!", ele exclamou para o velho arqueiro. "Veja se pode fazer isso!" Imperturbável, o mestre não preparou seu arco, mas em vez disso fez sinal para o jovem arqueiro segui-lo montanha acima. Curioso sobre o que o velho estava tramando, o campeão seguiu-o para o alto, até que eles alcançaram um profundo abismo atravessado por uma frágil e pouco firme tábua de madeira. Calmamente caminhando sobre a insegura e certamente perigosa ponte, o velho mestre tomou uma larga árvore longínqua como alvo, esticou seu arco, e acertou um claro e direto tiro.*
>
> *"Agora é sua vez", ele disse, enquanto suavemente voltava para solo seguro. Olhando com terror para dentro do abismo negro e aparentemente sem fim, o jovem não pôde forçar a si mesmo caminhar pela prancha, muito menos acertar um alvo de lá.*
>
> *"Você tem muita perícia com seu arco", disse o mestre, percebendo a dificuldade de seu desafiante, "mas tem pouco equilíbrio com a mente, que deve nos deixar relaxados para mirar o alvo."*

Focar um objetivo ou meta não significa que você deve dedicar sua vida obsessivamente a apenas um propósito. Todos nós temos objetivos e interesses em uma grande quantidade de coisas, mas não são todos de igual importância. Desta forma, torna-se necessário priorizá-los, identificando qual é o objetivo principal, com base no que é mais importante para nós. Conforme alertou o pensador e filósofo chinês Confúcio: *"O homem que persegue dois coelhos não pega nenhum"*. A sabedoria popular traduz essa situação com a seguinte frase: *"Quem muitos burros toca, algum ficará para trás"*.

PRIORIDADE

+

FOCO COM DISCIPLINA

=

ÊXITO

A prioridade diz respeito a nosso objetivo principal ou mais importante; o foco com disciplina refere-se a nossa concentração, que, por não ser constante (na maior parte do tempo estamos no "piloto automático", agindo inconscientemente), deve, então, ser treinada. Daí a importância de se ter disciplina para se obter resultados com êxito.

Atendo-se a um objetivo de cada vez, focando nele seus pensamentos, sentimentos e energia, suas chances de sucesso serão maiores e seus objetivos atingidos muito mais rapidamente e com menos esforço.

> *"Saber onde colocar o foco de nossos esforços é metade do que é necessário para concretizar o sonho perseguido."*
>
> Autor desconhecido

Realmente, as pessoas são incapazes de se concentrar em muitos objetivos ou duas coisas distintas ao mesmo tempo. Conforme uma lei básica da Física, do grande cientista Isaac Newton, "Dois corpos não podem ocupar o mesmo lugar no espaço". Isso significa que não podemos pensar ou nos concentrar em duas coisas ao mesmo tempo.

> *"A primeira condição para se realizar alguma coisa é não querer fazer tudo ao mesmo tempo."*
>
> Tristão de Ataíde

As pesquisas científicas confirmam isso provando que o cérebro não consegue fazer com eficiência duas ou três coisas simultaneamente. Para se ter uma ideia, segundo algumas dessas pesquisas, falar ao telefone enquanto dirige, mesmo com o uso de acessórios que liberam as mãos, torna a pessoa tão incapacitada para dirigir quanto alguém alcoolizado.

Outras pesquisas mostram que apenas 2% das pessoas são capazes de realizar multitarefas de forma eficaz. A concentração, assim como a atenção, varia de pessoa para pessoa, dependendo de diversos fatores, entres eles as condições biológicas, o bem-estar físico e mental, o hábito ou capacidade de concentração, o interesse, a motivação ou a recompensa.

É muito importante ter sempre em mente que a falta de concentração, bem como pensamentos sobre aspectos irrelevantes (dispersão, distração), falta de sono, ansiedade e preguiça, pode aumentar a frequência de erros.

O fator-chave para você ser bem-sucedido encontra-se neste ditado popular: *"Não dê o passo maior do que as pernas"*. Por mais ágil e rápido que você seja em suas ações, procure sempre ser prudente ao perceber seus limites, não indo além de sua capacidade.

Apesar de existirem pessoas que têm a capacidade de fazer várias tarefas simples ao mesmo tempo (desde que também cuidem de sua saúde, porque senão vão acabar não conseguindo fazer nada), é fato científico comprovado que é mais produtivo e eficaz tentar realizar uma tarefa de cada vez, pois há uma maior chance de sucesso. Aqui, menos é mais, ou seja, a qualidade deve vir sempre antes da quantidade. Segundo alguns estudos, na maioria das vezes, as pessoas que se dizem atentas a várias coisas ao mesmo tempo estão, na verdade, distraídas.

Uma atitude reflexiva mais intensa permite-nos perceber com mais exatidão e reagir de maneira mais adequada às mais diversas situações. Conforme foi dito, há pessoas que conseguem realizar mais de uma tarefa (alternar sua atenção entre várias atividades diferentes) ao mesmo tempo, mas o que é preciso saber é se esse ganho de tentar conciliar muitas coisas em um curto espaço de tempo não está sendo perdido por um estresse, que só tende a ser comprometedor, mesmo que silenciosamente, tornando mais difícil manter o foco ou concentração quando mais for preciso. Ou seja, tornando-se completamente vulnerável a riscos de toda espécie.

Quando você tiver tarefas muito importantes para realizar, fazer uma de cada vez, e bem feita, ainda é uma das melhores formas de realizá-las com segurança e sucesso para alcançar seus objetivos com pleno êxito, sem correr riscos, ou melhor, sem prejudicar todos os outros setores de sua vida. Arthur Schopenhauer nos alerta: *"O maior erro que um homem pode cometer é sacrificar sua saúde a qualquer outra vantagem"*.

> *"– Estabelecer o que é mais importante, aquilo que é prioridade para você.*
> *– Realizar este seu objetivo concentrando-se com disciplina nele.*
> *– Manter-se motivado. Da observação destas três regrinhas básicas resultará seu êxito."*
>
> Paulo Roberto Meller

Ao focarmos um único objetivo por vez, tudo fica mais fácil – para pensarmos, nos concentrarmos, agirmos e alcançarmos progressos.

A concentração torna nosso pensamento mais eficiente, mais claro, e isso ajuda a fazermos avaliações e escolhas plenamente conscientes, tomando decisões e agindo muito mais cuidadosamente.

Tudo bem, mas como dirigir seu pensamento para um único objetivo, para algo importante, que necessita sua atenção especial? Para adquirir o controle de seus pensamentos e tornar-se uma pessoa de forte concentração, dirigindo seu pensamento para um objetivo determinado, você necessita exercer sua força de vontade. Então, exercite-a!

Lembre-se de perguntar a si mesmo, com frequência, se o que está fazendo – foco no objetivo + ação – está ajudando-o a chegar mais perto do resultado que deseja.

Erro nº 9: Motivação fraca

Por que a motivação é tão importante na vida de qualquer pessoa? A motivação é um fator de extrema relevância e decisivo em nossa vida – o elemento essencial para o desenvolvimento e realização das ações humanas – porque é o combustível, a fonte de energia que nos impulsiona a agir, e até a superar obstáculos, ajudando a ampliar nossas possibilidades de sucesso em busca de nossos objetivos.

> "Toda ação humana, quer se torne positiva ou negativa, precisa depender de motivação."
>
> Dalai Lama

> "Campeões não são feitos em academias. Campeões são feitos de algo que eles têm profundamente dentro de si – um desejo, um sonho, uma visão."
>
> Muhammad Ali

Que a motivação é importante, todos já sabem. Mesmo ouvindo-se falar muito e tendo acesso a uma variedade de excelentes livros, palestras, vídeos, artigos e materiais de toda espécie sobre motivação, a maioria das pessoas ainda desconhece o que ela realmente significa, e tampouco sabe como fazer para ficar motivada, mesmo consciente de sua importância.

Afinal, o que você entende por motivação? A definição mais simples do termo motivação é ter um motivo ou uma razão para fazer alguma coisa. É o motivo de nossa ação. Decompondo o termo, temos a ideia de que é preciso um motivo para que uma ação ocorra – que nos leve à ação em busca de nossos objetivos em todos os aspectos de nossa vida.

Motivação e motivo são termos intimamente relacionados e derivados do verbo latino movere, que significa movimento, mover-se, pôr em marcha, que se traduz num impulso, força, energia que estimula a pessoa a agir.

E automotivação, o que significa? Automotivação é a capacidade de motivar a si mesmo.

Nossa vida é orientada por motivos de ordem emocional e intelectual. Assim, um fator, motivo ou razão determinam o comportamento de uma pessoa. O simples fato de você querer aprender sobre o Pensamento Positivo e a Lei da Atração (motivo) fez com que surgisse a motivação (estímulo, incentivo, interesse), que o levou a agir mergulhando na leitura deste livro.

A seguir, apresento de forma esquematizada o processo pelo qual nos motivamos:

MODELO BÁSICO DE MOTIVAÇÃO

MOTIVAÇÃO
=
MOTIVO + INTERESSE FORTE → AÇÃO

A motivação consiste em encontrar um motivo ou razão que desperte em seu interior o interesse ou desejo que o impulsiona à ação ou realização. **Eis o que é fundamental:** um estímulo de tal forma interessante que o leve a agir.

Sempre que a pessoa age, há motivação suficiente para levá-la a agir. No entanto, também pode acontecer de haver motivação, mas esta ser fraca, e a pessoa não agir. É aquilo que a Física ensina: a energia para mover um objeto deve ser maior do que sua resistência.

"Fortes razões fazem fortes ações."

William Shakespeare

Uma vez, portanto, que a pessoa age por uma razão, é importante compreender que, para um motivo produzir uma determinada ação, fazendo o indivíduo agir, é necessário que ele seja importante, suficientemente forte e convincente para lhe despertar o interesse. **Para haver motivação, é fundamental que o motivo ou razão desperte o interesse para a ação.** Para que isso seja lembrado, acrescentei a palavra **"interesse forte"** quando elaborei o esquema acima.

"Faleceu ontem a pessoa que atrapalhava sua vida...
Um dia, quando os funcionários chegaram para trabalhar, encontraram na portaria um cartaz enorme, no qual estava escrito:
'Faleceu ontem a pessoa que atrapalhava sua vida na Empresa.
Você está convidado para o velório na quadra de esportes'.

No início, todos se entristeceram com a morte de alguém, mas, depois de algum tempo, ficaram curiosos para saber quem estava atrapalhando sua vida e bloqueando seu crescimento na empresa.

A agitação na quadra de esportes era tão grande, que foi preciso chamar os seguranças para organizar a fila do velório. Conforme as pessoas iam se aproximando do caixão, a excitação aumentava:

– Quem será que estava atrapalhando meu progresso?

– Ainda bem que esse infeliz morreu!

Um a um, os funcionários, agitados, se aproximavam do caixão, olhavam pelo visor, a fim de reconhecer o defunto, engoliam em seco e saíam de cabeça abaixada, sem nada falar uns com os outros. Ficavam no mais absoluto silêncio, como se tivessem sido atingidos no fundo da alma e dirigiam-se para suas salas. Todos, muito curiosos, mantinham-se na fila até chegar a sua vez de verificar quem estava no caixão e que tinha atrapalhado tanto a cada um deles.

A pergunta ecoava na mente de todos: 'Quem está nesse caixão?'.

No visor do caixão havia um espelho e cada um via a si mesmo... Só existe uma pessoa capaz de limitar seu crescimento: VOCÊ MESMO! Você é a única pessoa que pode fazer a revolução de sua vida. Você é a única pessoa que pode prejudicar sua vida. Você é a única pessoa que pode ajudar a si mesmo. 'SUA VIDA NÃO MUDA QUANDO SEU CHEFE MUDA, QUANDO SUA EMPRESA MUDA, QUANDO SEUS PAIS MUDAM, QUANDO SEU(SUA) NAMORADO(A) MUDA. SUA VIDA MUDA... QUANDO VOCÊ MUDA! VOCÊ É O ÚNICO RESPONSÁVEL POR ELA.'

O mundo é como um espelho que devolve a cada pessoa o reflexo de seus próprios pensamentos e atos. A maneira como você encara a vida é que faz toda a diferença. A vida muda, quando 'você muda'".

(Luis Fernando Verissimo)

Esta inteligente mensagem que acabamos de ler surpreendentemente nos desperta para uma das mais evidentes verificações da realidade: somente nós temos o poder de assumir o comando de nossas vidas, não esperando que as coisas aconteçam por acaso, mas tomando para nós a responsabilidade advinda de nosso esforço, empenho e dedicação.

"As pessoas bem-sucedidas são aquelas que não ficaram acomodadas, esperando as coisas acontecerem. São aquelas que fizeram acontecer."

Leonardo Da Vinci

Certa vez, conversando com uma pessoa obesa, ela me disse que há anos tentava emagrecer e não conseguia. Ao que ela completou: "Na verdade, não tenho motivação". Só para me certificar se ela de fato sabia o que estava falando, isto é, se realmente sabia o que é motivação, perguntei como ela poderia conseguir essa motivação. Simplesmente não soube responder! Aquilo que já comentei: as pessoas até falam muito sobre motivação e a importância de estarem motivadas, mas, infelizmente, não sabem o que é motivação, nem como consegui-la (se na farmácia, no supermercado...), e isso as impede de ir adiante, pois sem motivação não têm o impulso necessário e imprescindível para irem em busca de seus objetivos.

Essa mesma pessoa deixou transparecer claramente que, para ela, a motivação iria surgir como fruto de um vislumbre de "inspiração divina" ou "cair do céu" prontinha a qualquer momento. Sabidamente, pensar assim é um grande erro e faz perder um tempo precioso, pois, como muito bem diz o sábio ditado, *"Tempo vale ouro"*. Ademais, essa é uma das receitas do fracasso.

A escritura sagrada nos incentiva a lembrar que *"o homem é feito à imagem e semelhança de Deus"* (Gênesis, 1:26); e vai além em João (14:12*): "Em verdade, em verdade vos digo que aquele que crê em mim fará também as obras que eu faço e outras maiores fará..."*.

O leitor saberia me dizer o que significa isso? Em termos bem simples, o que os textos em questão querem dizer é que somos semelhantes a Deus naquilo que ele tem de mais poderoso: a capacidade criadora, pois o ser humano também consegue de quase nada criar coisas grandiosas e surpreendentes. Basta darmos uma simples olhada no que está a nossa volta para reconhecermos essa verdade, desde uma obra de arte, um livro, uma tecnologia como a televisão, o telefone celular e a internet. Veja bem, isso é apenas uma pequena fração das muitas invenções feitas pelo homem e que são uma prova do poder criador do pensamento. É este poder que cria nossa realidade, desde o necessário para nossa sobrevivência até o que for preciso para o alcance e plenitude de nossos objetivos e realizações. Como nos lembra Pere Alberch: *"O que existe é só uma pequena parte do que é possível"*.

Certamente Cristo tinha conhecimento do poder mais maravilhoso do ser humano ao afirmar, de maneira magistral, em uma de suas pregações: *"Vós sois deuses"*.

Nas palavras do escritor, filósofo e poeta Ralph Waldo Emerson: *"Todo homem é uma divindade disfarçada, um deus que se faz de tolo"*. Sua mente e, mais precisamente, seu subconsciente são uma usina de energia. Você não precisa perseguir o arco-íris para encontrar o tesouro. Já o tem. Deve apenas aproveitar esse tesouro!

> *"O maior pecado do ser humano é ignorar suas forças interiores, seus poderes criadores e sua herança divina. Estuda-te e vê quanta coisa és capaz de fazer."*
>
> Orison Sweet Marden

Por isso falei que a motivação "não cai do céu", não surge por si só – necessita ser criada, desenvolvida. A pessoa precisa criar razões ou motivos de interesse para fazer o que quer que seja, pois somente assim vai realizá-lo bem. Esta é uma parte obrigatória de nossos sucessos.

Considerando o admirável poder de criar que nos foi dado, o genial físico Albert Einstein observou: *"Imaginação é mais importante que conhecimento. Conhecimento é limitado"*.

> *"A imaginação frequentemente nos leva a mundos que jamais existiram. Mas, sem ela, não vamos a mundo nenhum."*
>
> Carl Sagan

A questão é: Como podemos encontrar, criar ou gerar motivação para atingir nossos objetivos? É tão simples assim? Creio que sim.

Toda vez que pensamos ou questionamos o porquê de atingirmos um determinado objetivo, estamos criando motivação e, ao repensarmos os respectivos motivos ou razões, estamos fortalecendo-a. Então, este é o truque simples para você motivar-se e, o mais importante, manter-se motivado!

> *"No que diz respeito a todos os atos de iniciativa e criação, há uma verdade elementar – assim que a pessoa se engaja definitivamente, a Providência também entra em ação."*
>
> Johann Wolfgang von Goethe

Além de fazer parte do Universo, cada pessoa é em si um "universo", com suas percepções, crenças, valores, desejos, expectativas, necessidades e interesses. As razões, os motivos e os estímulos são individuais. Os estímulos variam de pessoa para pessoa, bem como num indivíduo os motivos podem ser diferentes de acordo com a fase de sua vida ou com as circunstâncias. Como afirma Procópio Ferreira: *"As emoções mudam com as épocas. O que ontem nos entusiasmou, hoje nos é indiferente..."*. Por isso se diz que não se pode motivar as pessoas, pois é algo muito intrínseco, pessoal e subjetivo, somente a pessoa pode motivar a si própria (automotivar-se); os demais apenas podem estimular ou criar condições para que a pessoa se motive.

Como vimos, a motivação é algo muito pessoal. Vou citar aqui alguns motivos, que bem poderiam ser criados por aquela pessoa obesa que queria emagrecer e não soube responder como fazer para encontrar motivação. Ela, na verdade, nem sabia o que era motivação. Eis os motivos: melhor qualidade de vida e mais saúde; mais energia e disposição; aumentar a autoestima; fortalecer a autoconfiança; voltar a usar roupas que não entram mais; mostrar para os outros que é capaz; ser um exemplo para muitas pessoas; receber elogios, etc. Cada pessoa pode descobrir bons motivos para si.

O mais importante é que as razões sejam, como disse, suficientemente fortes, porque senão você não será capaz de agir em busca de seu objetivo. A busca da felicidade ou do melhor para cada um de nós é uma ótima razão para continuarmos motivados permanentemente.

É você, entretanto, quem tem de encontrar sua motivação. Ela é imprescindível para qualquer coisa que você deseje e seus objetivos podem ser os mais diversos. Decida, portanto, o que quer; encontre uma razão forte o suficiente para fazê-lo agir e faça o que for necessário para alcançá-lo. Desejo-lhe boas, prazerosas e saudáveis descobertas!

Carlos Bernardo González Pecotche, em seu livro *Bases para sua conduta*, anima e nos inspira com esta mensagem: "*A felicidade murcha como as flores; entretanto, assim como o bom jardineiro sempre tem a seu alcance outras para substituí-las, quem possui conhecimentos pode, também, substituir constantemente os motivos que dão permanência à felicidade na vida. O conhecimento a fixa, a torna estável; permite sentir seu palpitar de eternidade*".

O mais importante: a motivação deve ser constantemente lembrada, não dando espaço para o desânimo que, inevitavelmente, leva ao fracasso e à frustração pelo não cumprimento de sua meta. Se por acaso falta-lhe um motivo para continuar o que quer que seja, reformule suas razões e encontre um incentivo forte para começar agora um novo caminho. O que importa mesmo é não deixar acabar o combustível – sua motivação, pois, como tão bem afirmou Winston Churchill: "*O sucesso é tropeçar de fracasso em fracasso sem perder o entusiasmo*".

Por falar nisso, gostaria de perguntar: Qual é a maior herança que um pai pode deixar para um filho? Eu, que muito estudo, e sei o quanto é valioso estudar, até poderia responder dizendo que é o estudo, mas não é! É evidente que ele pode abrir muitas portas, mas, se falta o entusiasmo, a pessoa não vai entrar, por mais estudo que tenha! A maior herança que um pai pode deixar para um filho, portanto, é o entusiasmo, o exemplo de garra, de luta, de superação! Tanto isso é verdade que, etimologicamente, ou seja, de acordo com a origem da palavra, entusiasmo significa ter um Deus dentro de si (do grego em = dentro, Theos = Deus e asm = ação). Literalmente, então, entusiasmo significa "Deus dentro de nós em ação ou agindo".

"Entusiasmo é a força propulsora necessária para escalar a ladeira do sucesso."
Autor desconhecido

Uma pessoa otimista acredita que uma coisa vai dar certo, enquanto uma pessoa entusiasmada acredita em sua capacidade transformadora agindo entusiasticamente. Napoleão Bonaparte, o grande estrategista de guerra, observou muito bem: *"O entusiasmo é a maior força da alma. Conserva-o e nunca te faltará poder para conseguires o que desejas"*.

"Quando os homens fracassam, o que lhes faltou não foi inteligência, foi paixão."
Struthers Burt

*"Motivação é como água fervendo, evapora.
Lembre-se, portanto, de repô-la constantemente."*
Paulo Roberto Meller

Motivação fraca = desempenho baixo. Motivação forte = desempenho alto. Para alcançar seus objetivos, a única maneira de fortalecer sua motivação, assim como acontece com os músculos do corpo, é exercitá-la. Como? Procurando motivar-se todos os dias repensando sua motivação, sintonizando-se constantemente com as razões ou os porquês de alcançar seus objetivos, mantendo sempre em mente a visão, o benefício e a respectiva satisfação daquilo que quer alcançar.

Em se tratando de motivação, treinar sua mente é tão importante quanto treinar o corpo – como qualquer exercício, exige regularidade. A questão principal a ser lembrada: a motivação é um exercício constante e só gera resultados quando leva você a agir em busca do que deseja!

Erro nº 10: Não visualizar seu objetivo alcançado

"Somos o que somos e estamos onde estamos porque primeiro o imaginamos."

Donald Curtis

O que é a visualização criativa? A visualização criativa consiste na visualização de nossos desejos, e é um poderoso recurso para mobilizarmos nossas forças interiores em direção a nossos objetivos. Tal é seu poder que o filósofo chinês Confúcio, que viveu em 470 a.C., já afirmava: *"Uma imagem vale mais que mil palavras"*.

Realmente, há uma tendência de se transformar em realidade aquilo que imaginamos. Por quê? Porque, devido ao fato de que agimos conforme o que temos em mente, ou seja, como se aquilo que imaginamos já fosse real, vamos criando uma realidade de acordo com essas nossas verdades ou suposições. É importante você entender isso. É claro que agimos dependendo de nossa vontade, de nossa determinação, mas, fundamentalmente, de acordo com o pensamento ou imaginação que mais predomina em nós. Repito: que mais predomina em nós. Procuro deixar bastante claro isso, porque vejo frequentemente pessoas buscando "fórmulas miraculosas" fora delas, enquanto o grande poder de mudar está dentro de cada uma. Isso me faz acreditar que as pessoas, por comodismo, só querem ouvir, uma vez que praticar exige esforço. Certamente, por essa razão, Tiago (1:22) adverte: *"Sejam praticantes da palavra, e não apenas ouvintes, enganando-se a si mesmos"*.

A imaginação que normalmente temos em mente, isto é, a imaginação espontânea, pode ser influenciada indeterminadamente pelos conteúdos inconscientes e pelo poder do subconsciente; já com a imaginação ou visualização criativa, visualizamos alguma coisa com um objetivo determinado em mente, que passa a influenciar o subconsciente.

Na visualização criativa, estamos conscientes da situação, tendo mais domínio sobre a vida e podendo programar e reprogramar bons pensamentos e sentimentos que, certamente, voltarão a nós.

> *"A força da imaginação é o início da criação. Imaginamos o que desejamos; desejamos o que imaginamos; ao final, criamos o que bem queremos."*
>
> George Bernard Shaw

Por que a visualização é tão poderosa? Porque é a linguagem de preferência do subconsciente, a que ele melhor entende – a linguagem das imagens. O consciente trabalha com a linguagem das palavras, e o subconsciente, apesar de também entender essa linguagem, é melhor influenciado pela linguagem das imagens. Temos de repetir muitas vezes as palavras que queremos fixar no subconsciente, mas, quando se trata de imagens, elas ficam mais facilmente gravadas nele. Sabemos do poder de nosso subconsciente, ou seja, o que é gravado nele é um decreto e começa a emitir "ordens" no sentido de concretizar-se, ficando alerta 24 horas, buscando ou criando circunstâncias nas quais nossos pensamentos repetitivos começam a se manifestar na realidade.

Muito importante: a questão principal que você deve lembrar é que, por meio do processo da imaginação, em que vê uma imagem com os olhos da mente, está ultrapassando o consciente e falando mais diretamente com o subconsciente.

VISUALIZAÇÃO + EMOÇÃO = CONVICÇÃO

Quanto mais realista a imagem que você criar, isto é, quanto mais próxima da realidade daquilo que quer alcançar, e quanto maior o sentimento ou emoção associado, maior será o impacto em seu subconsciente e mais rápida a concretização de seu objetivo. Em vista disso, acrescente às suas visualizações riquezas de detalhes e envolva o máximo de sentidos: visão, olfato, tato, audição e paladar.

Para quem é indicada a visualização criativa? Todas as pessoas podem usá-la. Na verdade, já faz parte de todos nós. Consciente ou inconscientemente nos utilizamos dela. O problema é que, muitas vezes, inconscientemente ou sem querermos, nos vêm à mente conteúdos imaginários ruins que podem nos influenciar negativamente. No caso de persistirem, podem atrair ainda mais negatividade ou coisas más. A visualização criativa, portanto, é um recurso que auxilia as pessoas no autocontrole e na transformação de si mesmas.

Pilotos de avião, de corridas de carros, escolas de trânsito, policiais e tantos outros usam simuladores para treinar. Os atletas também imaginam seus movimentos exercitando-os centenas de vezes, buscando aprimorá-los. Como o cérebro não faz distinção entre o real e o imaginário, essas simulações criativas fazem com que busquem as melhores maneiras para atingir o objetivo que está sendo proposto. A simulação ou visualização criativa pode ser usada como um ensaio ou treino mental em qualquer realização ou objetivo que você deseja alcançar. Basta visualizar tudo realizado como você gostaria que fosse, sentindo uma forte sensação de bem-estar e tranquilidade por estar vivenciando a nova realidade.

Um excelente recurso para ajudá-lo a lembrar-se continuamente de seus desejos, assim como vislumbrar e focar com maior clareza e mais próximo da realidade aquilo que quer, é o lembrete dos desejos. Trata-se de um papel em que pode simplesmente anotar seus principais desejos ou colar fotos e imagens deles retiradas de revistas, jornais, internet, que são significativas para você, provocando sentimentos, emoções positivas e empolgando-o ao vê-las (não esqueça, porém, que mais importante do que a visão deles é o sentimento e a emoção que geram em você).

Pode acrescentar neste lembrete palavras, afirmações ou citações que o inspiram e estimulam a manter o foco naquilo que deseja. Essas imagens podem ser do carro ou casa que você tanto quer, um corpo saudável, o local favorito de suas férias, a carreira almejada, etc. Você pode criar este lembrete à vontade, usando o máximo de criatividade; não precisa ser nenhuma obra de arte, apenas deve ser útil para você. Pode até ser simples como uma lista de compras de supermercado.

Coloque seu lembrete num local onde possa vê-lo todos os dias e de uma forma positiva, sem resistência ou dúvida, podendo levá-lo no bolso ou na carteira, acompanhando-o como um talismã, o que, por sua vez, vai tornar-se um hábito de visualizar seu futuro. Não o deixe escondido no fundo de uma gaveta. Quanto mais vezes focar sua atenção nele, melhor. Com o propósito de aproveitá-lo ao máximo e ativar os mecanismos de conquista, é imprescindível também agir. Somente o lembrete não o levará a nada.

Se você é uma pessoa que tem facilidade para a visualização ou para memorizar coisas, não vai precisar fazer o lembrete dos desejos. Agora, se você costuma usar lembretes por escrito das tarefas a fazer, é recomendável que também faça o lembrete de seus desejos para lembrar deles constantemente.

Uma maneira muito divertida e prazerosa de reforçarmos a crença em nossos desejos e também nos empolgarmos com eles é adquirir objetos que dizem respeito a eles e que vamos acabar usando ao concretizar nosso sonho. Por exemplo, se seu desejo é ter uma casa ou um apartamento novo, compre um tapete de boas-vindas para colocar na entrada ou um porta-chaves que você até já sabe onde ficará. Se for um carro, pode comprar um aromatizante para ele. Ou, quem sabe, aquela maravilhosa peça de roupa que irá lhe servir quando você atingir o peso que quer. Desejo que seus propósitos se realizem e que você possa cada vez mais adquirir novos objetos que o deixem muito alegre e entusiasmado para seus desejos!

Conforme vimos até aqui, não há dúvida de que "semelhante atrai semelhante", cujo processo é chamado de Lei da Atração, considerada uma lei ou princípio básico universal.

Longe de ser extremista, procurando convencê-lo de que com essa lei você pode conseguir tudo o que quer, deixo claro neste livro que a maioria das situações (veja bem, eu disse a "maioria", não "todas") que ocorrem em nossa vida não são coincidências, obras do acaso ou fruto da sorte ou do azar. Simplesmente são o resultado dessa lei (também conhecida como Lei da Causa e Efeito, Lei da Afinidade, Lei do Retorno, Lei da Ação e Reação, Lei da Semeadura e da Colheita), segundo a qual nossos pensamentos e sentimentos – que saturam nossa mente – vão nos levar a agir, e nossas ações sempre geram reações. É, portanto, uma consequência natural de nossos pensamentos, que têm uma potente força de atração.

Visualizar seu objetivo – criar imagens mentais claras da atividade, evento ou resultado desejado daquilo que você quer ter ou experimentar, isto é, imaginar a nova realidade em sua vida – vai influir em suas convicções, fortalecendo e potencializando sua disposição mental e emocional, mais precisamente seus pensamentos, sentimentos e emoções, o que o levará a influenciar seus resultados e realizações.

Em termos simples, ao focar seu objetivo por meio da visualização criativa dirigida, você vai controlar o fluxo de seus pensamentos, reforçando seus sentimentos e não permitindo que pensamentos negativos e contraproducentes gerados automaticamente, bem como receios, dúvidas e ansiedade, o enfraqueçam empurrando seu objetivo para longe.

O processo de criar imagens mentais, o qual também ocorre quando você escreve seu objetivo, é uma forma altamente eficaz de focar suas energias na direção daquilo que deseja com prioridade, sem dispersá-las ou enfraquecê-las com outros objetivos simultâneos.

O grande mérito da técnica de visualização é que nosso subconsciente não faz distinção entre fatos reais e imaginários, isto é, entre acontecimentos e pensamentos. Nosso subconsciente vê e aceita todas as imagens como reais. Isso está comprovado por inúmeros trabalhos científicos que atestam que usamos os mesmos processos cerebrais quando vemos ativamente algo real e quando o imaginamos. Em termos simples, se fizermos uma radiografia cerebral, uma ressonância magnética funcional, que é uma imagem para visualizar o cérebro de uma pessoa enquanto vê ou percebe alguma coisa real, e compararmos com outra radiografia de quando estiver imaginando essa coisa real, as zonas cerebrais que estiveram ativadas em ambos os casos são as mesmas. Por isso se diz que o subconsciente não faz distinção entre o real e o imaginário. O que ele recebe não questiona, passa a ser verdade. Paracelso, médico suíço pioneiro da Medicina, no século 16, escreveu: *"Seja verdadeiro ou falso o objeto de sua crença, você conseguirá os mesmos resultados"*.

Podemos constatar isso em nossos sonhos. Mesmo sendo criações do cérebro, eles alteram a fisiologia de nosso corpo (batimentos cardíacos, respiração, temperatura, etc.) e passamos a ter sentimentos e emoções como se estivéssemos diante da realidade.

No caso de um pesadelo, por exemplo, ocorrem as mesmas mudanças fisiológicas como se estivéssemos diante de uma situação de perigo real, com liberação de adrenalina e aumento da pulsação e da respiração, entre outros sintomas, capazes de nos fazer acordar desconfortavelmente e com palpitações, mesmo estando diante de uma situação que existe somente em nossa mente. Também podemos vivenciar emoções prazerosas ao sonharmos com algo de bom ou alguém que nos provoque bem-estar. Temos, portanto, a capacidade de vivenciar emoções positivas ou negativas por meio de estímulos de nossa imaginação.

Ao assistir a filmes apavorantes e cenas intensas, nosso ritmo cardíaco e pressão arterial são alterados, isto é, disparam, enquanto filmes como comédias, por exemplo, baixam nossa pressão arterial. Podemos, então, nos sentir alegres, tristes ou assustados ao assistir a um filme ou novela, mesmo sabendo que as cenas não são reais.

Nossa imaginação, ao contrário dos sonhos, é uma criação consciente e voluntária da realidade, por isso denomina-se visualização criativa ou imaginação dirigida ou guiada. Devemos, então, ter o cuidado para utilizá-la a nosso favor e não o contrário, como acontece quando imaginamos coisas ruins ou prejudiciais, ou quando isso se dá inconscientemente, despertando alterações fisiológicas negativas em nosso organismo como a ansiedade, o medo, as fobias, entre outras. Já quando as emoções são positivas, somos envolvidos por uma sensação de prazer, bom-humor e bem-estar. Nas palavras de William Shakespeare: *"Não há nada de bom ou mau sem o pensamento que o faz assim"*. Isto é, construímos nossa realidade dependendo de como percebemos, conhecemos, vemos e sentimos. Depende, em última análise, daquilo em que nos concentramos, daquilo que desejamos e buscamos – portanto, uma escolha nossa!

Quem não é capaz de mudar seu pensamento nunca será capaz de mudar sua realidade. Conforme vimos nas páginas iniciais, há muitos fatores envolvidos que independem de nossa vontade, mas pode-se afirmar que, predominantemente, a construção de nossa realidade advém de nossas escolhas.

O poder da imaginação, bem como nossos pensamentos e sentimentos, quando não nos são favoráveis, não se restringem somente a distorcer a realidade, mas vão muito além ao provocar problemas de saúde de toda espécie. Tanto é verdade que há uma especialização que trata disso – a Psicossomática. Resumidamente, é o estudo da interação entre a mente e o corpo, quando uma doença (física ou não) tem seu princípio na mente. Sabe-se que cerca de 80% das pessoas que procuram os profissionais da área da saúde não o fazem por causa de doenças, mas, principalmente, por sintomas decorrentes de distúrbios emocionais. De acordo com estatísticas da Associação Americana de Psicologia, 75-90% das queixas em consultórios estão relacionadas ao estresse. A notícia boa é que a imaginação, por outro lado, também tem o poder de ajudar a curar. Sabidamente, se por um lado todo efeito tem uma causa, por outro, quando removidas as causas, seus efeitos acabam. Se algo no corpo é decorrente da mente, ao ser tratada a mente cessa o que se manifestou no corpo. Citando Paracelso novamente: *"Toda doença traz sua própria cura dentro de si mesma... A saúde deve originar-se da mesma raiz da doença"*. Temos, portanto, a capacidade de vivenciar emoções positivas ou negativas por meio de estímulos de nossa imaginação ou pensamentos.

Tendo em vista este modo de operar de nosso subconsciente, podemos nos utilizar de artifícios inteligentes, como as afirmações positivas e a visualização criativa para enganá-lo. Por mais esperto que ele seja, temos a capacidade de convencê-lo. Como? Habituando-nos a sugestioná-lo de forma positiva.

Quem não tem domínio de seu subconsciente terá de se conformar com suas imposições. Na verdade, a pessoa assim é um verdadeiro robô, um autômato, isto é, alguém que vive automaticamente – existe e é capaz de executar muitas tarefas, mas não age por conta própria; é um mero repetidor de ações. Felizmente, todos nós podemos assumir o comando e modificar o rumo de nossas vidas.

Quanto ao uso da visualização para alguém que quer treinar para falar em público, por exemplo, atividade em que o orador geralmente experimenta as mais diferentes emoções e estados psicológicos, enquanto reage também a diversos fatores, o treinamento torna-se um pré-requisito fundamental para se familiarizar com a situação (que lhe pode ser nova) e também melhorar seu desempenho. Em cada treino em que, entre outras técnicas de preparação intelectual, você também faz uso da visualização criativa (imaginando sua apresentação nos mínimos detalhes, com bom desempenho, seguro, tranquilo e o resultado da apresentação também sendo um sucesso), a visualização funciona como um ensaio geral. Quando o orador for fazer a apresentação real, terá a impressão de que já vivenciou tudo aquilo (além de todos os outros benefícios proporcionados pela visualização e que vão contribuir positivamente para seu bom desempenho), pois, para seu subconsciente, que não faz distinção entre um fato real e o que é imaginário, ele já fez a apresentação.

Então, quando chegar o momento da situação real, como não é desconhecida (e sabemos que um dos fatores responsáveis pela ansiedade do orador é o medo do desconhecido), ela lhe parecerá mais fácil. Os ensaios mentais também nos capacitam a permanecermos focados ou centrados naquilo que estamos fazendo, o que é importantíssimo quando se fala em público para não nos distrairmos ou dispersarmos, desviando nossa atenção da mensagem, acabando por nos perder. Também podemos treinar e ficar melhor preparados no caso de acontecerem essas distrações, tornando-nos capazes de fazer a retomada de nosso foco ou concentração o mais rápido possível.

"Todos nós adoramos vencer, mas quantas pessoas adoram treinar?"

Mark Spitz

Para um melhor rendimento e resultado, o segredo é sempre treinar como se o fato real fosse bem mais difícil, incrementando no treino ou ensaio mental o maior número de dificuldades ou objeções possíveis. Barry Lenson, em seu livro *Viva o estresse – como transformar as pressões do dia a dia em uma ferramenta criativa*, nos lembra: "Ensaiando para o pior, aumentamos as chances de conseguir a melhor atuação".

Lembre-se de que o ensaio ou simulação mental é muito eficaz para todos os objetivos que desejamos alcançar e em todos os campos nos quais queremos aplicá-los.

"Engraçado, costumam dizer que tenho sorte. Só eu sei que, quanto mais eu me preparo, mais sorte eu tenho."

Anthony Robbins

Para se ter uma ideia da importância da simulação mental ou visualização criativa, basta dizer que se um estudante vai prestar uma prova e não treinou antes (mediante o ensaio mental) a manter-se calmo, sereno e lúcido no momento da realização da prova, não é na hora real desta que ele irá conseguir (magicamente). Não é de se estranhar que este é um dos grandes responsáveis pelo fracasso de muitos estudantes, que até estavam bem preparados intelectualmente (com conhecimento da matéria), mas nada emocionalmente (com bloqueio total do conteúdo, uma vez que a ansiedade bloqueia o acesso ao local onde está armazenada toda a matéria no subconsciente). Assim, o estudante apenas aprendeu a armazenar conhecimentos durante seus estudos. Se, porém, não aprendeu a acessar esses conhecimentos por meio de um relaxamento (trato disso no Erro nº 11 e também na Parte 2) que possibilita um melhor acesso a sua memória, então não é na hora da prova que vai conseguir, pois não aprendeu como fazer isso e muito menos treinou para tal.

O pior disso tudo é que esta situação vai se repetindo e se perpetuando até não se sabe quando, tornando-o cada vez mais bravo (portanto, mais ansioso), pondo a culpa em quem elaborou a prova ou no coitado do santo que não o ajudou. Saber estudar e estudar intensivamente é muito importante, entretanto os ingredientes de seu sucesso estão incompletos. É necessário também treinamento psicológico ou mental. Veja bem, não se trata de aprender uma técnica, o que é muito fácil, mas sim treiná-la durante seus estudos. Na verdade, é um pré-requisito fundamental para saber estudar, estudar intensivamente, memorizar, lembrar o que estudou e raciocinar!

Atualmente, devido à competitividade ser maior, nosso aspecto psicológico, mais precisamente nosso equilíbrio emocional, tornou-se muito importante, passando a ser uma vantagem competitiva, além de indispensável em qualquer área de atuação. Aliás, a diferença entre vencedores e fracassados está no fator psicológico ao enfrentarem desafios, não deixando se abater pelas dificuldades. O desequilíbrio emocional pode comprometer a capacidade de enfrentar desafios, os relacionamentos, a utilização de conhecimentos, a realização de tarefas de forma eficaz, etc. Nota-se, por outro lado, que as pessoas que treinam o controle de suas mentes tornam-se mais autoconfiantes, com uma elevada autoestima, um melhor domínio diante dos desafios, uma melhor determinação, disciplina, organização, concentração e focalização em suas tarefas, respondendo melhor aos estímulos estressores do cotidiano, entre outros benefícios que as fortalecem pessoalmente, promovendo seu bem-estar e uma melhor qualidade de vida.

Em seu livro *Nascido para o sucesso – como desenvolver seu potencial ilimitado*, Colin Turner recomenda: *"Todas as nossas metas devem ser realizadas mentalmente antes de tentarmos realizá-las no plano material. Como estamos atados por nossas expectativas limitadas, autoimpostas por nosso subconsciente, precisamos usar afirmações para liberar nosso potencial e conseguir tudo o que quisermos. Lembre-se de que tanto a pessoa que diz 'eu posso' como a que diz 'eu não posso' está correta"*.

Assim sendo, brinque e divirta-se (seriamente) com suas visualizações. E, mais do que tudo, pratique-as sempre que puder. A recompensa virá!

Tenha cuidado: em se tratando de imaginação vale tudo, pois não há limites para o que se imagina. Como já tivemos a oportunidade de ver, Albert Einstein já dizia que ela é mais importante do que o conhecimento, porque é ilimitada. O único cuidado que devemos ter é não confundir imaginação, sonho e fantasia com realidade. Por quê? Porque, como expliquei nas páginas anteriores, nosso subconsciente não faz distinção entre o que é real e o que é imaginário. Então facilmente "incorporamos" esta nova realidade, como no caso de um ator, com uma ligação psicológica muito forte, bem como com os demais sentidos, com relação à representação que temos em mente. O ator não representa um personagem. Mais que isso: ele é fiel ao personagem a ponto de "incorporá-lo", ou seja, vivenciá-lo em sua plenitude.

E o que isso tem a ver com a busca de nossos objetivos? Quando nossa idealização daquilo que queremos for excessiva, pode estar sendo colocada acima da realidade, isto é, passamos a ter a sensação "real" de que já alcançamos aquilo que desejamos.

E qual o perigo disso? É que baixamos a guarda, contentando-nos com a satisfação proporcionada pelos efeitos de nossa imaginação. Em termos simples, ficamos desmotivados. E sabemos que sem motivação não agimos.

Solução?

1º) Fazer visualização criativa ativa

Ativa, exatamente para estarmos sempre no comando de nossas visualizações e também agindo conscientemente sem nos deixarmos levar por nossas fantasias ou ficarmos paralisados, passivamente, sem agir.

2º) Não se iludir com as facilidades

Convém recordar aqui as palavras de Sêneca, ao dizer que *"as pessoas se frustram e ficam nervosas justamente porque acreditam que vai dar tudo certo"*.

Pense positivamente, mas deposite todas as suas expectativas – de forma realista – em seu desejo ou objetivo, dando passos concretos para alcançá-los. Mantenha-se flexível no caso de ter de mudar suas metas ou passos.

3º) Manter-se sempre motivado

Ao buscar seus objetivos, qualquer esforço é desperdiçado se não houver uma forte motivação. Faça dela um hábito, mantendo-se SEMPRE motivado.

Fique ciente disto: como toda habilidade, visualização requer prática. Para você ter bons resultados com ela – tendo controle sob suas imagens mentais, portanto –, é imprescindível ter disciplina e persistência constantes.

Sobre o porquê de a visualização não funcionar para alguns, em seu livro *Como liberar sua produtividade*, Richard Ott e Martin Snead expressaram esta tão profunda verdade, que eu não poderia deixar de transcrever: "*A razão pela qual certas pessoas não conseguem fazer a visualização funcionar para elas é que querem que se façam coisas impossíveis. A visualização não é uma fada pronta para satisfazer todas as suas vontades, não é uma varinha de condão que produz automaticamente o que você quiser pedir. Ela só é uma técnica mental simples, que ajuda a sua produtividade, o que pode fazer um grande impacto se for bem utilizada*".

Ao falar nisso, apenas para ter certeza de que você continuará a pisar firme com os pés no chão, quero enfatizar, mais uma vez, o que já disse sobre o Pensamento Positivo e a Lei da Atração e que deve prevalecer para a visualização de seus objetivos: o Pensamento Positivo e a Lei da Atração não garantem nada, mas aumentam para a pessoa a possibilidade de ela conseguir o que deseja. Mas somente, é claro, se ela também agir.

Por que razão, então, a visualização – também conhecida como "ensaio mental" ou "visualização criativa dirigida" –, apesar de não garantir nada, é recomendável?

Quais seriam seus benefícios, a ponto de tornar-se bastante eficaz e tão poderosa em certas condições? Isto é de importância crucial: a grande eficácia da agradável técnica de visualização de nossos objetivos consiste no simples fato de que tudo começa na mente, inclusive os fatores que nos mantêm no compromisso, na determinação e na persistência para atingir o objetivo.

A imaginação é o princípio de tudo. Com ela você cria o que deseja e depois passa a desejar o que imaginou.

> "*Sua imaginação é sua previsão das próximas atrações da vida.*"
>
> Albert Einstein

O que considero importante enfatizar é que, infelizmente, para a grande maioria das pessoas que fracassam ao não alcançarem seus objetivos, isso se deve, em grande parte, porque essas pessoas focam aquilo que não querem, ou seja, o problema, em vez de convergirem sua atenção e seus esforços para a solução. Por exemplo, quando alguém diz que não quer mais fumar, na verdade sua mente subconsciente não tem uma visão clara do que a pessoa quer (repito: sua mente não tem uma visão clara do que a pessoa quer), pois ela está focando o problema e não a solução. Para a mente, isso é o mesmo que a pessoa não saber o que quer, e consequentemente não produz nenhum efeito.

É interessante mencionar o que escreveu a respeitada psicoterapeuta Laureli Blyth, em seu livro *O poder do cérebro e da mente*, a esse respeito:

> Tive um cliente que era alcoólatra. Ele dizia que não entendia por que continuava a ir à loja de bebidas se passava boa parte de seu dia dizendo a si mesmo: "Não irei ao bar hoje". Adivinhe o que ele estava fazendo? Ele estava preenchendo sua mente inconsciente com a imagem do bar. Na maior parte do dia, sua mente inconsciente era lembrada do bar. Tinha de passar pela experiência desagradável de ocupar-se com o bar, e não sabia como lidar diretamente com o comando. Isso prendia sua atenção no que não queria fazer. Sua mente inconsciente o direcionava ao que estava em primeiro plano em sua mente.
>
> Se você quer resultados, então se lembre de que um aspecto muito importante da mente é o de dizer-lhe ou instruí-la sobre o que você quer, e não sobre o que você não quer.
>
> A energia flui para onde está a atenção.

É preciso insistir também no fato de que, muitas vezes, a pessoa pode ter um pensamento positivo: "Quero parar de fumar", para usar o mesmo exemplo, mas, apesar de pensar positivamente, pode estar com um sentimento negativo: "Vai ser muito difícil". Sabemos que, na luta ou confronto entre o que pensamos e o que sentimos ou imaginamos, sempre o sentimento ou a imaginação vence, como já tivemos a oportunidade de ver quando abordamos o Erro nº 6. Assim, deve haver coerência entre pensamento e sentimento, e a visualização é um grande reforço! Apenas lembre sempre: focar o problema ou se concentrar naquilo que está lhe faltando é o mesmo que não acreditar no seu desejo que poderia estar se realizando. E, se não crer que irá conseguir, nada feito!

É exatamente este o grande mérito da visualização criativa dirigida: o foco na solução, no objetivo alcançado, com todos os sentimentos envolvidos. Sua visualização deve expressar exatamente aquilo que você deseja experimentar e desfrutar, com todos os detalhes, o mais nitidamente possível. Quanto mais emoção você gerar, melhor.

Um pensamento ou uma imagem repetida forma o hábito que leva à convicção, crença e fé. A visualização criativa é uma das formas mais eficazes para reprogramar nossa mente subconsciente.

"O início de um hábito é como um fio invisível, mas a cada vez que o repetimos, o ato reforça o fio, acrescenta-lhe outro filamento, até que se torna um enorme cabo, e nos prende de forma irremediável, no pensamento e ação."

Orison Swett Marden

O processo da visualização, ao dar-lhe uma orientação, ajuda-o a caminhar com maior firmeza, fazendo você se convencer de que está no caminho certo, o que o torna mais entusiasmado, mais autoconfiante e com uma melhor autoestima. Além disso, ao visualizar, está praticando um excelente exercício de atenção, ajudando a pensar com clareza, aumentando sua concentração, força de vontade e autodisciplina, entre outros benefícios.

Para que o procedimento da visualização seja mais eficaz, você pode usar, junto com ela, afirmações positivas, cuja técnica vai aprender na Parte 2 deste livro. Nela faço uma abordagem mais específica da técnica destes dois recursos usados em conjunto: afirmações positivas (palavras ou frases) e visualização criativa (imagens relacionadas com as afirmações).

Algumas pessoas podem sentir dificuldade de imaginar, mas o simples fato de serem capazes de lembrar algo que aconteceu com elas mostra que também são capazes de visualizar uma imagem em sua mente, pois usaram da imaginação para trazer para o presente lembranças (imagens) do que lhes aconteceu. É fácil entender o porquê da dificuldade, uma vez que fomos treinados desde o início de nossas atividades escolares a raciocinar, calcular e querer algo objetivamente, exercitando predominantemente o hemisfério esquerdo de nosso cérebro, mais envolvido em tarefas de análise e raciocínio. Como o hemisfério direito, responsável pela criatividade e pelas tarefas de exploração visual, não foi suficientemente desenvolvido, há pessoas que podem, então, sentir alguma dificuldade para usar a imaginação. Isso, no entanto, pode ser superado depois de algum treino.

> *"Todo mundo visualiza, quer saiba ou não.*
> *A visualização é o grande segredo do sucesso."*
>
> Genevieve Behrend

Para aquelas pessoas que dizem ter dificuldade para imaginar, eis o que escreveu Shakti Gawain em seu livro *A visualização criativa pode mudar sua vida*: "Não é preciso ver uma imagem, basta pensar no que você deseja com intensidade. Crie uma ideia, imagem mental ou sentimento de seu objetivo exatamente como você o quer. Pense nele no presente, existindo agora da maneira que você aspira. Imagine-se na situação desejada. Inclua todos os detalhes que quiser. Coloque-se na cena".

Veja bem: na visualização criativa, mais importante do que a imagem que se cria na mente é o sentimento que ela evoca, pois reagimos e tomamos decisões influenciados por sentimentos e emoções; são eles que nos movem.

Seu sonho ou desejo, ou sua visualização criativa, é uma visão idealista daquilo que você quer e aonde gostaria de chegar. Mas, junto com eles, você tem de partir para a ação! As metas ou passos são as condições específicas e realistas de que você necessitará para realizar seu sonho, transformando-o em realidade. Então, sonhe muito, mas com os pés no chão!

$$\text{VISUALIZAR} + \text{AGIR} = \text{RESULTADOS}$$

Considerando que a imaginação e a visualização criativa têm o poder de criar, e uma vez que nosso pensamento dominante tem a tendência de materializar-se, use e abuse para valer de sua visualização criativa, correta, positiva e saudavelmente. Não há limite para suas possibilidades. Use, portanto, a visualização para os mais diferentes objetivos. Ela pode ajudá-lo muito. Mas, para torná-la mais eficaz, lembre-se de que a visualização, enquanto um sonho, é como um mapa. Para percorrer seu caminho, você tem de agir!

Erro nº 11: Deixar a ansiedade tomar conta de você

O que a ansiedade tem a ver com a busca de seus objetivos? O melhor uso de seu potencial mental exige um grau de clareza e de reflexão ainda mais profundo, o que o leva a precisar de mais energia para pensar. Para tanto, é necessário evitar que a ansiedade dissipe sua energia, enfraquecendo-a, a tal ponto de impedi-lo de concentrar-se, de pensar com clareza e objetividade.

"Nossas ansiedades não eliminam as preocupações do amanhã, mas somente destroem nossas energias de hoje."

Charles Spurgeon

A ansiedade é um dos fatores principais que levam as pessoas a não alcançar seus objetivos, pois é o que mais consome sua energia, a ponto de paralisá-las. Por isso, na Parte 2 deste livro serão apresentadas algumas técnicas para o controle da ansiedade.

Tal é a importância de saber controlar a ansiedade, que vamos lembrar aqui alguns conceitos básicos e esclarecer, de forma simplificada, como o organismo a produz e como podemos administrá-la.

A ansiedade natural ou normal é um sentimento instintivo desagradável de apreensão ou preocupação, uma reação de aumento de tensão antecipatória vaga e difusa a uma ameaça nem sempre definida.

A ansiedade caracteriza-se pela vivência do medo associada à antecipação, à expectativa ou ao pressentimento. Quando essa sensação é exagerada, provoca sintomas físicos como dor no peito, aceleração da respiração e dos batimentos cardíacos, dor de cabeça, transpiração, tremores, tensão muscular, urgência repentina de evacuar ou urinar, entre outros. Os sintomas, bem como a intensidade de cada um, variam de pessoa para pessoa, oscilando desde um leve desconforto até um medo que pode ser paralisante. O pânico é a ansiedade em seu grau máximo.

As pessoas frequentemente confundem ansiedade com estresse (ou *stress* [pressão], em inglês), talvez por estarem interligados ou porque os sintomas são semelhantes. Interligados, uma vez que a pessoa com ansiedade pode não ter estresse; mas se a ansiedade perdurar, pode transformar-se em estresse. Já uma pessoa estressada sempre apresenta ansiedade.

Enquanto a ansiedade é um sentimento de tensão ou preocupação, o estresse é uma reação proveniente de pressões ou demandas e, mais precisamente, diz respeito à fadiga da "máquina" humana. Ou seja, como qualquer máquina sob pressão indevida ou em ritmo anormal se desgasta antes da hora, o mesmo acontece com a mente e o corpo de pessoas com multitarefas, sobrecarregadas de atividades ou com acúmulo de responsabilidades, perfeccionistas; enfim, tudo que exige demais da pessoa pode ser estressante. O estresse pode comprometer severamente a saúde do indivíduo com danos permanentes. É fundamental controlá-lo, aprendendo formas de reduzir e eliminar o excesso de energia acumulada, pois somente assim podemos superar desafios e alcançar nossos objetivos.

A ansiedade também é muito confundida com o medo, pois são fenômenos intrinsecamente relacionados. A diferença entre ambos é mais teórica, ou seja, está no aspecto objetivo. Na prática, não é fácil sua diferenciação, pois subjetivamente a sintomatologia ou reação fisiológica que acarretam é a mesma.

O medo também é uma sensação elementar que sinaliza uma ameaça ou perigo para o organismo. Difere da ansiedade por ser uma reação a uma situação ou objeto – conhecido ou específico – que representa perigo real ou imaginário.

Considero importante repetir aqui que nossa mente subconsciente apenas registra o que recebe e não faz distinção entre o que é real e o que é apenas imaginado. Ao perceber o que acontece como realidade, mesmo que não o seja, as reações ocorrem como se estivesse acontecendo de verdade. Se por um lado isso é ruim, por outro nos possibilita influenciar nossa mente subconsciente para criarmos novas percepções.

Os sinais de perigo que desencadeiam o medo podem ser inatos ou adquiridos. O medo inato ou instintivo faz com que um rato, que jamais teve contato prévio com um gato, fuja ao sentir sua presença ou simplesmente seu odor. O medo faz com que os animais, ao defrontarem-se com um perigo, lutem ou fujam para preservar a vida. O ser humano também age assim. Todas as pessoas sentem este medo natural ou normal e, diante dele, evitam as consequências negativas que ameaçam seu bem-estar ou sobrevivência. Assim, como um valiosíssimo meio de autoproteção, é saudável.

Os medos inatos foram muito importantes para a sobrevivência e para o desenvolvimento da evolução filogenética (seleção natural) da espécie humana. Os medos adquiridos foram sendo aprendidos diante de estímulos ambientais ao longo da vida de cada pessoa.

É natural e essencial sentirmos medo ou ansiedade diante de situações novas, inesperadas ou desconhecidas, bem como quando nos deparamos com desafios, mudanças, ameaças e perigos iminentes. Assim, tanto o medo quanto a ansiedade nos deixam atentos, permitindo que tomemos as medidas necessárias e enfrentemos as situações com sucesso. Devido a esses sentimentos, são evitadas situações suscetíveis de perigo. Por exemplo, o medo de um acidente ou de ser multado faz com que o motorista evite dirigir em alta velocidade.

Assim como o motor de um carro pode estar desregulado, igualmente o sistema de medo e ansiedade em nosso organismo pode desregular. Na verdade, quanto a nós, a natureza, sempre sábia, tem subjacente que, "por via das dúvidas", é melhor dispará-lo. Aí se encontra a importância de se dar a devida atenção à ansiedade e ao medo, pois, se não houver controle, nossa energia passa a esgotar-se e nosso sistema imunológico a enfraquecer-se.

Assim, por todo ser humano sentir medo – uma reação primitiva de alarme normal –, pode também ocorrer o "alarme falso". O problema é que nosso cérebro muitas vezes não faz distinção entre o perigo real e o imaginário, como já disse. Mesmo em determinadas situações em que não existe perigo, a reação de alarme é desencadeada de forma automática. Isso ocorre devido a nossa bagagem subjetiva estar repleta de elementos irracionais – nossas fantasias inconscientes ampliando e distorcendo tudo. Como afirma o doutor Albert Ellis, fundador da escola de Psicologia conhecida como Terapia Racional-Emotiva: *"As crenças que provocam muita ansiedade costumam ser infundadas, irracionais e sem fundamento lógico"*.

"O medo está sempre disposto a ver as coisas piores do que elas são."

Tito Lívio

"De todos os mentirosos do mundo, algumas vezes os piores são seus próprios medos."

Rudyard Kipling

Isso acontece porque a ansiedade ou o medo demais distorcem as imagens. O que é dito ou pensado afeta o que é sentido. Assim, o medo e a ansiedade são desenvolvidos pela 1ª lei mental: "Tudo o que a mente espera que aconteça, tende a se realizar". Aqui não se trata da Lei da Atração, apenas que tudo o que pensamos com clareza e firmeza vai provocar determinada reação em nosso organismo. Por exemplo, ao imaginar que está comendo um doce gostoso, sua produção de saliva aumentará.

O maior problema com o medo, que acontece com a maioria das pessoas diante de uma situação desconhecida ou incomum, é reagir exageradamente, com sua mente povoando e amedrontando o imaginário com quadros absurdos, de modo irracional – antes de compreender o que está se passando, isto é, o que está efetivamente acontecendo.

Compreende-se facilmente por que Albert Einstein, considerado uma das inteligências mais brilhantes do século 20, muito bem alertou: *"A imaginação é mais importante que o conhecimento"*. Dizia Napoleão Bonaparte que *"A raça humana é governada por sua imaginação"*. Assim como a imaginação cria coisas boas, também são criados medos e ansiedades desproporcionais, irreais, desnecessários.

Esse papel da imaginação é preponderante em nossa vida, uma vez que nossos sentimentos e emoções são sempre decorrentes de um fenômeno representativo em nossa mente.

No homem moderno, o propósito do medo e da ansiedade não é somente preservar a vida garantindo a sobrevivência física, como acontecia com seus ancestrais no passado, ao se defrontarem com ameaças de animais ferozes, tempestades, pestes e guerras tribais, mas assegurar sua integridade total, seja física, mental, espiritual, cultural, social, econômica, entre outras. Hoje, a preocupação é com os assaltos à mão armada, os sequestros, o desemprego, o trânsito infernal, a sensação de falta de tempo, as contas, os preços altos, o cumprimento de metas e tantas coisas mais. Na realidade, alguns fatores estão em jogo em nossa vida, como a competitividade, a competência profissional, o *status*, a autoestima, a vaidade, a possibilidade de concretizar algo, a segurança, a amizade, o controle, o prestígio, o conforto e outros. Assim, sua perda pode ser temida.

"Próxima à sobrevivência física, a maior necessidade de um ser humano é a sobrevivência psicológica – ser compreendido, afirmado, valorizado e reconhecido."

Stephen M. Covey

Entende-se por desejo de reconhecimento e de importância a vontade de ser útil. Ora, como todos sabem, é muito agradável e recompensador vermos aprovado um trabalho nosso, uma ideia, uma atitude ou uma opinião.

O medo também estimula a nos prepararmos para não sermos apanhados desprevenidos em diversas situações. Usamos o cinto de segurança precavendo-nos de um acidente. Igualmente, antes de atravessarmos uma rua, observamos se não vem nenhum carro. O medo de ser reprovado geralmente faz com que o estudante seja mais cauteloso em seus estudos. Por isso, diz-se que o medo é uma emoção adaptativa muito útil. Assim, o imprevisto pode ser previsto.

Como se pode observar, o medo ou a ansiedade, ao mesmo tempo em que são sinais de alerta que nos freiam e protegem, são também uma força motivadora, um impulso que nos leva a atitudes e ações. Assim como o medo deixa o orador apreensivo, motiva as suas ações, levando-o a uma melhor preparação.

Em nossa vida, seja qual for a atividade que estejamos exercendo, fazemos previsões constantemente. O reconhecimento da necessidade de previsão é uma vantagem de grande importância. A linguagem popular reflete bem essa verdade ao dizer que *"Mais vale prevenir do que remediar"* ou *"Uma pessoa prevenida vale por duas"*. *"Sempre alerta!"* é a frase usual dos escoteiros.

"É melhor estar preparado para uma oportunidade e não ter nenhuma, do que ter uma oportunidade e não estar preparado."

Whitney Young Jr.

O termo fobia designa o medo anormal ou patológico, classificado como transtorno de ansiedade. A fobia é definida como um medo excessivo, desproporcional, persistente e irracional na presença ou previsão de um objeto, situação ou atividade que não oferece perigo real ao indivíduo. Aqui, o medo deixa de ser adaptativo por ser ilógico.

A própria pessoa reconhece que seu medo é infundado e que sua reação é absurda, porém está fora de seu controle. Já as crianças podem não reconhecer seus medos como exagerados ou irracionais. Assim, caracteriza-se a fobia pelo comportamento evitativo daquilo que causa medo ou, quando enfrentado, produz intensa tensão, muito sofrimento e limitações no desempenho social e profissional das pessoas.

A diferença fundamental entre uma pessoa que tenha fobia e outra com simples medo é que a com fobia passa a evitar, a qualquer custo, as situações deflagradoras das crises.

As fobias podem ser suscitadas pelos mais variados objetos e situações: viagens aéreas, animais, sangue ou ferimentos, lugares fechados, altura, doenças, água, dirigir, consultas odontológicas, lugares públicos, morte, situações sociais (fobia social), etc.

O que difere o trauma de uma fobia é que o trauma resulta de uma experiência pessoal e a fobia não necessariamente. A pessoa que passa por um grande trauma ou uma experiência excepcionalmente ruim apresenta reações profundas, cujo quadro se denomina *transtorno de estresse pós-traumático*.

Já vimos que, ao lidar com determinadas situações, ficamos inseguros ou medrosos – o que é natural. O problema maior surge quando, ao invés de tomarmos precauções para enfrentarmos as situações, nos tornamos incapacitados, limitados em nossa atuação. Isso, como disse, causa limitações em maior ou menor grau em nossa vida, o que significa perder oportunidades e possibilidades de crescimento.

Como o organismo produz a ansiedade e o medo

Esse entendimento é importante para, posteriormente, poder se trabalhar com os elementos que vão atuar neste processo diminuindo o medo e a ansiedade e atenuando sua sintomatologia.

Diante de um perigo ou ameaça, de uma situação que gera ansiedade ou tensão, o organismo procura adaptar-se por meio de reações orgânicas. Essa resposta fisiológica é conhecida como Síndrome de Luta ou Fuga (conforme Walter Cannon) ou Síndrome de Adaptação Geral (descrita por Hans Selye). As reações no corpo decorrem da liberação de hormônios como a adrenalina, que é produzida pelas glândulas suprarrenais (localizadas, como o nome indica, acima dos rins).

Os sintomas podem ser desencadeados no momento de enfrentar uma situação ou quando se a imagina, e podem variar de pessoa para pessoa de acordo com a vulnerabilidade, suscetibilidade e sensibilidade de cada uma, bem como a partir da expectativa individual diante da situação desencadeadora. É comum as pessoas apresentarem mais de um sintoma.

O sistema nervoso

O sistema nervoso humano é uma complexa rede de comunicação, responsável pelo ajustamento do organismo ao ambiente. É sensível a vários tipos de estímulos que se originam de fora ou do interior do organismo, bem como elabora respostas que se adaptam a esses estímulos. Consiste em dois sistemas: Sistema Nervoso Central e Sistema Nervoso Autônomo.

Sistema Nervoso Central

Tendo em vista que ao nosso estudo interessa mais o Sistema Nervoso Autônomo, quanto ao Sistema Nervoso Central basta lembrar que está sob o controle de nossa vontade. Pensar, querer, ler, falar, caminhar, fazer um gesto ou pegar um objeto são exemplos de atividades conscientes e voluntárias, portanto, sujeitas a nossa vontade.

Sistema Nervoso Autônomo

Como o próprio nome diz, o Sistema Nervoso Autônomo é aquele que funciona independentemente de nossa vontade; daí chamar-se também de automático. É a parte de nosso sistema nervoso responsável por todas as alterações fisiológicas. É ele que controla as funções da vida vegetativa, como a digestão e a respiração. Devido a isso, também é referido como sistema nervoso visceral ou vegetativo.

Os batimentos do coração, a pressão arterial, a respiração, a temperatura corporal ou os movimentos de nossas vísceras são exemplos de atividades autônomas ou involuntárias – o que significa que ocorrem independentemente de nossa vontade.

A capacidade do organismo de manter suas funções constantes ante as variações ambientais denomina-se homeostase. O Sistema Nervoso Autônomo é um dos mecanismos de compensação que mantém esse equilíbrio estável. Ele se divide em Sistema Nervoso Simpático e Sistema Nervoso Parassimpático.

Sistema Nervoso Simpático

Participa das respostas do corpo ao medo e à ansiedade, excitando e ativando os órgãos necessários às respostas em momentos de tensão. Assim, o medo e a ansiedade são emoções caracterizadas por sentimentos de perigo, tensão e aflição decorrentes da excitação desse sistema.

O Sistema Nervoso Simpático, diante de um estímulo ou algo estressante, mobiliza recursos do corpo para a pessoa agir, o que se traduz em aceleração (aceleração dos batimentos cardíacos, aumento da pressão arterial e velocidade de respiração), isto é, ocorre a ativação do Sistema Nervoso Simpático.

Sistema Nervoso Parassimpático

Atua na conservação das energias do corpo e nas respostas necessárias a períodos de repouso e relaxamento, mantendo o equilíbrio homeostático.

O Sistema Nervoso Parassimpático atua conservando, protegendo e restaurando os recursos internos ou energias do corpo. Isso implica redução ou desaceleração. As atividades relaxantes, como as reduções do ritmo cardíaco e da pressão arterial, entre outras, são acionadas por esse sistema.

Como vemos, os dois sistemas trabalham simultaneamente, desempenhando funções contrárias, num mecanismo de compensação em que um corrige os excessos do outro. Quando há aceleração dos batimentos cardíacos estimulada pelo sistema simpático, por exemplo, o sistema parassimpático entra em ação reduzindo e desacelerando o ritmo cardíaco. O mesmo acontece com os demais órgãos, estimulados pelos dois sistemas, trabalhando conjuntamente para equilibrarem as necessidades do corpo, mantendo o organismo estável.

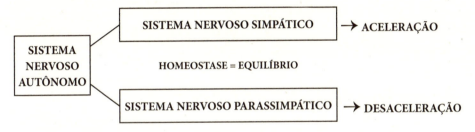

De acordo com o exposto anteriormente, o Sistema Nervoso Simpático é o responsável por nosso estado de alerta diante de algo que nos é ameaçador.

Essa ativação proporciona um aumento de energia e, como temos visto e repetido, é saudável, tendo a finalidade de adaptar o organismo à nova situação. Quando demasiado, ou seja, quando há hiperatividade, entretanto, esse estímulo desenfreado do Sistema Nervoso Simpático torna a pessoa ansiosa ou medrosa.

Quando a pessoa está ansiosa ou com medo, isto é, uma vez que há um estímulo, o Sistema Nervoso Simpático acelera determinadas funções no organismo, o que significa um desequilíbrio. Por causa disso, Isaac Efraim, médico psiquiatra e psicoterapeuta, costuma dizer muito acertadamente: *"Mente acelerada é mente desequilibrada"*.

Na verdade, a reação de "luta ou fuga" foi muito eficaz para o homem primitivo que, diante da ameaça de um animal feroz, podia optar pelo enfrentamento ou pela fuga. Já para os desafios da vida atual, essas opções são muito remotas. Em outras palavras, o homem moderno não tem essa opção, o que significa que, diante das pressões da sociedade moderna, sente-se incapaz de corresponder a tantas exigências, restando-lhe aguentar, suportar, conter as pressões das quais não consegue escapar (e depois ainda se surpreende quando descobre que range os dentes!).

Adrian White enfatizou isso quando, no livro *Estresse e ansiedade*, disse: "Embora ainda respondamos mentalmente como seres humanos primitivos às ameaças da vida moderna, com medo, agitação e assim por diante, não reagimos fisicamente – não precisamos de reações do tipo 'lutar ou fugir'. Assim, toda a energia e a agitação suplementares permanecem encerradas dentro de nós, como uma mola comprimida".

Quando o medo e a ansiedade transformam-se em energia prejudicial?

O medo ou a ansiedade tornam-se não saudáveis e negativos no momento em que deixam de ser um estímulo, ajudando a sermos mais eficientes, transformando-se em obstáculos a nossa atuação. Mais precisamente, tornam-se patológicos quando não podemos controlá-los.

É difícil dizer o que exatamente torna a ansiedade e o medo negativos ou prejudiciais. Há fatores genéticos, ambientais e também aqueles que dizem respeito ao modo como as pessoas veem o mundo, isto é, seu estado de ânimo intencional de ver as coisas. Como as pessoas diferem entre si, também reagem diferentemente diante dos desafios. Assim, uma situação geradora de ansiedade para uma pessoa pode não ser para outra.

É o velho caso do recipiente com líquido pela metade. Alguns o veem meio cheio, outros meio vazio, dependendo do modo como as pessoas percebem o mundo. Winston Churchill expressa essa ideia de maneira muito clara quando diz: "*Um pessimista vê dificuldade em toda oportunidade; um otimista vê oportunidade em toda dificuldade*".

"*Os tristes acham que os ventos gemem, os alegres acham que cantam.*"

Zálkind Piatigórsky

Nem sempre, no entanto, as pessoas reagem favoravelmente, até porque algumas situações as afetam muito, seja direta ou indiretamente. O que mais amedronta é que essas situações não são esporádicas, pois fazem parte da correria da vida moderna. Há uma infinidade de desafios que todos temos de suportar. Cito apenas alguns: o congestionamento de trânsito das grandes cidades; o risco de ser assaltado; o companheiro de trabalho que é "deitado"; a "puxação de tapete" dos colegas "mui amigos" que sonham com seu cargo; os chefes cobrando metas a serem atingidas; os subordinados que causam irritação; as dificuldades econômicas; todos os problemas provenientes do desemprego; o desafio dos concursos; os conflitos familiares; a violência estampada nos meios de comunicação; a multiplicidade de papéis que as pessoas têm de desempenhar, seja como pai, mãe, filho, amigo, marido, esposa ou profissional, entre outros. Sem contar com o estresse decorrente de uma avalanche de informações e também da condição de um eterno aprendiz diante de um mundo em grande e rápida transformação. E o pior é que alguns desses fatores ainda se juntam, aumentando o estresse.

Hoje, com a contingência do estilo de vida do mundo moderno, vivenciamos uma sobrecarga de opções, oportunidades, mudanças, em que a própria liberdade é geradora de ansiedade e de poderosas pressões de toda ordem. Quanto a isso, Giuseppe Colombero, em seu livro *Caminho de cura interior: interação com o verdadeiro eu e a força espiritual*, assim se expressou:

> *A própria liberdade é fonte de ansiedade. Como já disse, ser livre significa escolher, mas a escolha é sempre acompanhada de risco. Às vezes, trata-se de escolhas de pouca importância; outras vezes, no entanto, vemo-nos diante de escolhas radicais, como a do parceiro afetivo, da profissão, dos estudos, do local de moradia..., escolhas que afetam profundamente o destino da pessoa, que acarretam consequências para sua felicidade.*

Nossa vida é feita de escolhas, de incertezas, o que provoca ansiedade. O importante, todavia, é saber lidar com essa ansiedade, transformando-a numa aliada em vez de inimiga, para que não seja incapacitante ou motivo de sofrimento, mas uma força impulsora do crescimento, que nos leve adiante.

Como tivemos a oportunidade de ver, o acúmulo de energia gerado nesse processo desencadeia a aceleração das funções orgânicas. Assim, aceleram-se os ritmos cardíaco, respiratório, digestivo e circulatório.

Consequentemente, ocorre uma série de desconfortos: perda da concentração, impaciência, ansiedade, medo, irritação, hipersensibilidade, agressividade, agitação, fala rápida e incessante, falta de confiança, e os pensamentos fluem e se multiplicam numa velocidade extrema, a ponto de levar a pessoa à confusão mental.

Além de todo esse mal-estar, a ansiedade excessiva, dependendo de sua intensidade e duração, pode ainda provocar ou intensificar uma diversidade de problemas de saúde, tais como: hipertensão, palpitações cardíacas, dor de cabeça ou enxaqueca, cefaleia tensional, alterações no funcionamento da tireoide (hiper ou hipotireoidismo), arteriosclerose, indigestão, gastrite, úlceras, diarreia, constipação, asma, reações na pele, roer unhas, queda de cabelo, tensão muscular, insônia, dores crônicas, intolerância à glicose, dor nos ombros, nas costas, alguns tipos de tumores malignos, comportamento obsessivo ou compulsivo, dificuldade de concentração e déficit de memória, fadiga e tantos outros problemas que comprometem não só a saúde como a qualidade de vida. Isso sem falar nas consequências drásticas dos transtornos alimentares (comer muito ou muito pouco), do uso abusivo de cigarro, álcool e outras drogas.

Muitas doenças psicossomáticas, isto é, que têm seu princípio na mente, são desencadeadas pela ansiedade. Na verdade, a maioria das pessoas que procura o profissional da área de saúde não o faz por causa de doença, mas principalmente devido a sintomas decorrentes de problemas emocionais, conforme já mencionei.

Maria Luiza Silveira Teles, no livro *O que é stress*, comentou:

> De acordo com alguns cientistas, reações psicossomáticas são aprendidas como resposta a determinados estímulos. Quando um indivíduo não consegue lidar com a situação, pode tornar-se tão tenso que responde com algum distúrbio físico. Isso significa que, enquanto todo o seu organismo se coloca numa posição de defesa ou ataque (jogando no sangue uma série de hormônios), ele simplesmente não sabe o que fazer e seu corpo sofrerá as consequências de uma sobrecarga de hormônios inutilmente. Quando se repetirem situações difíceis, ele automaticamente responderá com os sintomas físicos: houve uma aprendizagem negativa, se assim podemos dizer.

Importantíssimo: é bom lembrar que alguns sintomas da ansiedade reforçam a própria ansiedade, piorando ainda mais o problema e, assim, perpetuando-o ao manter o círculo vicioso. Isso ocorre quando os sintomas da ansiedade, como irritabilidade, impaciência e agressividade, viram a gota d'água, gerando ou agravando conflitos nos relacionamentos familiares, profissionais e sociais; enfim, afetando todo o nosso mundo. Não se esqueça de que o que gerou a ansiedade inicial foi outro problema, um conflito no trabalho, por exemplo. A partir disso, seu estado de irritação, desaprovação, manipulação, humilhação, impaciência e agressividade passou a exercer influência em seus relacionamentos (na realidade, muitas vezes as pessoas acabam por "descarregar" sua ansiedade nos outros), gerando mais problemas que mantêm o círculo vicioso da ansiedade.

Ao lutar ou fugir, o homem antigo extravasava a pressão ou energia acumulada. Hoje, ao ter de suportar as situações, uma das formas (infelizmente também problemática) que o organismo encontra para liberar as tensões, além das que vimos e de tantas outras, é o ranger ou pressionar dos dentes, hábito conhecido como "bruxismo". Decorrem daí disfunções da articulação temporomandibular (ATM), perto do ouvido; problemas periodontais, que dizem respeito às estruturas que sustentam os dentes, podendo levá-los à perda; desgastes dentários e respectiva alteração na forma dos dentes, que podem acarretar uma maloclusão; fortes dores na cabeça, nos músculos da face, na nuca, pescoço, ombros e até nas costas.

Há fatores físicos e psicológicos envolvidos no "bruxismo". Pesquisas mostram que, se não houvesse nenhum fator físico presente (por exemplo, uma restauração mais alta ou a falta de um dente) desencadeando o "bruxismo" ou predispondo-o, mesmo assim o paciente o teria em decorrência de fatores psicológicos, entre eles a ansiedade ou o estresse. O grande responsável, portanto, é o estresse, independente do fator físico envolvido.

É interessante mencionar a esse respeito um texto que considero muito útil, por enfocar um problema bastante comum: a enxaqueca ou dor de cabeça, escrito pela doutora Ana Maria Rossi, em seu livro *Autocontrole: nova maneira de controlar o estresse*:

> *Cerca de metade das dores de cabeça é originada na tensão muscular. Pressão de um dia agitado, antecipações de problemas e crises emocionais induzem à contração de alguns grupos de músculos. Quando o fluxo de sangue não mantém a oxigenação necessária para os músculos, isso causa a expansão dos vasos sanguíneos, originando a dor de cabeça tensional. Como a causa desse tipo de dor de cabeça é a tensão muscular, os músculos tensionados são o foco da dor. Pessoas que tendem a franzir a testa possivelmente têm dor de cabeça frontal; aquelas que tendem a morder os dentes têm dor de cabeça na região das têmporas, onde os músculos que movimentam são ligados ao crânio; e as que têm o pescoço tenso tendem a ter dor de cabeça iniciando na base do crânio. Sentimentos de ansiedade, hostilidade e frustração levam os músculos a se tensionarem. E quando a fonte do estresse se torna parte da vida da pessoa, a dor tende a se tornar diária. Esses sofredores crônicos, em muitos casos, não se dão conta de que seus músculos estão permanentemente rígidos, embora às vezes reconheçam alguma dificuldade para relaxar. Esse tipo de dor de cabeça não é necessariamente ligado a conflitos psicológicos. Pode ser também o preço do sucesso. As pessoas com grandes ambições, que estão sempre sob pressão para realizarem mais em menos tempo, tornam-se escravas do relógio e da sua compulsão de produzir. Tal pressão mantém o organismo constantemente em estado de alerta, mobilizado para agir. Isto resulta em músculos hiperativos e tensionados – ingredientes necessários para a dor de cabeça.*

Apesar de a ansiedade ser normal e se fazer presente em muitos momentos na vida de todas as pessoas – positivamente –, é necessário lembrar que o mal da ansiedade está em sua intensidade, duração e frequência. O maior problema ou mal, portanto, está em transformá-la num hábito permanente, o que inevitavelmente levará ao estresse e suas respectivas consequências danosas à saúde.

Geralmente as reações decorrentes do medo e da ansiedade normais cessam assim que o perigo passa ou quando nos conscientizamos de que se trata de um alarme falso, isto é, a ameaça não tem a proporção que imaginávamos. É o Sistema Parassimpático nos trazendo de volta à normalidade.

A resposta ou reação inconsciente de nosso organismo com a produção de energia é a mesma desde o início de nossa evolução. O que mudou foram as exigências do mundo moderno, deixando todos em contínuo estado de alerta, cujas reações constantes, repetitivas e também intensas levam a uma produção exagerada de energia – muitas vezes não usada em decorrência de uma resposta não apropriada ou não adequada à situação. O maior problema hoje, então, não é a quantidade de energia produzida, que continua igual, mas seu acúmulo ou excesso – a energia que não é usada –, proveniente do desequilíbrio ou descontrole do organismo, o que pode culminar em um ataque de pânico, provocando uma paralisação momentânea na pessoa, bem como outros sintomas severos, conforme já foi dito. O medo, quando normal, é saudável, conforme tenho repetido; o que o torna prejudicial é o excesso, como no caso dos remédios, cuja diferença do veneno está na dose, na quantidade.

"Somente a dose faz de alguma coisa um veneno."

Paracelso

As pessoas ansiosas se detêm nas pequenas coisas que deram errado e não nas grandes que deram certo porque, sob ansiedade, seu pensamento fica distorcido, distanciando-se da realidade, cuja tendência é enfatizar seus fracassos e subestimar seus sucessos.

Essa incongruência futuro-passado ativando um turbilhão de ideias, umas puxando as outras e se entrecruzando simultaneamente, mais os pensamentos que se multiplicam em decorrência da aceleração mental, nos deixa confusos quando ansiosos e também consumindo uma quantidade apreciável de energia quando mais se precisa. E mais: os famosos "brancos" na memória, na maioria das vezes, advêm daí, pois pensamentos sobrepostos não podem vir ao consciente ao mesmo tempo, conforme vimos nas páginas anteriores. Assim, a mente ocupada com outro pensamento (na verdade, um turbilhão de pensamentos), alheio ao momento, não permite que se nos apresente aquele que necessitamos de imediato. No computador acontece a mesma coisa, pois se acionarmos diversas teclas simultaneamente acontecerá uma pane.

Lembro que os "brancos" na memória, isto é, os bloqueios mentais decorrentes da aceleração, da multiplicidade de pensamentos que provocam verdadeiros "engarrafamentos" ou "congestionamentos cerebrais", podem surgir também quando a pessoa se defronta com uma tarefa que pode ser desconhecida para ela, difícil, desagradável ou quando se sente sobrecarregada, ou seja, tenta desempenhar muitas tarefas ao mesmo tempo. É a ansiedade comprometendo a concentração e levando a um "curto-circuito cerebral".

Como diminuir a ansiedade

Por que se fala em "diminuir" a ansiedade e o medo e não em eliminá-los totalmente? Porque, como vimos, um pouco de ansiedade e de medo todas as pessoas sentem – são normais, quando não exagerados.

A ansiedade e o medo em demasia bloqueiam e paralisam, bem como a falta deles, que nos deixa menos precavidos, é prejudicial e diz respeito ao aspecto negativo de ambos. Já um pouco deles, fazendo com que tomemos as devidas precauções para realizar o que deve ser feito da melhor maneira possível, isto é, como estimuladores do pensamento, motivadores da ação, atuando como fatores indutores de organização facilitadora da ação, é benéfico, referindo-se ao seu aspecto positivo. Não podem, portanto, ser eliminados por completo, pois esses sentimentos de insegurança e de risco fazem parte de nossa vida, devendo apenas ser controlados de forma eficaz. Então, para aliviar os efeitos desses fantasmas que nos assombram, antes de mais nada é preciso entender que o problema é controlar a intensidade da ansiedade.

> *"A ansiedade e o medo são como um amigo. É bom escutá-lo, mas nem por isso precisamos acreditar em tudo o que ele diz e muito menos deixá-lo tomar nossas decisões."*
>
> Paulo Roberto Meller

Muito importante: quando a ansiedade e o medo atingem proporções a tal ponto de não se conseguir superá-los, prejudicando o desempenho ou trazendo grande sofrimento, ou ambos, o melhor caminho ainda é procurar a ajuda de um profissional de boas referências o mais rápido possível.

Diante da ansiedade e do medo, cabe lamentar-se ou então agir e adotar uma forma ou um hábito mais adequado para superá-los. Certamente, haverá menos preocupação se for adotada a segunda opção.

É preciso considerar que a redução do medo e da ansiedade não provém de uma fórmula pronta e acabada, mas é o produto da utilização e do funcionamento integrado de um conjunto de aptidões a serem desenvolvidas – isto é, trata-se de um processo, de uma conquista.

> *"A serenidade às vezes é uma bênção, mas geralmente é uma conquista."*
>
> Paulo Coelho

Simples até aqui? Então, vamos em frente.

A pior maneira de se lidar com um problema é a recusa em reconhecê-lo. Por outro lado, seu reconhecimento é o primeiro grande passo para solucioná-lo.

Como já vimos, o medo e a ansiedade são tão comuns e normais que fazem parte de nossa vida. De igual modo, os problemas que os causam também. Constantemente nos deparamos com eles, conforme já disse, e como nos lembra Luiz Miguel Duarte, em seu livro *Cultive o bom humor: 18 indicações práticas*: "A vida, é certo, é um Grande Problema, que se divide em pequenos e pequeninos problemas, e viver é, afinal de contas, enfrentar e resolver problemas".

> *"Viver é enfrentar um problema atrás do outro.*
> *O modo como você o encara é que faz a diferença."*
>
> Benjamin Franklin

O verdadeiro problema, entretanto, reside na escolha que cada pessoa faz, isto é, qual a atitude em relação aos problemas – se positiva ou negativa. Algumas pessoas os veem como um degrau, uma etapa a ser vencida, portanto preparando-se mais e empenhando-se para superá-los. É a atitude positiva (de quem, por exemplo, além de prestigiar o autor com a leitura desta obra, deseja aprimorar-se: você!). Outros ficam paralisados, dando-se por vencidos, como se os degraus de uma escada fossem para se ficar admirando e lamentando, esquecendo-se de que são para ultrapassá-los e seguir adiante. Trata-se da atitude negativa.

Com isso quero dizer que, em vez de focar o problema (preocupação), você tem de focar sua atenção e energia na solução: pré-ocupação da mente nas diferentes formas de resolvê-lo.

Essa predisposição, vontade, interesse, iniciativa, entusiasmo, ou como queira chamar, é o que o levará às melhores soluções para seus problemas.

> *"Nós somos a soma das nossas decisões."*
>
> Woody Allen

Um importante lembrete: o máximo que posso fazer para ajudá-lo a diminuir o medo ou a ansiedade é dar-lhe as "chaves das algemas" (pois quem tem medo ou ansiedade é um prisioneiro deles) e indicar-lhe o caminho. A decisão de se desvencilhar e percorrer o caminho, no entanto, dependerá de cada um.

Como pudemos observar, a mente, nos momentos ansiosos, está desconectada do presente ao focar adiante, ao mesmo tempo ampliando e distorcendo tudo por meio de uma fundamentação irracional buscada no passado. A verdade é que, na maior parte do tempo, nossos pensamentos estão no passado ou no futuro. E qual é o maior problema disso?

Estando no passado ou no futuro, não conseguimos prestar atenção no momento presente. Assim, se a mente ansiosa está no futuro ou no passado, divagando por aí, ou, como diz a linguagem popular, "Você está voando" ou "Você está com a cabeça no mundo da lua", o que se pode fazer para "aterrissá-la", para trazê-la para o momento presente?

Para usar uma analogia regional, lembro que é comum nas lidas do campo se laçar o gado que se desgarra (afasta-se, extravia-se) do rebanho. É o procedimento usual para trazê-lo para perto quando ele dispara.

Quando há um desequilíbrio ou aceleração no organismo, mais precisamente medo ou ansiedade, coisa análoga acontece com nossa mente – ela "dispara". E há uma forma bastante simples para se conseguir "laçá-la", conectando-a no aqui e agora, colocando em prática o popular "Se liga": o autocontrole do pensamento e das reações diante de qualquer situação. Autocontrole significa controle consciente de nossa mente, de nossos pensamentos, enfim, de todas as nossas decisões.

O autocontrole pode ajudar a superar o estresse, relaxar, concentrar-se e atingir o máximo de desempenho.

ANSIEDADE → TREINO DO AUTOCONTROLE
=
CONCENTRAÇÃO
↓
DESACELERAÇÃO
↓
ESTADO DE CALMA

Ainda que a ansiedade ocorra de forma involuntária, a Natureza foi sábia e generosa ao nos dar condições de ativar poderosamente o Sistema Nervoso Parassimpático, ajudando-o a restabelecer o equilíbrio e a calma.

Graças a essa possibilidade, costuma-se dizer que o cérebro é uma "via de mão dupla", isto é, assim como nossos pensamentos, crenças e estados de espírito formam nossos comportamentos, da mesma forma, se alterarmos nossos comportamentos, estaremos alterando nossos pensamentos. Exemplo: se a pessoa pensa em coisas que geram ansiedade, irá se tornar ansiosa, assumindo um comportamento ansioso. Por outro lado, se exercitar a serenidade, o relaxamento, agindo sobre o comportamento, alterando-o, consequentemente vai adquirir um estado mental de calma, modificando o pensamento, que passa a ser de serenidade.

O Sistema Parassimpático, portanto, pode ser ativado a partir de uma mudança no pensamento, sentimento ou comportamento.

Bem, prezado leitor, tendo em vista que este aspecto é muito importante, julgo essencial sua compreensão para prosseguirmos. Então, mesmo que para alguns seja um tanto enfadonha essa explicação, se alguém ainda tem resquícios de incerteza quanto ao entendimento do cérebro como uma "via de mão dupla", digo-lhe mais uma vez, em resumo, que assim como o pensamento molda o comportamento (ver gráfico a seguir), se mudarmos nosso comportamento (como no exemplo dado anteriormente, em que se exercita o relaxamento, portanto, uma mudança no comportamento), podemos mudar a maneira como pensamos e sentimos. Dizendo ainda de outra forma, é a mente agindo sobre o comportamento e este, por sua vez, podendo também desempenhar um papel determinante sobre a mente.

O treino do autocontrole é uma forma de trabalhar com a ansiedade. **Preste atenção:** autocontrole não significa negar ou ignorar ameaças reais (em outras palavras, negligenciar suas responsabilidades diante delas), mas torná-lo mais consciente ainda, possibilitando com essa conscientização diferenciar nitidamente a ameaça real da imaginária; isto é, ao nos tornarmos mais relaxados, conseguimos centrar nossa atenção e, assim, distinguir com mais clareza o que é real do que simplesmente nos assombra e é criado por nossa mente. Com isso, podemos direcionar a energia da ansiedade para uma energia construtiva – isto é, por intermédio do autocontrole conseguimos economizar energia para nos concentrar no planejamento e na ação que pretendemos realizar.

Acerca da inter-relação, interação ou integração mente-corpo, mais precisamente entre relaxamento mental e físico, é importante lembrar que não existe mente tensa em corpo relaxado, e vice-versa. São interdependentes. Daí a significativa importância de se ter um autocontrole sobre o corpo (mediante o controle da respiração ou relaxamento muscular, por exemplo), pois, consequentemente, estaremos relaxando a mente e reduzindo a tensão mental ou psicológica. Se atuarmos em nível de mente (seja por meio da concentração, da visualização, etc.), estaremos induzindo ou promovendo um relaxamento muscular, isto é, do corpo.

Assim, a harmonia mente-corpo pode ser alcançada ao se porem em prática algumas ações de autocontrole que veremos na Parte 2. Essas estratégias já atenderam plenamente muitas pessoas que tive a felicidade de ensinar e que ainda encontro constantemente, manifestando total satisfação com seu desempenho. E isso sempre me motivou, incentivou e fortaleceu meu desejo de passar para o papel, além de conhecimentos, sugestões práticas que irão ajudar um número bem maior de pessoas a promover o equilíbrio, colocando a ansiedade negativa sob controle – levando-as a um melhor desempenho nas mais diversas situações.

A grande vantagem de se aprender o autocontrole é que seu benefício pode ser aplicado em qualquer contexto ou atividade na qual se tenha de lidar com a ansiedade. E mais: a eficiência do autocontrole é proveniente de técnicas simples, cuja experiência é cumulativa. Isso significa que, cada vez que se pratica, vai se atingir o resultado mais rápido e facilmente, a ponto de somente com algumas práticas, apenas ao se iniciar a técnica ou o processo, já se obter um resultado efetivo imediatamente. A razão disso é o reflexo condicionado, segundo o qual toda habilidade cuja prática é constante automatiza-se.

O maior benefício do autocontrole é promover o estado de calma. Isso permite economizarmos energia, canalizando-a para nos concentrarmos, raciocinarmos ponderadamente, objetivamente, criticamente e termos um melhor desempenho em nossas ações. Também podemos usá-lo para repousar e recarregar nossas energias.

Assim como o músico afina seu instrumento para que esteja em condições de fazer a execução musical certa, também devemos "afinar nossos instrumentos", reduzindo todo tipo de tensão física e mental. Necessitamos relaxar e podemos dizer que estamos "afinados" quando estamos calmos, focalizando somente aquilo que nos determinamos a fazer. Evidentemente, aprender a desacelerar, relaxar, concentrar – ter domínio sobre si diante de qualquer situação – vale a pena, recompensa.

Diz-se com frequência que se aprende a falar em público falando, ou a nadar nadando. Este conselho, no entanto, só, não basta, pois uma pessoa precisa ter algumas noções de como proceder para poder desempenhar-se adequadamente. Da mesma forma, também é comum simplesmente dizer para alguém que está ansioso: relaxe. Pode-se dizer que é igual ao conselho anterior, muito bom, só que incompleto, pois se esta pessoa não aprendeu a relaxar, dificilmente conseguirá.

E relaxar como? Essa resposta o leitor encontrará quando ler a Parte 2, na qual apresento algumas ações que, quando praticadas, não deixarão mais você se sentir impotente diante da ansiedade – antes que ela tome conta de você – e o tornarão capaz de controlá-la, tornando-se com isso mais seguro e tranquilo.

Como no caso de uma caixa de primeiros socorros, nem todas as ferramentas ou técnicas vão se ajustar a sua necessidade. Procure conhecer e praticar todas as ações que serão apresentadas para utilizar a mais adequada ao seu objetivo e também a que mais lhe agrada, de maneira que possa ampliar ou modificar cada uma de acordo com suas necessidades.

Ansiedade nos relacionamentos

Inúmeros obstáculos com que nos deparamos frequentemente, dentre os quais problemas de relacionamento, quando enfrentados, não são superados adequadamente em decorrência da falta de conhecimento de nossos sentimentos, de nossas emoções e de nós mesmos.

É impressionante observar pessoas muito competentes no que fazem, profissionais experientes e eficazes em suas atividades, mas que comprometem seus relacionamentos profissionais, sociais e, sobretudo, familiares, pela falta de sensibilidade para fazer uma crítica, dar uma resposta, expor uma ideia ou um ponto de vista, sem contar com as explosões emocionais que só destroem – tudo –, inclusive sua saúde. Sobre isso, Giuseppe Colombero, doutor em Teologia, Filosofia e Psicologia, em seu livro *Caminho de cura interior*, afirma:

> *Os sentimentos que mais afetam a saúde interior e o bom relacionamento com nossos semelhantes são a ansiedade e a agressividade. O controle dessas emoções está entre os atributos que mais revelam a maturidade psicológica e a solidez do equilíbrio de uma pessoa.*

Existem diversos caminhos saudáveis para atingirmos o equilíbrio emocional, sendo que um deles é tomarmos consciência e termos compreensão da forma como pensamos e sentimos, pois, com isso, nos capacitamos a conhecer nosso padrão de funcionamento emocional e, consequentemente, nossas reações comportamentais. Dessa forma, temos a possibilidade, quando for preciso, de realizar alterações a fim de agirmos menos por impulso, evitando reações inconvenientes.

> *"Por meio das palavras uma pessoa pode tornar outra jubilosamente feliz ou levá-la ao desespero (...). Palavras suscitam afetos e são de modo geral o meio de mútua influência entre os homens."*
>
> Sigmund Freud

> *"Cuidado com as palavras pronunciadas em discussões e brigas, que revelem sentimentos e pensamentos que na realidade você não sente e não pensa... Pois minutos depois, quando a raiva passar, você delas não se lembrará mais... Porém, aquele a quem tais palavras foram dirigidas, jamais as esquecerá..."*
>
> Charles Chaplin

> *"Quando estiver zangado, conte até dez antes de falar; se estiver muito zangado, conte até cem."*
>
> Thomas Jefferson

Ter isso em mente e colocar esses aprendizados e verdades em prática o ajudará a melhorar o domínio de sua palavras, podendo evitar assim constrangimentos.

Ao falar sobre relacionamento humano, chamo a atenção para o fato de que um bom ambiente de relações humanas não é onde não há divergências entre as pessoas, mas aquele em que, apesar delas, há um esforço para se buscar a compreensão e o bem comum. Isso significa que desentendimentos, dificuldades e conflitos são possíveis e inevitáveis em qualquer relação. Se estão em busca de melhoria, são construtivos e saudáveis; mas se ocorrem desavenças por competição, só agravam as relações. Como muito bem afirmou o empresário americano David Sarnoff: *"A competição desperta o que há de melhor nos produtos. E o que há de pior nas pessoas"*.

"O propósito de uma discussão deve ser o progresso, e não a vitória."

Autor desconhecido

Com isso, não quero dizer que deva "engolir sapos" ou rastejar implorando respeito, mas que preste atenção em suas atitudes – e mude-as quando não estiverem sendo benéficas para você. Nas palavras de Charles M. Campbell encontramos um precioso auxílio e esclarecedora orientação para não nos deixarmos levar pelo radicalismo, inflexibilidade, intransigência ou intolerância; trata-se de um verdadeiro convite ao respeito mútuo: *"A compreensão de que há outros pontos de vista é o início da sabedoria"*.

"Algumas pessoas mudam de empregos, maridos, mulheres e amigos, mas nunca pensam em mudar a si mesmas."

Paula Giddings

Conseguimos nos aperfeiçoar, seja pessoalmente ou em nossas relações com os outros, na medida em que entendemos o porquê de nosso comportamento; mais precisamente quando entendemos como agimos em determinadas situações e o porquê de termos tais comportamentos. Chaia Ramos, em seu livro *Direito & Psicanálise*, tece esta consideração digna de registro: *"O princípio orientador da Psicanálise estabelece que conhecermo-nos requer conhecermos também nosso inconsciente e lidarmos com ele, de modo que suas pressões não reconhecidas não nos levem a agir de um modo prejudicial para nós próprios e para os outros"*.

Ao fazermos uma autoanálise, uma reflexão, uma auto-observação, mais precisamente um monitoramento de nosso estado mental e emocional sobre nossa realidade, além de aumentarmos o conhecimento de nós mesmos, nos possibilitamos perceber os sentimentos e comportamentos dos outros, e, muitas vezes, até entendê-los, tornando-nos mais tolerantes ou adotando estratégias mais adequadas, o que facilita muito a comunicação e a convivência, evitando conflitos ou desentendimentos.

"Quem conhece os outros é um sábio, quem conhece a si mesmo é um iluminado."

Lao-Tsé

Conforme o psicólogo Daniel Goleman, autor do livro *Inteligência emocional*: *"As pessoas emocionalmente capazes – que conhecem e controlam os próprios sentimentos, e reconhecem e lidam eficientemente com os sentimentos dos outros – têm uma vantagem* em todas as esferas da vida, desde o romance e os relacionamentos íntimos até a observância das regras implícitas que determinam o sucesso na política organizacional".

A competência, capacidade ou inteligência emocional é a habilidade de manter em equilíbrio o lado racional com o emocional, pois uma vez que todas as pessoas têm sentimentos e emoções, podem reconhecê-los e administrá-los de modo a não serem dominados por eles, mas utilizando-os a seu favor, para seu sucesso.

Quando digo que é importante o autoconhecimento, o conhecimento sobre como nós seres humanos "funcionamos", alguns leitores podem ser induzidos a pensar que estou querendo dizer que, devido a termos um cérebro e uma mente, temos de ter, então, o conhecimento de um neurocirurgião ou de um psicoterapeuta. Não é, porém, nada disso. Minha intenção é dizer que, assim como o motorista não precisa ser nenhum *expert* em mecânica para decifrar as luzes de alerta do painel de seu carro, bem como a pessoa não precisa ser um engenheiro da computação para manusear seu computador, o mesmo sucede com muito do que acontece conosco em relação a nosso organismo e também no que diz respeito a nosso comportamento. Notar esses sinais, ou não, depende do interesse e da vigilância de cada um.

"Aquele que aprendeu a manter-se no controle de sua atividade mental, aprendeu o mais importante."

Paulo Roberto Meller

Não seja refém da ansiedade, pois é você quem tem de estar no comando de sua vida. Daí a importância de proteger-se: ou você domina a ansiedade ou ela acaba dominando você. Ao praticar o autocontrole – buscando o estado de calma –, suas ideias ficarão mais claras. Isso o ajudará a utilizar seu pensamento de forma mais eficaz para alcançar seus objetivos. Estar calmo e concentrado evita muitos problemas, perda de tempo e ajuda a focar melhor sua atenção no momento presente – é nele que você constrói todo o seu futuro. Tenha isso sempre em mente:

"As maiores ameaças não são as do mundo, mas as da sua cabeça."

Paulo Roberto Meller

Erro nº 12: Desistir facilmente de seus sonhos

"Há mais pessoas que desistem que pessoas que fracassam."

Henry Ford

Sonhar faz parte da vida. Todo ser humano tem um sonho, às vezes mais de um, e, por menores que sejam, eles nos impulsionam para frente. Sem eles, nossa existência perde o sentido e a vida se torna muito monótona, vazia. Muitas vezes, sonhos, planos e projetos pessoais e profissionais não são concretizados porque as pessoas se deixam levar pelo desânimo, simplesmente desistindo deles, abandonando-os. Elas não conseguem superar os obstáculos e as dificuldades – na realidade, não há perseverança – e, consequentemente, não têm êxito na busca de seus objetivos.

"A maior vantagem de nossos oponentes interiores é nossa falta de fé num triunfo final."

R. L. Wing

A perseverança é a base fundamental, o sustentáculo, uma das virtudes mais essenciais que você precisa ter para realizar seus sonhos – diria até um pré-requisito. Há um famoso ditado popular que retrata muito bem o poder da persistência: *"Água mole em pedra dura, tanto bate até que fura"*.

O que, porém, significa exatamente perseverar? Conforme o dicionário Aurélio, a palavra perseverar significa "conservar-se firme e constante; persistir, prosseguir, continuar"; e o mais importante: apesar das dificuldades ou quando tudo parece perdido. Como disse Winston Churchill: *"Nunca desista, nunca, nunca, nunca!"*.

Aqui vale a pena ser lembrado nosso saudoso e admirável campeão de Fórmula 1, Ayrton Senna, um dos grandes exemplos vitoriosos de perseverança e determinação na conquista de seus objetivos. Estas suas belas mensagens traduzem muito bem seu incansável e dedicado trabalho em busca da excelência:

> *Se você quer ser bem-sucedido, precisa ter dedicação total, buscar seu último limite e dar o melhor de si.*
>
> *Quando estou dentro do carro, não busco a melhor volta, eu faço a melhor volta da minha vida, e a cada nova volta, o objetivo se renova.*
>
> *Podem ser encontrados aspectos positivos até nas situações negativas e é possível utilizar tudo isso como experiência para o futuro, seja como piloto, seja como homem.*
>
> *Existem durante nossa vida sempre dois caminhos a seguir: aquele que todo mundo segue, e aquele que nossa imaginação nos leva a seguir. O primeiro pode ser mais seguro, o mais confiável, o menos crítico, onde você encontrará mais amigos... mas você será apenas mais um a caminhar. O segundo, com certeza, vai ser o mais difícil, mais solitário, onde você terá maiores críticas; mas, também, o mais criativo, o mais original possível. Não importa o que você seja, quem você seja ou o que deseja na vida, a ousadia em ser diferente reflete na sua personalidade, no seu caráter, naquilo que você é.*
>
> *E é assim que as pessoas se lembrarão de você um dia.*

Conforme já mencionei, os problemas e as dificuldades fazem parte de nossa vida. Muitas das adversidades podem até vir de repente, nos pegando de surpresa, e muita gente se acomoda diante delas, não se mobilizando para transformar as situações, acabando por criar uma rotina frustrante. Ser persistente é procurar ideias e meios de superar cada obstáculo que aparece, transformando-os em oportunidade de crescimento e amadurecimento – não desistindo de chegar aonde quer, pois o caminho da vitória é somente para os perseverantes, para aqueles que jamais deixam de acreditar nela!

Muitas pessoas com graves deficiências conseguiram transpor imensos obstáculos, tornando-se célebres exemplos de superação para a humanidade, dando-nos muita força para irmos em frente. Elas não se deixaram intimidar por suas severas limitações, não desistindo de seus grandes feitos, como Helen Adams Keller, Ludwig Van Beethoven, Louis Pasteur, John Milton, Franklin Delano Roosevelt, Robert Louis Stevenson, Nick Vujicic, só para citar alguns. Como bem observou Bertie Charles Forbes: *"A história tem demonstrado que os mais notáveis vencedores normalmente encontraram obstáculos dolorosos antes de triunfarem. Venceram porque se negaram a ser desencorajados por suas derrotas".*

> *"Nenhuma grande vitória é possível sem que tenha sido precedida de pequenas vitórias sobre nós mesmos."*
>
> Leonid Maksimovich Leonov

Às vezes você pode sentir que a vida é injusta. O desejo de parar durante esses momentos é forte, mas não se deixe levar pelo pessimismo. Lembre-se de que há mais de uma maneira de atingir seus objetivos. Se um caminho não funcionar, tente outro, pois não desistir não significa continuar fazendo as coisas erradas ininterruptamente, mas, sim, ser capaz de descobrir as ações corretas que irão levá-lo a realizar seus desejos. Novas estratégias levam a novos resultados.

Lembre-se: "tentativa e erro" é uma das técnicas de aprendizagem. Errar, portanto, é um fator básico em nossa vida como aprendizes rumo ao sucesso. Quando fazemos algo podemos errar, pois faz parte da experiência e não significa fracasso. Não tentar, não fazer ou desistir cedo demais, isso sim é fracassar. Na verdade, o tempo que as pessoas gastam reclamando poderiam aproveitar agindo em busca da realização de seus desejos. Louis Pasteur observou certa vez: "Sejam quais forem os resultados, com êxito ou não, o importante é que no final cada um possa dizer: 'Fiz o que pude'".

Muitas pessoas não experimentam a vida de seus sonhos porque desistem muito facilmente. Se não continuam, nunca vão saber o quão longe poderiam ir. Para obter o que se deseja, muitas vezes tem de ir além do que se pensava ser capaz de fazer. Este é o momento de, ao invés de desistir, tentar novamente, porque este esforço a mais pode ser a "chave" para o sucesso.

> *"Não desista. Geralmente é a última chave no chaveiro que abre a porta."*
>
> Paulo Coelho

> *"Enquanto houver vontade de lutar, haverá esperança de vencer."*
>
> Santo Agostinho

Às vezes, há muitas pessoas negativas ao nosso redor que tentam nos desanimar. Podemos até dar atenção a elas, o que não significa nos deixarmos levar por seu pessimismo, pois o poder de decisão está em nós. A única pessoa que pode fazê-lo desistir é você mesmo! Quando alguém diz que você não consegue fazer algo, na verdade, o que está querendo dizer é que ele mesmo não é capaz de fazê-lo. Lembre-se de que, para ter sucesso, muitas vezes você precisa acreditar em si mesmo quando ninguém mais faz isso. Por isso, seja amigo de si mesmo, porque ninguém neste mundo, a não ser você, é mais capaz de acreditar em suas potencialidades, e tem todas as condições de usá-las eficazmente.

> *"Seja sempre o primeiro a apostar suas fichas em você mesmo."*
>
> Napoleon Hill

Se você ficar focado no que quer, isso vai ajudá-lo a manter-se fiel a seu desejo, não dispersando energia (o que o enfraqueceria e o levaria a desistir de alcançar o que quer). Procure imaginar, da forma mais real possível, como seria sua vida caso desistisse de seu sonho agora. Como se sentiria diante dessa alternativa? Agora, compare a situação anterior com seu desejo já concretizado. Qual a sensação? Se vivenciou a experiência da forma mais verdadeira, com todas as emoções decorrentes dessa sua nova realidade, tenho certeza que você não tem outra escolha a não ser não desistir.

Muitas vezes as pessoas desistem de alcançar seus desejos por falta de paciência. Querem que tudo ocorra instantaneamente! Sabemos, todavia, que não é dessa forma que as coisas acontecem. Você até pode pensar em realizações que foram facilmente alcançadas ou no fato de alguém que tenha ganhado um grande prêmio na loteria. Isso, porém, não é comum acontecer. O que você deve ter sempre em mente é que desafios e obstáculos fazem parte do percurso. Quanto mais árduo o caminho, maior o sabor da vitória. É a dificuldade da escalada da montanha que torna a vista lá de cima ainda mais deslumbrante. Esta recompensa só é possível para aqueles que não desistem! Que esta notável observação de Charles Wagner, presente em seu livro *Valor*, obra premiada pelo Ministério da Instrução Pública da França, estimule-o e fortaleça-o quando estiver prestes a fraquejar: *"Os caminhos que levam às alturas são quase sempre obscuros no princípio. Os declives suaves são para aqueles que descem; os caminhos rochosos, os morros a pino, são para os que sobem"*.

Tenha isto por lema:

> *"A perseverança não pode lhe dar tudo,*
> *mas a falta dela não lhe dá nada."*
>
> Paulo Roberto Meller

"A capacidade definitiva de um homem não está nos momentos de conforto e conveniência, mas nos períodos de desafios e controvérsias."

Martin Luther King

> *"Muitos dos fracassos da vida ocorreram com pessoas que não perceberam quão perto estavam do êxito quando desistiram."*
>
> Thomas A. Edison

Nunca se esqueça, nem mesmo por um instante, desta valiosa lição: começar é importantíssimo, mas o que vale mesmo é terminar. Como diz o ditado: *"O que conta são os resultados"*.

> *"Sem ambição, nada se começa. Sem esforço, nada se completa."*
>
> Ralph Waldo Emerson

O caminho do sucesso é repleto de dificuldades e obstáculos. Manter-se motivado, reforçando constantemente os motivos e o desejo de alcançar seu objetivo, e determinado nas ações que melhor contribuem para seu alcance vai fazê-lo perseverar e, principalmente, não desistir, mantendo-o no rumo em direção àquilo que tanto busca. Um ponto muito importante a fixar: transforme em hábito o desejo e os motivos daquilo que quer.

Ah! Antes de desistir de seus objetivos, lembre-se sempre das três palavras-chave que realmente podem contribuir, e muito, para seu sucesso: humildade para reconhecer erros que possam estar acontecendo, sabedoria para aprender com eles e coragem para seguir em frente, jamais desistindo!

A lição importante é esta, seja no sucesso ou na derrota: *"O sucesso não é definitivo, a derrota não é fatal. O que conta é a coragem para continuar"* (Winston Churchill).

PARTE 2

Como aproveitar o potencial de sua mente

"Se o seu corpo precisa de treinamento
para se manter forte, imagine,
então, a sua mente que exerce
todo o comando de sua vida."

Paulo Roberto Meller

Ações que vão ajudá-lo a se manter no comando de sua vida e em busca de seus objetivos

"Muita gente se preocupa com a forma do corpo hoje em dia; mas muito pouca gente se preocupa com a forma do cérebro."

Fred Jacob

As ações que vão ajudar a mantê-lo no comando de sua vida em busca de seus objetivos dependem essencialmente do aproveitamento de seu potencial interior – o potencial mental. É sabido que a maioria das pessoas que não são bem-sucedidas não utiliza plenamente seu potencial mental. Esse fator é um dos responsáveis pelo seu sucesso ou fracasso. Aproveitar melhor o potencial de nossa mente é assumir o comando dela escolhendo nossos pensamentos e dando-lhes uma direção, fazendo um uso mais eficaz de nossas habilidades e desenvolvendo capacidades para melhorar o desempenho pessoal na realização de nossos desejos.

Muitas das orientações deste livro e, sobretudo, as ações sugeridas nos capítulos seguintes têm o objetivo de ajudá-lo a manter as rédeas de sua vida, mais precisamente para desfrutá-la de uma maneira mais harmoniosa e feliz ao assumir o comando da mente, mantendo-se descontraído e ao mesmo tempo plenamente desperto e atento a si mesmo, mediante uma constante vigilância. Se você não controla sua mente, ficará à deriva sob o comando de pensamentos descontrolados. Se estamos no comando de nossa vida – portanto, de nosso destino –, vamos nos concentrar em pensamentos precisos, fazendo escolhas positivas e saudáveis.

"*Por que existem pessoas que conseguem tudo o que querem e outras que nada conseguem?*" Essa pergunta, que considero importante, foi feita por Miriam Kohn em seu livro *Autoconhecimento: conheça e use este poder que existe dentro de você*. Eis a resposta dada de maneira excelente pela autora: "*As primeiras compreenderam que são elas próprias que dirigem suas vidas, sabem que o poder atua de dentro para fora, aproveitam este conhecimento e agem de acordo. As outras esperam algo vindo de fora, acreditam que o âmago do poder esteja fora ou longe delas e, portanto, não se mexem. A quem nada faz, nada acontece; e a quem nada acontece, não vive. Monotonia não estimula e o que não é estimulado diminui, enfraquece até desaparecer, já que a natureza interpreta aquilo que não é ativado, utilizado, como desnecessário. A natureza é sumamente prática e não alimenta o supérfluo*".

As estratégias ou procedimentos que se seguem nas próximas páginas constituem diferentes formas de sairmos do "piloto automático", trazendo nossa mente para o aqui e agora, assumindo, assim, mais eficazmente, o comando de nossa vida, como já salientei. Essas ações também vão ajudá-lo a "tirar o pé do acelerador", reduzindo sua ansiedade no dia a dia, pois as exigências, as preocupações, a agitação e a pressa da vida moderna levam algumas pessoas mais vulneráveis a um cansaço físico e mental mais desgastante. Quando persistente, a ansiedade acaba debilitando mentalmente as pessoas, a ponto de se sentirem incapacitadas de manter-se ativamente no controle de sua atividade mental, o que dificulta a realização de suas tarefas e o alcance de seus objetivos. Essa fragilidade possibilita que, além de outros fatores, pensamentos intrusos e negativos apoderem-se delas, fragilizando-as ainda mais, o que só tende a fortalecer o círculo vicioso do estresse. É realmente importante a observação do fisiologista americano Edmund Jacobson, considerado uma das maiores autoridades em relaxamento: "*Talvez não exista remédio mais genérico do que a tranquilidade*".

É verdade que a serenidade é um remédio natural, de grande amplitude e muito saudável, acima de tudo por só fazer bem, não tendo efeitos colaterais, mas, obviamente, as técnicas de relaxamento não são um remédio para todos os males e, por outro lado, ninguém pode negar que, de fato, ajudam a prevenir, aliviar ou reduzir muitas aflições e problemas físicos decorrentes da tensão ou ansiedade.

O empreendedor multimilionário Jim Clark declarou certa vez que a ansiedade e a angústia são ingredientes comuns na vida dos empreendedores, e o mais esperto deles é sempre o mais ansioso e também o que se move mais rápido. Esta declaração confirma a verdade de que a ansiedade é uma sensação normal que, além de ser inerente ao trabalho, também é uma constante na vida de pessoas empreendedoras ou produtivas. De uma forma ou de outra, ela se faz presente na vida de todos nós, a ponto de se poder dizer que é normal, o que torna mais imperiosa ainda a necessidade de se buscar formas saudáveis de controlá-la quando passa a ser prejudicial, reduzindo seus efeitos nocivos, evitando assim que se transforme num transtorno na vida do indivíduo, trazendo-lhe prejuízos ao seu desempenho social e profissional, bem como comprometendo sua saúde em geral.

As pessoas reclamam da ansiedade e das enxaquecas ou dores de cabeça tensionais como se permanecer sem ansiedade ou relaxadas fossem capacidades inatas. **O relaxamento e a calma são capacidades que precisam ser exercitadas, praticadas.** Importante: tudo o que se necessita é de prática. A prática e o esforço irão proporcionar o hábito.

Atualmente ouvimos falar bastante sobre os benefícios da atividade física. O que se observa, porém, é que algumas pessoas esquecem-se da necessidade de também exercitar o cérebro. As ações sugeridas nesta parte, além de suas respectivas finalidades, também são ótimas para estimular a capacidade mental. Todas elas são simples e adaptáveis ao cotidiano de cada um.

Antes de começarmos, seja sincero consigo mesmo e pense no que tem feito para melhorar seu desempenho pessoal...

"Falta de tempo é desculpa daqueles que perdem tempo por falta de métodos."

Albert Einstein

"A disciplina é a parte mais importante do sucesso."

Truman Capote

1: Concentre-se na tarefa que está fazendo

É claro que não podemos deixar de analisar o passado, principalmente para aproveitar suas lições, bem como não podemos deixar de pensar em nossos planos para o futuro, mas o que é relevante lembrar sempre é que só edificamos no momento presente. Concentrar-se na tarefa que está fazendo é ter capacidade de focar sua atenção somente nela, desligando-se de qualquer distração ou pensamento que não estejam relacionados com o assunto ou atividade presente.

"Concentre todos os seus pensamentos no trabalho que irá desempenhar. Os raios de sol não queimam enquanto não se concentram sobre um foco."

Alexander Graham Bell

Na realidade, o passado já passou e o futuro ainda não existe – está por acontecer. Como alguém muito bem afirmou: *"A preocupação com o passado rouba-nos metade do presente; a preocupação com o futuro rouba-nos a outra metade"*. Seja o que for que estiver fazendo, portanto, viva intensamente o momento presente, concentrando-se na tarefa, pois, na verdade, tudo o que você tem é o agora! Como diz o provérbio chinês: *"Todas as flores do futuro estão nas sementes de hoje"*.

"O ontem é história, o amanhã é um mistério, mas o hoje é uma dádiva. É por isso que se chama presente."

Filme Kung Fu Panda

Por que a concentração é tão importante, e como podemos nos beneficiar dela? A concentração é importante porque nos dá o poder de controlarmos o que pensamos. E o que pensamos também é muito importante – é a semente, o início de tudo. Podemos nos beneficiar da concentração aprendendo a controlar os pensamentos "intrusos" (involuntários, automáticos e negativos) que tanto nos prejudicam.

Manter a concentração unicamente naquilo que estamos fazendo é o fator determinante para nosso máximo rendimento.

> *"A ansiedade pode levá-lo para o futuro e a depressão para o passado, mas, infelizmente, nesta viagem você deixa de aproveitar o momento presente, e é nele que você – atentamente – constrói seu futuro."*
>
> Paulo Roberto Meller

E qual é a estratégia a ser usada para nos concentrarmos no momento presente? A "Técnica do Chapéu". É o recurso que considero o melhor – mais simples, prático, rápido e eficaz – para atrairmos nossa atenção para o momento presente, combatendo, assim, a ansiedade ao nos concentrarmos positivamente naquilo que estamos fazendo.

É uma técnica que uso há muito tempo e que, por sua elevada importância, costumo ensinar às pessoas. Serve como **um lembrete simbólico para a concentração no aqui e agora – para estar focado e dedicar-se ao que está fazendo**. Se você está trabalhando, para concentrar-se no trabalho; se estudando, no estudo; caso se divertindo, na atividade de lazer; se dirigindo, em todo o ato de dirigir; e assim por diante.

A Técnica do Chapéu fundamenta-se no princípio segundo o qual nossas energias criadoras de nossa realidade se concentram onde nossa atenção está focada. Não se trata, portanto, de uma prática misteriosa, mágica ou de poderes ocultos, mas uma técnica simples (e incrivelmente eficaz) de concentração.

A técnica consiste em mentalmente "vestir o chapéu". Ao andar na rua, por exemplo, vista o chapéu de pedestre; ao estudar, o de estudante; ao trabalhar, o de sua respectiva atividade (professor, dentista, vendedor, médico, psicólogo, etc.). Você pode perceber que durante o dia vai trocar de chapéu diversas vezes. Uma infinidade de problemas decorrentes da falta de foco ou concentração naquilo que estamos fazendo seria evitada com a simples técnica do chapéu.

E o caso do motorista na direção de um veículo? Todos sabemos que se dirige semiconscientemente, ou seja, não temos consciência plena de algumas coisas que estamos fazendo. No caso do motorista, em parte dirigindo automática e inconscientemente, devido ao hábito que automatizou o processo de dirigir, considerando que quando começamos a aprender o fazemos completamente conscientes. Depois, sim, não precisamos mais prestar atenção nas marchas, nos pedais, etc., o que não significa que podemos nos distrair. Ao contrário, por uma parte nossa já estar semiconsciente, temos de redobrar os cuidados, prestando a máxima atenção em uma série de fatores que exige o ato de dirigir, atentos a tudo o que acontece ao nosso redor, na rua ou estrada.

Existe um fenômeno conhecido em medicina de trânsito que é responsável por um número sem fim de acidentes, denominado "hipnose de estrada". Nele, o motorista até pode estar com os olhos bem abertos, o que dá uma aparência de estar atento à estrada, mas não; ele, na verdade, está dando aquela "viajada", está pensando sobre algo muito distante dali – suas contas a pagar, suas metas a cumprir, seus projetos, entre outros, acabando por se acidentar. Isso é tão verdade que, se fôssemos fazer uma pesquisa, com o auxílio da regressão, de sobreviventes causadores de acidentes de trânsito, iríamos confirmar que a maioria deles, no momento do acidente, estava com a mente distante, pensando em tudo, menos no momento presente, em seu papel de motorista. Ao usar a técnica, vestindo o chapéu de motorista (focado no ato de dirigir), certamente seriam evitados muitos acidentes de trânsito. Evidentemente, é imprescindível também uma boa noite de sono para que se esteja descansado e desperto, e menos sujeito a riscos.

É bom lembrar também que o número de acidentes com pedestres que usam o celular enquanto andam na rua está crescendo assustadoramente. A distração ao usar o celular já é considerada uma das principais causas de atropelamento, depois da embriaguez.

Com isso, vê-se o quanto é importante a Técnica do Chapéu, que **pode e deve ser usada independentemente do que estamos fazendo**. Ah! E quando for dirigir; assim como o piloto de avião faz o *checklist*, ou lista de checagem, para verificar se está tudo em ordem, você também deve verificar se vestiu o chapéu ao fazer a checagem, convergindo toda a sua atenção única e exclusivamente para todos os procedimentos que requer o ato de dirigir.

Para que a Técnica do Chapéu seja eficaz, é necessário que, durante a atividade exercida, a pessoa se policie constantemente se está "vestida" com o chapéu.

Um pedido: Peço carinhosamente ao prezado leitor que, por se tratar de um verdadeiro "serviço de utilidade pública", no ensejo de nos tornarmos úteis aos outros, sempre que puder, passe adiante esta técnica (ou, se não tiver disposição para ensiná-la às pessoas, seja mais prático, presenteando-as com este livro; de preferência, para o maior número de pessoas possível... fico muito grato!).

2: Organize-se

"Com organização e tempo, acha-se o segredo de fazer tudo e bem feito."

Pitágoras

"Já observei que muitas pessoas progridem durante o tempo que outras perdem."

Henry Ford

É impressionante como esta ação tão simples de organizar-se pode diminuir muito sua ansiedade, pois uma das principais reclamações das pessoas é a falta de tempo. A sensação de urgência, geradora de ansiedade, diante das atividades diárias, deve-se, em grande parte, ao mau aproveitamento do tempo. Assim, seu êxito pode ser representado pela seguinte equação:

CAPACIDADE DE SE CONCENTRAR NAQUILO QUE ESTÁ FAZENDO
+
APROVEITAR BEM O TEMPO
=
ÊXITO

"O tempo dura bastante para aqueles que sabem aproveitá-lo."

Leonardo da Vinci

A melhor maneira de organizar-se é planejar como vai ser o dia. Isso pode ser feito de manhã ou na noite anterior, conforme sua preferência. Prefiro organizar-me na noite anterior, pois durmo mais aliviado com essa providência, uma vez que as coisas estão sob controle. Como Thomas C. Haliburton nos preveniu: *"Levar uma preocupação* para a cama é dormir com uma mochila nas costas". Também, ao fazê-lo à noite, causa menos estresse do que pela manhã, quando tenho de estar com as "baterias" recarregadas, além de possibilitar ao cérebro um tempo maior para refletir sobre meu planejamento, dando-me, se for o caso, alguma nova luz ou direção.

"Pessoas comuns gastam tempo. Uma pessoa de talento usa-o."

Arthur Schopenhauer

Pensar e planejar sua vida futura ou seu dia a dia com antecedência é uma ótima estratégia de organização e aproveitamento do tempo. Ao aproveitar também para ajudar-se com o recurso do Pensamento Positivo (técnica das afirmações positivas e da visualização criativa, que será vista mais detalhadamente adiante), estará fazendo um saudável e poderoso exercício para o cérebro, envolvendo atenção, concentração, imaginação e criatividade.

Logo pela manhã, nada melhor do que alguns minutos de pensamento positivo. Assim, você vai começar o dia muito mais bem-humorado, com mais energia e cheio de disposição para todas as atividades. Forme uma imagem mental nítida do resultado daquilo que você quer durante o dia.

Com isso, você também estará exercendo sua influência na Lei da Semeadura ou da Atração. Por que, então, não transformar isso em um hábito regular, tendo em vista tantos benefícios e sem nenhum custo? Pense a respeito, experimente refletir, priorizar e fazer, e não deixe de comemorar os resultados, que com certeza serão impressionantes.

No caso de você falar que não encontra um tempo para isso, só posso dizer uma coisa: trate urgentemente de reformular sua vida, seu estilo de vida, porque, se não tem um tempinho para pensar e planejá-la (o que também beneficia sua saúde), com certeza absoluta alguma coisa está errada.

"De vez em quando você tem que fazer uma pausa e visitar a si mesmo."

Audrey Giorgi

Certamente, se a pessoa sabe administrar seu tempo, conseguindo conciliar as diversas áreas da vida, é um aspecto importante para a qualidade de seu modo de viver. Ter ou não ter tempo remete-nos à organização. Se a pessoa não sabe o que significa "organizar-se", como vai fazê-lo? Organizar-se é saber definir prioridades.

A desculpa de que não tem tempo, portanto, significa que tal coisa não é uma prioridade para você. Estabelecer prioridades, isto é, colocar várias tarefas em ordem de urgência, importância, valor, desejo, restringindo-se ou mantendo o foco em cada uma, e afastando os ladrões de tempo, é uma excelente maneira de administrar e controlar o que você faz. Como afirmou Siddharta Gautama, o Buda: *"Aquele que não sabe a que coisas atender e quais ignorar, atende ao que não tem importância e ignora o essencial"*.

Já vimos que você pode economizar energia e ser mais produtivo se sua mente estiver desprovida de ansiedade ou de confusão mental. Uma das maneiras de não criar ansiedade ao preocupar-se constantemente com seus compromissos a cumprir é usar uma agenda (ou uma simples folha de papel) para escrever tudo o que você precisa fazer. Pode colocar nela uma lista de tarefas urgentes e outra de importantes. Com isso, você consegue se organizar melhor, tornando-se mais produtivo e facilitando o controle de suas atividades no dia a dia, bem como diminuindo seu estresse.

A grande vantagem de registrar por escrito o que você planeja fazer é que essas tarefas ou compromissos param de atormentá-lo, deixando-o livre de pensar neles até o momento de sua realização. Lembre-se sempre de que, ao preocupar-se com suas tarefas ou compromissos futuros, esta ansiedade está desperdiçando energia que poderia ser mais bem empregada no momento presente.

Lembrar-se de dar atenção às tarefas inacabadas também vai torná-lo mais produtivo. E é uma forma de não deixar compromissos pendentes gerarem ansiedade.

> *"Muito do estresse que as pessoas sentem não vem de terem coisas demais para fazer. Vem de não terminarem o que começaram."*
>
> David Allen

Também é imprescindível dar a si mesmo o tempo necessário para se envolver em alguma atividade de lazer, algo que você goste. Certamente, uma opção de lazer saudável pode ajudá-lo a espantar o estresse negativo.

E agora, prezado leitor, uma pergunta: Você tem reservado um tempo somente para se preocupar? Por mais que tenha ouvido falar que o ideal é ficar longe das preocupações, é mais eficaz tê-las por perto, pois assim fica mais fácil desarmá-las.

Para tanto, também é importante definir um tempo para se preocupar. Certamente você concordará que há um tempo para cada coisa – para trabalhar, alimentar-se, dormir, fazer atividade física, ler, descansar, assistir TV, etc. Por que, então, não ter um tempo apenas para as preocupações?

Uma maneira eficiente de livrar sua rotina das preocupações e da ansiedade é definir um tempo somente para se preocupar, e nada mais. É simples, basta marcar uma reunião com você mesmo. Imagine que a está fazendo com uma pessoa importantíssima (e de fato está).

Ao dedicar um tempo somente para suas preocupações, você não vai ficar preocupado 24 horas por dia (ou seja, é melhor preocupar-se 30 minutos ou 1 hora, e as demais com resultados, do que as 24 improdutivamente), o que o levaria a desperdiçar suas energias. Um horário delimitado só para isso faz você economizar energia para o restante do dia, para focá-lo somente naquilo que estiver fazendo, mantendo sua ansiedade ou preocupação longe – que tanto atrapalham, roubando energia, poder de decisão e ação. Então, ao surgirem pensamentos que o preocupam ou perturbam, pode deixar para dar atenção a eles naquele seu período reservado somente para as preocupações.

> *"Alguns minutos de reflexão e questionamento sobre nossas ansiedades ou medos são mais proveitosos do que muitas horas de angústia e lamentação."*
> Paulo Roberto Meller

Importantíssimo: não veja o Pensamento Positivo e a Lei da Atração como um recurso a ser usado somente quando você precisa. Incorpore-os permanentemente como uma filosofia/estilo/modo de vida e de trabalho, ou como você queira denominar. Assim, quando você precisar, verá que os benefícios serão bem maiores e mais consistentes.

Ir deixando as coisas para outro dia, não tomar decisões ou tomá-las tardiamente é uma das razões por que as pessoas não alcançam seus objetivos. O monge budista Matthieu Ricard, a respeito disso, em seu livro *Felicidade – a prática do bem-estar*, cita a história tibetana de um cão que vivia entre dois monastérios separados por um rio. Um dia, ouvindo o sino que batia na hora do café da manhã do primeiro monastério, pôs-se a nadar para atravessar o rio. No meio do caminho, ouviu bater o sino do segundo e voltou. No fim, não chegou a tempo para fazer nenhuma das refeições.

Quanto ao aproveitamento de seu tempo, para não ir deixando as coisas de um dia para o outro, o que só tende a aumentar o estresse, a palavra-chave é decisão. Para se ter uma ideia do valor da decisão em nossa vida, basta dizer que o sucesso é o resultado de tomadas de decisões corretas, acertadas, ponderadas, enfim, muito bem fundamentadas. Tomar uma boa decisão é escolher bem. Decida o que fazer, como fazer e quando fazer. Somente a definição da data e o prazo para sua execução, além, é claro, da prévia determinação em fazer, vão tornar sua rotina mais fácil e produtiva, reduzindo seu estresse e, obviamente, elevando sua autoconfiança e autoestima, tão importantes para suas próximas realizações.

> *"É nos momentos de decisão que seu destino é traçado."*
>
> Anthony Robbins

Quanto ao estresse, esteja sempre familiarizado com esta verdade: há apenas dois caminhos a seguir – mudar a situação estressante que o perturba, ou mudar a si próprio, sua mentalidade para administrá-lo, dando a devida atenção para maneiras de reduzir seus efeitos nocivos.

Antes de tentar mudar a situação estressante, verifique onde realmente está o problema, o que está acontecendo de fato. Será que o motivo ou razão do estresse, por exemplo, está no trabalho ou em você, que não é organizado? Sua convivência com as pessoas é muito complicada? Sempre são elas que estão erradas ou você que não admite que o problema possa estar em si? Para tanto, uma análise do problema e uma autoanálise podem indicar onde está o problema de fato. É possível mudar o motivo do estresse (seu emprego, por exemplo) por outra atividade, mas se o problema está em você... aí é diferente!

> *"É uma falta de responsabilidade esperarmos que os outros resolvam nossos problemas por nós."*
>
> Paulo Roberto Meller

Muitas vezes, porém, não é possível mudar a situação estressante ou as exigências do dia a dia. Quando não há muito o que fazer quanto às pressões, podemos pelo menos aliviar o estresse mudando nossa mentalidade para enfrentarmos nossos problemas com atitude positiva. Assim, uma atitude positiva diante dos desafios, aliada à prática do relaxamento, junto com atividades físicas regulares, conforme já vimos, levará a mudarmos nosso estilo de vida, proporcionando-nos uma vida emocionalmente mais equilibrada e feliz. Quanto a organizar-se, eis a questão principal a ser lembrada:

> *"A passagem do tempo deve ser uma conquista e não uma perda."*
>
> Lya Luft

3: Mantenha-se ativo e ocupado

"Se você deseja um trabalho bem feito, escolha um homem ocupado; os outros não têm tempo."

Benjamin Franklin

Manter-se ativo e ocupado é uma das formas de afastar suas preocupações, tanto em termos físicos quanto intelectuais (mente e corpo), com o pensamento no presente, sentindo-se bem e útil, produtivo e satisfeito com o que faz.

Quanto à ociosidade, fique tranquilo, pois não há mal nenhum nela, enquanto estiver com a sensação de bem-estar. Se, no entanto, você não está se sentindo bem, este estado pode agravar-se, porque a ociosidade deixa sua mente livre para os pensamentos negativos. A psicóloga, palestrante e escritora doutora Olga Inês Tessari, em entrevista feita por Maria Clara Pitol, declarou: "O ócio em si não é nem bom nem ruim, tudo vai depender do estado emocional da pessoa no momento: se ela está ansiosa, tensa, preocupada com algo, o ócio vai colaborar para que fique mais ansiosa ainda por conta da avalanche de pensamentos negativos que terá! Se ela está em paz consigo mesma, terá prazer no ócio".

O problema, portanto, não está na ociosidade; na verdade, ele pode estar em você, em sua atitude negativa, que pode levá-lo à depressão.

Seja saboreando o prazer de estar na companhia de outros ou só, envolvido com suas tarefas, o mais importante de tudo é se sentir feliz. No caso de estar só, Voltaire, certa vez, observou: *"A mais feliz das vidas é uma solidão atarefada"*.

A dica é que você pode muito bem ser feliz no trabalho ou fora dele – sua atitude é que conta. Mantendo-se ativo e ocupado, sentindo-se bem, além de a vida transcorrer mais tranquilamente, sua saúde agradece.

> *"Descobri a fonte da juventude. O segredo é simples: não deixe jamais sua mente ficar inativa e se manterá jovem para sempre."*
>
> Georges Clemenceau

Guarde na memória o que Richard J. Leider e David A. Shapiro escreveram em seu livro *Organize sua bagagem – tire o peso de sua vida*: "Vivermos com paixão o dia de hoje e com um objetivo para o amanhã".

Mantenha-se, portanto, ativo e ocupado saudavelmente, vivendo sua vida o mais intensamente que puder!

4: Use afirmações positivas e visualização criativa

Por que estes recursos tão simples têm um incrível poder realizador? Porque palavras, frases ou declarações positivas, assim como a visualização de uma imagem, repetidas de forma adequada, nos ajudam a controlar nossos pensamentos. Todos já sabemos o quanto são importantes os pensamentos em nossa vida, por ditarem nossos sentimentos e emoções, orientarem nossas ações, o que vamos fazer e o caminho que vamos seguir.

Ao fixarmos nossa atenção em pensamentos de nossa preferência, estes se tornam dominantes. Assim, com essas técnicas simples, conseguimos focar nossos objetivos. Para persegui-los, não podemos perdê-los de vista nem deixar que os pensamentos negativos e as ansiedades prejudiquem nossa visão daquilo que queremos realizar. Encontrar o caminho do sucesso é fácil, mas o problema está em não se desviar dele. Como afirmou James Allen: *"Você está hoje onde seus pensamentos o trouxeram; você estará amanhã onde seus pensamentos o levarem"*.

Já vimos, em páginas anteriores, que as leis da mente não permitem que "joguemos fora" um pensamento negativo que nos causa problemas, bem como não conseguimos pensar duas coisas ao mesmo tempo. Apenas podemos substituir os pensamentos negativos que nos atormentam. Este é outro estimulante, agradável e poderoso efeito das afirmações positivas e da visualização criativa: mudar nosso diálogo interno, tornando-o mais positivo. Com elas, mantemos nossos níveis de energia altos e deixamos nosso dia mais animado, positivo e, por que não, mais feliz, o que, por sua vez, torna nossa caminhada em busca de nossos propósitos mais confiante, tranquila e prazerosa.

As palavras do doutor Robert Anthony, em seu livro *Além do pensamento positivo*, resumem bem o processo das afirmações positivas: *"As afirmações funcionam de acordo com a teoria do desalojamento. Se puser um copo de água suja sob uma torneira, você* verá que a água suja acaba sendo desalojada pela água limpa que sai da torneira. Quando você substitui pensamentos inexequíveis por pensamentos exequíveis, positivos, o mesmo fenômeno ocorre. Não precisamos nos livrar de crenças limitadoras que mantemos no subconsciente. Mais importante é nos assegurarmos de que nossos pensamentos dominantes nos apoiem para obtermos o que queremos, pois nossa mente funciona segundo nossos pensamentos dominantes".

Entende-se por pensamentos exequíveis aqueles que se podem executar ou realizar.

A frequente repetição de afirmações positivas e a visualização também ajudam a reduzir a ansiedade e o estresse. São excelentes técnicas, portanto, para melhorar a forma como nos sentimos.

Sabemos que nosso comportamento reflete nosso sistema de crenças ou programação interna. Ao longo de nossa vida, por meio de crenças – que assimilamos como verdades –, vamos programando e criando nossa realidade.

As afirmações positivas – autossugestões ou convicções – modificam nosso sistema de crenças ou programação interna ao influenciar nosso subconsciente, e é ele que registra todas as informações que entram em nossa mente, bem como trabalha na materialização de nossas crenças criando nossa realidade.

Shakti Gawain, em sua obra *Visualização criativa*, escreveu: *"Os exercícios de elaboração de frases afirmativas permitem que comecemos a substituir parte de nossa velha, desgastada e negativa tagarelice mental por ideias e conceitos mais positivos. Trata-se de uma técnica poderosa que, em curto espaço de tempo, é capaz de transformar completamente nossas atitudes e expectativas em relação à vida e, por conseguinte, alterar totalmente o que criamos para nós mesmos"*.

Em síntese, uma autossugestão repetida com frequência atinge nosso subconsciente, tornando-se uma profecia autorrealizadora. Por isso, William James disse: *"A maior descoberta de minha geração é que o ser humano pode alterar sua vida mudando sua atitude mental"*.

"Nada pode parar o homem com a atitude mental correta de atingir seu objetivo, nada na terra pode ajudar o homem com a atitude mental errada."

Thomas Jefferson

A afirmação positiva é uma declaração de seu objetivo, daquilo que você quer, enquanto a visualização criativa é uma representação mental, uma imagem mental clara de seu objetivo já alcançado.

O processo das afirmações positivas é o mesmo da visualização criativa. Criamos uma palavra ou frase, ou uma imagem (ao lidarmos com a visualização), mediante nosso pensamento consciente, nossa atenção e nossa vontade.

A repetição influencia o subconsciente, que a aceita como uma verdade, transformando-a em hábito. John Dryden afirmou: *"Primeiro fazemos nossos hábitos, depois nossos hábitos nos fazem".*

Observe bem: o processo que inicialmente foi voluntário, que partiu de nossa vontade, agora sob o comando do subconsciente, é automático. Essa nova mentalidade ou realidade interna, com novos hábitos, atitudes, reações e comportamentos, pode mudar nossa vida. Pode-se dizer que as afirmações positivas funcionam como "sinalizadores" que nos mantêm no caminho, otimistas e fiéis a nosso ponto de chegada.

"Uma afirmação abre a porta. É um ponto de partida no caminho para mudar."

Louise Hay

Ao fazer suas afirmações, você está estimulando o Universo a trazer-lhe aquilo que está pedindo, de acordo com os princípios da Lei da Semeadura ou da Atração. O doutor David Schwartz, em linguagem simples e direta, garante: *"Acreditar que há uma solução abre o caminho para uma solução".*

"O jogo da vida é o jogo de bumerangues. Nossos pensamentos, atos e palavras voltam para nós, mais cedo ou mais tarde, com uma precisão impressionante."

Florença Shinn

Pergunte a si mesmo quais áreas de sua vida gostaria de mudar para sentir-se melhor e mais feliz. Seria melhorar sua saúde? Suas relações familiares? Sua vida amorosa? Um melhor relacionamento com seus amigos e colegas? Sua vida profissional? Suas finanças? Seus estudos? Ter mais paciência? Ser mais tolerante? Ser menos crítico consigo e com os outros? Aumentar sua autoconfiança antes de uma apresentação oral, uma reunião ou uma prova? Ou, quem sabe, melhorar sua baixa autoestima, que pode atrapalhá-lo e impedi-lo de conseguir todos os demais?

Estes são apenas alguns de muitos exemplos, dependendo das preferências e das necessidades de cada pessoa. Uma afirmação positiva pode ser importante para uma e ter pouca ou nenhuma importância para outra; portanto, crie suas próprias afirmações e, é claro, use-as nos casos apropriados, pois elas não fazem milagres nem são uma solução para todos os seus problemas.

Também é fundamental você saber que não vai mudar sua vida da noite para o dia, mas vai alterar sua atitude em relação àquilo que quer e aonde quer chegar. Simplesmente, este é o começo para se chegar lá!

"Atitude" é uma palavra que vemos e ouvimos constantemente, cujo destaque só confirma a grande importância adquirida para cada um de nós. Por mais que você esteja cansado de saber que tem de haver atitude, e que ela é importantíssima para nós, saberia dizer o que é atitude?

Atitude é a predisposição para agir. E esta pode ser positiva ou negativa.

A atitude de uma pessoa depende de diversos fatores, e os principais seriam suas crenças (o que ela acredita) e seus pensamentos e sentimentos.

Com isso, já se pode ter uma ideia clara de sua real importância, pois, sem atitude (ou seja, com uma predisposição negativa para agir), não se vai a lugar nenhum!

Tenha cautela: certa vez, durante uma Copa do Mundo de Futebol, quando jogavam duas seleções e uma começava a perder a partida (acabando vencida), chamou-me atenção ouvir o comentarista esportivo, muito bravo e enraivecido, dizer com todo o furor: "Faltou atitude para os jogadores!".

Na verdade, o que aconteceu neste caso é que os jogadores tiveram "atitude demais"! Ou seja, entre outros motivos que foram noticiados pela imprensa, os mais relevantes foram: subestimaram o adversário, não se prepararam suficientemente (física e emocionalmente) e não fizeram uma concentração adequada antes do jogo. É aquilo que já falei sobre o otimismo: não se deve ser pessimista, mas otimismo demais é falta de maturidade!

Quanto à atitude, como tudo mais, que prevaleça o bom senso.

A atitude é algo que se pode controlar: podemos escolher entre uma atitude favorável ou positiva e uma desfavorável ou negativa. Felizmente, para isso, dispomos de um excelente recurso para estimular e incentivar nossa predisposição positiva, que nos levará a nos mobilizarmos, agirmos e realizarmos.

E qual seria esse excelente recurso que está em nossas mãos (digo, em nossa cabeça), bem pertinho de nós? Simplesmente o Pensamento Positivo!

Sim, é isso mesmo. O Pensamento Positivo é que dá o pontapé inicial que vai impulsioná-lo para o sucesso, vai ajudá-lo a chegar lá e, mais ainda, poderá ajudá-lo nesta que é a sua tão ou mais importante e difícil missão: manter-se com sucesso (também agindo, é claro).

Mas como? Como já lhe disse, você tem controle sobre suas atitudes. Até aí, tudo bem. Então, vamos adiante.

Você vai exercer controle de suas atitudes usando pensamentos e imagens positivas, mais precisamente por intermédio das técnicas de afirmações positivas e visualização criativa. Essas afirmações e imagens positivas, repetidas de forma adequada, é que vão dinamizar, induzir e manter suas atitudes.

Fique tranquilo... trata-se de técnicas sérias e comprovadas. Os inúmeros trabalhos científicos das maiores universidades do mundo estão aí para comprovar a eficácia da melhor maneira de controlarmos nossas atitudes com o uso do Pensamento Positivo, ou, melhor dizendo, Pensamento Correto. Também é bom lembrar que existe uma ciência, a Psicologia Positiva, com base em estudos científicos, que trata da positividade, do foco no positivo – que proporciona uma melhor qualidade de vida –, seja pensando positivamente, mantendo-se sereno, alegre, grato, etc., ou sendo criativo, com uma mente mais aberta para pensar e agir, o que vai torná-lo mais apto para enfrentar as situações e as adversidades da vida, entre outros benefícios.

A grande verdade que os cientistas têm afirmado, em suma, é que somos programáveis. Tudo o que pensamos, sentimos e fazemos vai para nossa mente sob a forma de programação. Do mesmo modo, podemos modificar nossa vida para melhor mudando a qualidade de nossos pensamentos com a reprogramação mental ou autocondicionamento. Depende apenas do esforço e dedicação de cada um.

Todos os estudos sobre a influência da mente em nossa vida apenas comprovam cientificamente aquilo de que a sabedoria oriental já tinha conhecimento há muitos e muitos anos. Também é um resgate da Medicina proposta pelo médico mais importante da Antiguidade, Hipócrates (século V a.C.), que defendia o tratamento do ser humano do ponto de vista físico, psicológico e social.

Em relação à resistência de algumas pessoas quanto à nossa capacidade mental, é normal não aceitarem aquilo que não compreendem. Felizmente, hoje a Ciência explica o resultado surpreendente do domínio que temos sobre aquilo que pensamos. Com muitas pesquisas e estudos sérios, aconteceram avanços significativos nesta área.

"É o que nós pensamos que sabemos, o que muitas vezes nos impede de aprender."

Claude Bernard

Se a evolução e o progresso acontecem, e o conhecimento está ao alcance de todos, é preciso, então, que as pessoas libertem-se de conceitos antigos e desnecessários que atrapalham sua vida e se permitam trilhar caminhos que lhes sejam benéficos, com o uso pleno da capacidade mental que têm a seu favor.

Afirmações positivas e visualização criativa, associadas à fé e à religiosidade, promovem melhores resultados. Você também pode potencializar os efeitos de suas afirmações e visualização criativa ao invocar seu guia espiritual, mentor, conselheiro, anjo da guarda ou santo. As palavras de Shakti Gawin, em seu livro *Visualização criativa*, expressam muito bem isso:

> Cada um de nós carrega dentro de si todo o conhecimento e a sabedoria de que algum dia irá precisar. Podemos acessar esses preciosos recursos por meio da nossa mente intuitiva, que é a nossa conexão com a inteligência universal. Muitas vezes, contudo, temos dificuldade para entrar em contato com a nossa sabedoria superior. Uma das melhores maneiras de conseguir isso é encontrando e nos familiarizando com o nosso guia interior.
>
> O guia interior é conhecido por muitas denominações diferentes, tais como conselheiro, espírito-guia, amigo imaginário ou mestre. Trata-se de uma parte mais sábia do seu próprio ser que se apresenta a você sob as mais variadas formas, embora geralmente assumindo a forma de uma pessoa ou um ser com o qual possa conversar e relacionar-se como se fosse um amigo sensato e dedicado.

Verdade seja dita: a ciência ainda não conseguiu provar que os santos não ajudam, e certamente nunca conseguirá. Mas eles ajudam – e muito! Se você, prezado leitor, não acredita, tudo bem, respeito sua opinião, citando Plácido Afonso: *"Deus nos concede tanta e tamanha liberdade de pensar, que nos faculta até o direito de negá-lo"*. Não é por isso que vou deixar de compartilhar esta recomendação de Ralph Hodgson, que considero muito oportuna: *"Algumas coisas têm que ser acreditadas para serem vistas"*. Em outras palavras: *"O que você vê depende, principalmente, do que procura"* (John Lubbock).

Vale salientar também que, em se tratando de fé, ninguém precisa provar nada para ninguém! Segundo Stuart Chase: *"Para aqueles que acreditam, nenhuma prova é necessária. Para aqueles que não acreditam, nenhuma prova é possível"*. Nada é, portanto, mais insondável do que a cabeça de quem se propõe a querer provar algo que diz respeito à fé.

> *"A ciência baseia-se nos fatos; a religião, na fé. Para mim, religião é ciência, pois, apesar de não ter como provar nada para ninguém, o que colho com a minha fé 'para mim' são fatos e provas que não posso negar."*
>
> Paulo Roberto Meller

Nas palavras de Alfred Lord Tennyson: *"Em decorrência do que tenho visto, acredito no que não posso ver"*.

Pois é, não dá para prová-Lo para os outros ou explicá-Lo, uma vez que só quem sente a presença de Deus acredita Nele. Basta, portanto, você provar que está certo para VOCÊ! Ademais, em última análise, quem afirma é quem tem de provar que está certo, e não que a outra pessoa está errada. Mas aí já entramos no campo da lógica...

"Todo homem tem o direito de ter sua opinião. Mas nenhum homem tem o direito de estar errado no que diz respeito a fatos", conforme afirmou Bernard Baruch. Certamente por isso, um dos maiores estudiosos da vida interior do homem e um dos mais influentes pensadores do século 20, o psiquiatra e psicanalista suíço Carl Gustav Jung, tenha afirmado: *"Não preciso 'acreditar' em Deus; eu sei que ele existe"*.

Lamentavelmente, muitas polêmicas vãs surgem acerca de religião, com gente quase brigando sobre se isso ou aquilo é verdade ou não. Como afirmado anteriormente, de uma maneira bem simplificada, podemos dizer que a religião fundamenta-se na fé e a ciência nas provas, nos fatos. Se alguma pessoa, em termos de fé, tiver de provar algo para alguém, trata-se de ciência e não mais de religião. A ideia principal aqui é: se sua fé, bem como sua religião, seja qual for, traz-lhe resultados positivos, ótimo! Ademais, você saberia dizer por que há tantas religiões e doutrinas?

Existem diversas religiões e doutrinas porque cada uma foi criada em uma época, em uma cultura, de acordo com um fator relevante ou histórico; também porque as pessoas são diferentes, o que as leva a ter crenças, conceitos, opiniões, graus de entendimento e interpretações diversas.

Eis a mensagem de Sathya Sai Baba, com relação às religiões: *"Deixem que existam diferentes religiões, deixem que floresçam, deixem que a glória Divina seja louvada em todos os idiomas do mundo. Respeitem as diferenças entre as religiões e reconheçam-nas como válidas, sempre que essas diferenças não tratem de extinguir a chama da irmandade do homem e a paternidade de Deus"*.

> *"As religiões são caminhos diferentes convergindo para o mesmo ponto. Que importância faz se seguimos por caminhos diferentes, desde que alcancemos o mesmo objetivo?"*
>
> Mahatma Gandhi

O doutor Fernando A. Lucchese, em seu livro *Pílulas para viver melhor*, oferece este excelente conselho: "Pratique uma religião, não importa qual. Não necessariamente assuma a religião de seus pais, mas aquela que lhe der mais conforto espiritual e lhe transmita maior seriedade".

Lucchese, mais adiante, complementa, também maravilhosamente: *"Aceite as crenças de seus amigos, sejam quais forem. Procure aprender e ver o sentido comum de todas as crenças, que é a aproximação de Deus"*.

O que é mais importante em tudo isso, portanto, é saber respeitar e conviver com as diferenças, aproveitando o que cada um tem de bom, bem como respeitar a liberdade das pessoas para mudar e experimentar novas opções. Afinal, é essa diversidade que torna o mundo tão magnificamente interessante. Esse respeito às desigualdades entre as pessoas é o que deve prevalecer, não somente em se tratando de religião, mas SEMPRE! Assim, deve prevalecer o respeito, seja em se tratando de religião, raça, cor, origem, orientação sexual, crenças, valores, limites, possibilidades, o que for! Isso nos coloca na condição de seres humanos e, portanto, antes de mais nada, temos de respeitar a condição dos outros, para que também a nossa seja respeitada – a regra básica para o convívio em sociedade: respeitar para ser respeitado!

Finalmente, gostaria de terminar este tópico reafirmando que, em termos de fé, ninguém precisa justificar nada para ninguém. Diante disso, você também não precisa se esconder quando faz suas orações, ou colocar alguma relíquia ou imagem de santo de sua devoção num balcãozinho atrás de uma porta em seu quarto, onde ninguém pode ver. A fé é como o amor. Don Miguel Ruiz, em seu livro *O domínio do amor: um guia prático para a arte do relacionamento*, nos lembra: *"Você não precisa justificar seu amor, você não precisa explicar seu amor, você só precisa praticar seu amor. Prática cria o mestre"*. O amor, a saudade, a fé, assim como o vento, não precisam ser entendidos, mas, essencialmente, sentidos.

> *"Quem começa a entender o amor, a explicá-lo, a qualificá-lo e quantificá-lo, já não está amando."*
>
> Roberto Freire

Confesso, sinceramente, que, diante de um problema ou adversidade, procuro agir tendo sempre em mente esta mensagem sábia e de impressionante resultado, de autor desconhecido: *"Não diga a Deus que você tem um grande problema; diga ao problema que você tem um grande Deus"*. E quanto ao futuro, ao que está por acontecer, considero certeira esta mensagem de John Mason: *"Nunca tema confiar um futuro incerto a um Deus certo"*.

Como fazer afirmações positivas e visualização criativa que realmente dão resultado

Com base em nossas crenças, constantemente estamos, consciente ou inconscientemente, reafirmando pensamentos positivos e negativos. Na maioria das vezes, porém, pensamentos negativos, porque refletem algo de maior impacto emocional sobre nós e que, por isso, acabou nos marcando.

Afinal, então, qual o resultado desses pensamentos negativos? Como esses pensamentos levam a mais pensamentos negativos (Lei da Atração), muitas vezes piores, criando um círculo vicioso que agrava cada vez mais a situação, é muito importante ressaltar que desses pensamentos autodestrutivos, autossabotadores, que prejudicam enormemente nosso desempenho, só se pode esperar resultados negativos!

É comum acontecer de até pessoas com "alto astral" às vezes se sentirem "para baixo", tristes e desanimadas. Não posso deixar de enfatizar que este é o ponto em que a maioria das pessoas falha, pois vai procurar a solução ora num lugar, ora noutro, enquanto a verdadeira solução encontra-se dentro delas.

Essas recaídas acontecem com todos nós. Por quê? Já comentei sobre os pensamentos automáticos que nos vêm à mente independentemente de nossa vontade. O problema é que, quando são negativos, se não usarmos o princípio ou processo da substituição, ou seja, se não os substituirmos por pensamentos positivos, eles podem não ir embora automaticamente. Se permitirmos – sempre –, vamos encontrar razões ou motivos para ficarmos abatidos, tristes, desanimados, enfim, "para baixo", mas – se quisermos – também podemos enfrentá-los com positividade, porque sempre vamos encontrar fortes razões ou motivos para isso. Depende exclusivamente da atitude de cada pessoa, de como ela encara a vida.

> *"Eu reclamava que não tinha sapatos,*
> *até encontrar um homem que não tinha os pés."*
>
> Provérbio persa

Nossa mente é um terreno fértil, no qual germina e cresce somente o que permitirmos. Não podemos, portanto, nutrir ou incentivar os pensamentos derrotistas que nos paralisam. É necessário que estejamos constantemente vigilantes, filtrando nossos pensamentos. Você faz faxina em sua casa, seu carro e seu computador, retirando coisas inúteis; deve fazer o mesmo em seu corpo e, por que não, em sua mente.

É necessário ficar bem claro: usar afirmações positivas e visualização criativa não significa ignorar as nossas dificuldades, mas enfrentá-las e superá-las positivamente.

É importante sentir-se bem quando as coisas vão mal. Aliás, nesses momentos, temos de nos sentir melhores do que nunca. Por quê? Porque, quando em dificuldades, temos de estar calmos e lúcidos para não nos deixarmos desencorajar pela situação, ao mesmo tempo em que devemos agir com mais intensidade, não permitindo que as preocupações nos deixem deprimidos. Para tanto, podemos ter sentimentos agradáveis e atingir um estado de relaxamento, utilizando-nos de afirmações positivas e imaginação de quadros mentais (por exemplo, lembranças alegres de superação ou imagens de nós mesmos cheios de energia).

Para seu crescimento e fortalecimento pessoal, para se autoprogramar mudando seu pensamento, seu comportamento e sua vida, você já dispõe do principal: recursos internos. Para torná-los produtivos, no entanto, tem de usá-los. E você tem capacidade para isso. Simplesmente o que precisa é explorar o ilimitado potencial que já existe dentro de você!

A fim de obter o máximo de resultados com as afirmações positivas e visualização criativa, é necessário observar e seguir algumas orientações básicas para sua elaboração e utilização:

- Do mesmo modo que fortalece seus músculos, para fortalecer sua mente e criar sua realidade você precisa de treinamento mental sistemático, contínuo e regular. Isso significa que, ao exercitar, você deve seguir algumas regras, e a prática tem de ter continuidade. Em outras palavras, é necessário disciplina.
- Você pode repetir as afirmações em voz alta ou mentalmente, da maneira que achar melhor.
- Ao iniciar seus exercícios de afirmações positivas e visualização criativa, bem como qualquer prática que diga respeito ao relaxamento, determine claramente o que deseja experimentar ou alcançar com o exercício: se é com a finalidade de relaxar, fortalecer a saúde, encontrar a solução para um problema, mudar um comportamento, etc. Inicialmente, ao afirmar a finalidade de seu exercício ("O propósito deste exercício é..."), você estará lançando a semente em solo fértil. Seu subconsciente já começa a "elaborar", ou seja, levá-lo ao encontro daquilo que você quer.

Às vezes, a pessoa adormece pensando num problema e, no dia seguinte, surpreendentemente acorda com a solução em mente. Explicando de uma maneira bem simples, imagine uma porta grande fechada onde está escrito "subconsciente". Antes de dormir, a pessoa "deposita" nesta porta aquilo que está pensando. Ao adormecer, reduz-se a função consciente e abre-se a "porta" do subconsciente. São justamente aqueles últimos pensamentos, que estão ali à espera de abrir-se a "porta", que entrarão nela.

Veja bem: sabemos que nosso subconsciente é mais sugestionável quando estamos relaxados. Este é o momento que podemos condicioná-lo mais facilmente com nossas sugestões. Por outro lado, mesmo quando não estamos em estado de relaxamento, se nossa mensagem é clara, nítida, sem confusão, o subconsciente a percebe e começa sua elaboração. No caso de não haver relaxamento, **o que vence a tensão e a resistência é a repetição**. Daí sua importância para gravarmos no subconsciente algo que queremos. Além da repetição, também sentimentos intensos ou emoções vencem as resistências ou bloqueios por tensão.

Esses detalhes podem ser, à primeira vista, praticamente banais e, ao não darmos a devida importância que merecem, passam despercebidos. É exatamente isso, entretanto, que pode estar impedindo muitas pessoas de se ajudarem eficazmente e alcançarem o sucesso, pois a grande diferença no resultado de suas práticas pode estar justamente nesses detalhes. Eis porque procuro alertá-lo neste livro, muitas vezes me tornando enfadonho ou repetitivo, mas feliz por torná-lo consciente daquilo que é importante e que pode ajudá-lo em suas realizações, atingindo melhores resultados em todos os sentidos. É melhor você dar pequenos passos certos do que correr de maneira errada!

- Ao fazer afirmações e substituir pensamentos negativos por positivos, você pode não conseguir ficar livre de todos os seus pensamentos negativos imediatamente, mas o mais importante é que esse processo de substituição ou reprogramação mental vai tornar-se um hábito, levando-o, com o tempo, a livrar-se dos pensamentos negativos natural e automaticamente.

Como, no entanto, saber se você está tendo pensamentos negativos?

Claro que pode acontecer de você não poder identificar cada pensamento negativo que está passando por sua cabeça, mas pode perceber muito bem como está se sentindo, como está seu "estado de espírito". Pense por um momento em que está refletindo seu sentimento: será ansiedade, medo, raiva, inveja, orgulho, ressentimento, frustração ou tristeza?

Se você está se sentindo bem, excelente! É um ótimo sinal de que os pensamentos que tem em mente são bons – o que é muito saudável.

O melhor indicador de seus pensamentos negativos está em perceber como você se sente, uma vez que seus sentimentos refletem de forma precisa seus pensamentos. Ao assumir o comando dos pensamentos, controlando-os com as afirmações e a visualização, você vai mudar, sentindo-se melhor.

Uma advertência: o processo de substituição de pensamentos negativos por positivos é fácil, mas pode tornar-se difícil para algumas pessoas. Muitas vezes, temos sentimentos cujas causas não sabemos, por se encontrarem alojadas em nossa mente mais profunda. Neste caso, quando a pessoa encontra dificuldades para resolver suas inquietações, não conseguindo sentir-se melhor, recomenda-se a procura de ajuda profissional.

- Quando as afirmações e a visualização trabalham juntas, aumenta-se a eficácia de ambas, e seu poder é bem maior.
- Decida o que você quer alcançar e certifique-se de que tem uma imagem muito clara disso. Depois, encontre uma forte razão para o que quer e não se canse de revê-la, pois as afirmações e a visualização também são recursos eficazes para manter sua motivação.
- Você deve ser realista ao fazer suas afirmações e visualização. Se escolher algo inatingível ou impossível, não vai acreditar nem se convencer de que pode conseguir, e seu subconsciente simplesmente vai ignorar seu pedido. Se persistir em um objetivo impossível, indo atrás de qualquer maneira, além de desanimar, desistir e ficar frustrado, vai ter um gasto enorme de energia que poderá deixá-lo sem forças para novas empreitadas. Este é o caminho certo para a infelicidade. Tenha cuidado, pois a pessoa mais fácil de você enganar, com absoluta certeza, é você mesmo! O que importa é você, usando o bom senso, acreditar sem nenhuma dúvida que pode conseguir! Acreditar em suas afirmações pode fazer toda a diferença para alcançar seus objetivos.

É essencial notar que o processo de criar afirmações positivas e visualização, para que tenham sua devida credibilidade, exigem que você pare um pouco e pense – uma reflexão lúcida e serena – sobre o que quer e qual seu propósito, antes de criá-las e partir para a ação.

"A altura de suas realizações será igual à profundidade de suas convicções."

William F. Scolavino

- Faça suas afirmações no tempo presente, pois seu subconsciente reconhece apenas este tempo. Quando você usa o verbo no futuro, está trabalhando com algo que "pode" ou não acontecer, ou seja, tem a falsa esperança que aconteça. Quando usamos afirmações com o verbo no presente, estamos mudando nosso sentimento, isto é, sentimos a diferença agora, o que torna a afirmação mais concreta e mais forte, aumentando nossa autoconfiança. O fundamental, como já disse, é o que sentimos. Em vez de "Eu vou ficar calmo", afirme "Eu estou calmo".

Um dos motivos de visualizarmos nosso objetivo como se ele já tivesse sido alcançado é vencermos as resistências e eliminarmos as tensões. Ao "querer" algo, você está gerando tensão (será que vou conseguir?). Ao visualizar como já tendo o que quer, seu sentimento é de satisfação, gratidão, euforia e calma, isto é, desprovido de tensão. Como já lembrei, as leis da mente são diferentes das leis da Física. Enquanto as leis da Física trabalham com a tensão, as leis da mente trabalham com a calma, o relaxamento e a serenidade.

Em vista disso, imagine, com o máximo de detalhes, seu objetivo como se já o estivesse vivenciando. Como você se sentiria com esse sucesso? O que estaria vendo e ouvindo? Como seria o ambiente e quem estaria envolvido? Sinta, entusiasticamente, todo o bem-estar proporcionado por você atingir seu objetivo. Comemore pra valer!

Há casos em que você pode utilizar o verbo no tempo passado, sobretudo quando falar de algo negativo que queira mudar, o que faz com que a mudança dessa situação seja possível no presente. Exemplo: "Eu tinha dificuldade de emagrecer". Sua mente entende que hoje você não tem mais esta dificuldade.

Afirmações no tempo futuro também podem ser usadas em algumas situações, desde que ligadas ao tempo presente. Exemplo: "Eu estou calmo e confiante como no dia em que farei a apresentação oral de meu trabalho". Neste caso, a pessoa está "associada" à situação, isto é, vivenciando-a no momento presente. Já se usasse o verbo no futuro ("Eu estarei calmo e confiante no dia em que farei a apresentação oral de meu trabalho"), provocaria uma sensação de distanciamento, uma "dissociação" na qual veria a situação de longe, sem vivenciá-la ou senti-la emocionalmente no presente. No exemplo anterior, a pessoa está mais engajada, envolvida na experiência.

- Uma das principais razões de as pessoas falharem ao fazerem suas afirmações e, consequentemente, ficarem frustradas por não atingirem seus objetivos, é encontrarem resistências ou bloqueios. Por exemplo, você pode estar afirmando "Eu estou calmo, muito calmo, completamente calmo", mas ao mesmo tempo podem surgir dúvidas e uma voz interior que lhe diz "É mentira, pois está ansioso".

O que fazer, então? Ao notar alguma resistência, você pode formular suas afirmações com o resultado daquilo que quer sendo alcançado gradualmente. Exemplo: "Eu estou ficando calmo, cada vez mais calmo". Também é uma boa maneira de dar um tempo para o subconsciente aceitar e depois realizar o condicionamento.

Esta conquista gradual, em pequenas etapas, é eficaz para todas as pessoas, mas principalmente para aquelas que se perdem em ambições exageradas que as levam a desistir, deixando-as completamente frustradas e com a autoconfiança abalada.

"Nenhuma grande vitória é possível sem que tenha sido precedida de pequenas vitórias sobre nós mesmos."

L. M. Leonov

Mais importante do que traçar a meta de ser excelente ou perfeito, é avançar ou melhorar – gradual e consistentemente. Será muito mais fácil você estabelecer perder 2 ou 3 quilos, do que perder 20 ou 30. E assim, na medida em que alcança seu objetivo, vai reformulando suas metas gradativamente. Este é o grande truque para vencer obstáculos ou resistências e, é claro, fortalecer sua autoconfiança acreditando na própria capacidade de realizar, o que o anima a continuar conseguindo mais e mais, seguindo com persistência até atingir todo o seu objetivo.

Uma boa forma de se automotivar ou se incentivar é celebrar seu progresso se recompensando ao felicitar-se e dar a si mesmo um prêmio ou prazer por seus feitos. É importantíssimo lembrar-se sempre de que, se conseguiu ou realizou algo, pode conseguir ou realizar muito mais.

As resistências são os maiores obstáculos que impedem as pessoas de verem suas realizações se materializarem, ficando desencorajadas para ir adiante. Por isso, não poderia deixar de compartilhar com você, prezado leitor, outro recurso muito eficaz no caso de pensar que seu objetivo não vai se concretizar: use em suas afirmações o termo "Eu escolho". Por exemplo: "Eu escolho ficar saudável sem o cigarro"; "Eu escolho comer somente alimentos saudáveis". Este processo realmente funciona para vencer resistências, pois lhe dá poder e reforça sua convicção.

Pessoalmente, gosto muito de usar uma técnica que elaborei. Como todas as demais, não é infalível, mas para mim é favorita porque combina ingredientes que considero essenciais e que a tornam exitosa.

É muito simples e fácil de usar: consiste em agradecer, afirmar o objetivo sendo alcançado e visualizado, e fazer a justificativa que reforça a motivação.

Técnica da afirmação positiva e visualização criativa

AGRADECIMENTO + OBJETIVO + JUSTIFICATIVA

=

RESULTADO DE SUCESSO

Ao agradecer, você está reafirmando algo que já está acontecendo, bem como deixando subentendido que está apreciando e quer mais.

A gratidão e sua energia atraem para sua vida mais situações para ser grato, o que o motiva a sentir mais gratidão ainda. Ao dizer e visualizar que seu objetivo já está em movimento, já está sendo alcançado, em fase de concretização, isso novamente reafirma seu objetivo, condição ideal para que seu subconsciente o grave, reforçando sua convicção, tão importante para a formação da crença e do hábito que, efetivamente, vão levá-lo à mudança tão desejada.

Ao justificar o que o leva a querer tal coisa, isto é, a razão ou motivo para tal, você estará aumentando sua motivação e, consequentemente, seu poder para manter o processo plenamente ativo, gerando mais e mais resultados.

O fator-chave do sucesso desta técnica é que as reafirmações e suas respectivas justificativas fazem com que seu subconsciente grave a ideia principal de seu enunciado: seu objetivo sendo realizado.

Eis alguns exemplos:

"Eu agradeço por estar parando de fumar, porque o ar mais puro que respiro me dá uma melhor qualidade de vida."

"Eu agradeço por estar emagrecendo dois quilos, porque fico mais confortável com meu corpo, sentindo-me mais saudável."

"Eu agradeço por estar me sentindo ótimo, muito bem, porque todo o meu organismo está funcionando perfeitamente bem."

"Eu agradeço por estar me preparando muito bem e sentindo-me cada vez mais tranquilo para fazer a apresentação oral de meu trabalho em público, porque estou sabendo muito sobre o assunto e, ao ensaiar a apresentação, vejo que consigo me concentrar somente na mensagem que quero passar. Isso afasta qualquer preocupação de mim, o que me deixa completamente calmo."

"Eu sou grato por estar chegando ao meu peso ideal, porque tenho pleno controle sobre minha mente, o que faz com que me alimente saudavelmente e exercite meu corpo adequadamente."

"Eu agradeço por me concentrar somente em meus estudos neste momento, o que me deixa muito calmo, porque assim consigo memorizar e lembrar facilmente aquilo que estudo."

"Eu agradeço por ser forte e superar tal adversidade, porque consigo seguir uma rotina normal com otimismo e entusiasmo."

"Eu sou grato por este medicamento estar acelerando minha cura, porque já estou me sentindo bem melhor."

No caso de uma pessoa que tem o hábito de ranger ou pressionar os dentes (bruxismo), ela pode usar esta afirmação:

"Eu agradeço por estar mantendo meus lábios juntos e meus dentes afastados, porque assim ajudo a manter minha musculatura facial descontraída, sentindo-me mais confortável, além de outros benefícios."

Como o bruxismo é um distúrbio involuntário, mais severo quando estamos dormindo, recomenda-se repetir a afirmação várias vezes ao dia, sobretudo antes de dormir. Lembro que são vários os fatores que o provocam. Ao perceber que está com este problema, a primeira coisa a fazer é consultar um dentista. A técnica da afirmação deve ser vista apenas como um complemento ao tratamento proposto pelo profissional.

Como as afirmações são difíceis de serem aceitas a princípio, lembre-se de que devem ser ditas com emoção e repetidas o mais frequentemente possível. À medida que são feitas as repetições, a resistência fica cada vez mais fraca e você, inconscientemente, passa a agir de acordo com sua afirmação.

Citei apenas alguns exemplos de afirmações. Você pode modificá-las a seu gosto, bem como criar outras de acordo com suas necessidades. Ao usar efetivamente seu poder mental com esta técnica, você se surpreenderá com os resultados. Vai perceber o poder que as afirmações positivas têm. É a maneira de você assumir o comando ou controle de sua mente. Vale experimentar!

Muito importante: não veja sua afirmação como uma falsidade, mas fundamentalmente como uma sugestão de melhora ou de cura. Se você "pensar" na mentira ou na dúvida que sua afirmação pode gerar, vai acabar anulando seu efeito. Se, porém, "sentir" a afirmação como uma sugestão fortalecedora, acrescida de uma imagem clara e com um sentimento intenso, seu resultado vai ser positivo. Pense nisso também ao fazer suas demais afirmações.

Muhammad Ali se considerava um campeão muito antes de sê-lo. Se ele pensasse que esta sua afirmação fosse uma mentira, jamais teria se tornado uma lenda do boxe. Muhammad a via como uma sugestão positiva, uma chave que o ajudaria a abrir muitas portas, tornando-o um grande vencedor.

> *"Eu sou o maior. Eu já dizia isso, mesmo antes de ser."*
>
> Muhammad Ali

Além de seu esforço e dedicação, Muhammad Ali sempre teve por base fortes e intensas afirmações positivas, como pode se observar neste outro depoimento dele: *"Eu odiava cada minuto dos treinos, mas dizia para mim mesmo: não desista! Sofra agora e viva o resto de sua vida como um campeão"*.

Com respeito àquelas afirmações que não são verdadeiras, mas que você repete reiteradamente na esperança de convencer seu subconsciente de que são – por exemplo, "Estou calmo" mesmo sem o estar –, não se esqueça de que nosso subconsciente nos engana com sonhos que muitas vezes são malucos, deixando-nos confusos, e percebemos que não são reais somente quando acordamos. Nesse caso, saiba que você também é capaz de enganá-lo enquanto está desperto, ainda mais sabendo que ele não analisa nada, como tenho dito, não faz distinção entre o que é real e o que é imaginário, não questiona se você está criando, fingindo, brincando, apenas aceita tudo como verdade, passando a responder a essa sua nova realidade.

Aliás, há um ditado que diz: *"Uma mentira repetida muitas vezes se torna verdade!"*. Então, ao fazer suas afirmações, lembre-se de que, mais do que seu aspecto verdadeiro ou não, é pelo poder da repetição consciente que seu subconsciente vai aceitá-las.

> *"Na província da mente, o que alguém acredita ser verdade ou é verdade ou se tornará verdade."*
>
> John Lilly

Quanto mais específico e detalhado for o pedido ou afirmação – mais específico será o resultado. Evite fazer afirmações genéricas, amplas ou vagas, tais como "Eu estou melhorando", "Eu estou mudando". Melhorando ou mudando exatamente no quê?

Eis um exemplo bem simples: se você não for claro e específico ao fazer seu pedido para o garçom num restaurante, certamente será uma confusão total. Em se tratando de um idioma que não domina bem, pior ainda. Com suas afirmações é a mesma coisa: seja absolutamente específico e claro a respeito do que quer.

Se você está pensando algo como "Eu não quero estar nervoso no dia da minha prova", pergunte a si mesmo: "Como eu gostaria de estar me sentindo neste dia?". A resposta mais específica poderia ser: "Eu estou calmo e tranquilo no dia da minha prova, respirando calmamente, sentindo-me relaxado e muito concentrado".

Se sua afirmação não é curta, e você tem dificuldade para memorizar, pode escrevê-la. Inicialmente pode pronunciá-la com todos os detalhes. Posteriormente, pode sintetizá-la em uma sentença curta ou em uma palavra-chave que represente o resultado desejado, e acrescente uma imagem visual à afirmação, o que vai torná-la mais forte.

Como nossos pensamentos são influenciados por nossas palavras, temos de tomar cuidado com elas em nossas afirmações para evitar distorções cujos efeitos acabam enfraquecendo-as, anulando-as ou provocando um efeito contrário. Eis alguns cuidados:

Palavra "NÃO": não use a palavra "não" em suas afirmações. Por exemplo, quando a frase "Não pense em um carro azul" é dita para você, um carro azul aparece em sua mente. Isso acontece porque sua mente subconsciente não reconhece nem aceita a palavra "não". Ela a apaga automaticamente e registra o que vem logo depois; então, o que sua mente aceitou, apesar da palavra "não", foi "Pense em um carro azul". Quando você usa a palavra "não", o subconsciente registra exatamente o oposto daquilo que você quer dizer, pois, para saber o que não pensar, a mente precisa antes pensar nisso.

Esta é a razão por que, ao dizer a uma criança "Não derrube o sorvete", a primeira coisa que ela faz é derrubá-lo. Ou, ao ler a placa "Não toque, tinta fresca", a pessoa acaba com tinta no dedo. Seria diferente se o aviso fosse "Cuidado, tinta fresca". Certifique-se, portanto, de dizer em suas afirmações o que você quer de forma positiva, para não correr o risco de a palavra "não" provocar aquilo que você deseja evitar.

Uma boa dica para quando se defrontar com afirmações negativas é fazer a você mesmo a pergunta: "Se eu não quero tal coisa, o que eu quero então?".

Evite dizer: "Não vou mais roer unhas", "Não tenho insônia"; em vez disso, diga o que quer: "Eu paro de roer unhas", "Eu adormeço facilmente, tenho um sono tranquilo e reparador".

Palavra "MAS": tudo o que vem antes do "mas" na frase parece não ser mais importante, uma vez que essa pequena palavra tem o poder de negar e cancelar tudo o que a precede. Ela é um aviso de que a parte principal da frase está por vir. Assim, a melhor opção seria trocar o "mas" pelo "e", para dar a ideia de soma e não de oposição. Exemplo: "Eu quero estudar, mas tenho que encontrar tempo". Substitua por: "Eu quero estudar e tenho de encontrar tempo".

Palavra "SE": a palavra "se" indica uma condição para que algo aconteça. Substitua-a por "quando", que demonstra que você tem um objetivo definido. Então, em vez de dizer "Se eu conseguir ganhar dinheiro, vou comprar um carro novo", diga "Quando eu conseguir ganhar dinheiro, vou comprar um carro novo".

Palavra "TENTAR": ao usar a palavra "tentar", está pressuposto que você não vai se esforçar e que corre o risco de fracassar. "Eu vou tentar fazer algo" reflete incerteza, talvez sim, talvez não, gerando uma dúvida em sua mente: "Eu vou tentar ter uma alimentação mais saudável", "Eu vou tentar me exercitar mais". O ideal é substituir o "tentar" por "conseguir", para que o cérebro reaja com mais determinação: "Eu consigo me exercitar mais". Dessa forma, não tente, e sim faça, comprometendo-se inteiramente!

Outras palavras e expressões que trazem dúvidas e que devem ser substituídas por palavras mais concretas são: "eu deveria", "eu espero", "eu gostaria", "talvez", "algum dia".

Convém repetir que o que você pensa, sua afirmação ou declaração, é importante, mas tenha sempre presente que o Pensamento Positivo e a Lei da Atração respondem ao que você sente. Afinal, o que conta é seu sentimento. Fique atento, pois, para ter certeza de que o processo para atingir seus objetivos está funcionando, você deve policiar seus sentimentos. É importante perceber que, embora tenha de usar algumas palavras mais apropriadas, mais do que simplesmente dizer essas afirmações, é preciso que elas sejam significativas para você, a fim de afirmá-las e imaginá-las com um forte sentimento, plena energia e convicção.

Como vimos, as afirmações tornam-se mais eficazes se acompanhadas de sentimentos ou emoções, mas quer você deseje ou não o que está pensando, com sentimento ou sem ele, seu pensamento tem o poder de criar e, assim, você pode conseguir aquilo que está pensando. Se o que você deseja é claro, o Universo inteiro se envolverá neste seu processo criativo, trabalhando para oferecer ou ajudar a concretizar o que você está criando. Por isso, se diz que devemos ter muito cuidado com o que pensamos, porque pode se tornar realidade.

"Quando uma criatura humana desperta para um grande sonho e sobre ele lança toda a força de sua alma, todo o universo conspira a seu favor."

Johann Wolfgang von Goethe

Ser flexível, tendo a mente aberta para adequar as afirmações a suas necessidades da melhor forma possível, também é uma excelente qualidade e estratégia que o ajudará a se manter na direção certa.

Quanto maior for seu envolvimento na focalização de sua atenção – concentração – e na qualidade – claridade ou nitidez e realismo – de sua imagem mental, bem como quanto maior forem seu sentimento e emoção, melhor será sua performance, isto é, seu desempenho e resultados.

Outro fator importante para a efetividade de sua visualização é o controle da imagem produzida. Isso diz respeito a sua capacidade de alterar a imagem, seja vendo-a dinamicamente em movimento, aumentando ou diminuindo seu tamanho, ou vendo-a mais clara, mais colorida. Dessa forma, torne sua visualização ou imagem mental a mais real e nítida possível, acrescentando detalhes como cores, sons, vozes, sensações físicas, cheiros, o que for apropriado. Não me canso de repetir: o que faz funcionar todo o processo das afirmações positivas é a emoção. Você, portanto, vai torná-las poderosas à medida que usar palavras emotivas que o estimulam, ou palavras comuns, mas que sejam pronunciadas de maneira emotiva, enfática, vigorosa, a ponto de o deixarem completamente emocionado.

Se não nos sentimos alegres ou emocionados é porque em nossa mente subconsciente existem incertezas, isto é, não estamos suficientemente convictos de que nosso desejo se concretizará.

Por que acontece de a pessoa sonhar à noite muitas vezes com algo marcante que viu durante o dia, seja um acidente, uma roupa ou um carro que lhe chamou muito a atenção? Porque foi o que mais a emocionou, impressionou, interiorizou e ficou impresso em seu subconsciente. Em outras palavras, a emoção é o que dá poder às afirmações – é o que as "carimba" em nosso subconsciente.

Quanto mais significativa for uma afirmação, mais condições você terá para se empolgar, vibrar e se emocionar com ela.

Prezado leitor, preste muita atenção: você acabou de deparar-se com uma das principais razões pelas quais o Pensamento Positivo e a Lei da Atração não funcionam para muitas pessoas. Mais precisamente, qual é essa razão? Falta de emoção!

A emoção precisa ser provocada, exercitada, ativada e experimentada para que as afirmações positivas surtam efeito, e a maioria das pessoas não o faz simplesmente por pura preguiça mental!

"A preguiça, tanto mental quanto física, é a maior assassina de sonhos."
Paulo Roberto Meller

As pessoas a que me referi desastrosamente acabam culpando a técnica, mas, neste caso, como tenho repetido, o grande problema não está nela, mas sim em quem a utiliza mal. Por isso, sempre que necessário, procuro enfatizar alguns pontos que considero fundamentais. Quando, contudo, as pessoas reconhecem suas falhas, já é um grande avanço.

Como a motivação é um dos fatores que geram sentimentos de alegria e satisfação – emoção positiva, de grande relevância –, fiz uma abordagem sobre motivação quando tratei do Erro nº 9. Quanto a ficar emocionado, é bem provável que seu pessoal de casa vai achá-lo um pouco estranho no começo, porque se você realmente colocar forte paixão, convicção e energia – vibrando intensamente ao fazer suas afirmações –, com certeza vai irradiar entusiasmo e alegria. Imagine, então, quando perceber os resultados. Só não vá fazer muita gritaria ao pronunciar suas afirmações, porque seus vizinhos podem pensar que você ficou maluco!

Você já sabe o quanto é importante a emoção ao fazer suas afirmações para que algo fique gravado em seu subconsciente. Mas, então, talvez me pergunte: E se emocionar como? Vou ensinar um truque para você ficar emocionado. Basta apenas ter uma visão clara daquilo que quer, ao mesmo tempo em que está dentro desta nova realidade, vivenciando-a, ou seja, associado à experiência. Já falei sobre isso em páginas anteriores, mas vou repetir aqui:

Associado: quando você está fazendo parte de uma experiência sentindo todas as reações possíveis do momento. O exemplo que lhe dei, quando comentei sobre isso, foi você sentir-se dentro de um carrinho de montanha-russa vivenciando todas as emoções do percurso.

Dissociado ou desassociado: quando você vê a experiência de longe, como se estivesse no cinema, sentado na poltrona, assistindo na tela a você andando na montanha-russa. Neste caso, está observando de longe as coisas acontecerem, vendo a si mesmo de determinada distância, o que o faz sentir menos emoção do que se estivesse associado. Na dissociação você não se envolve nas próprias emoções, está distanciado delas.

Agora já sabe, portanto, o que fazer para sentir emoção ao criar suas afirmações: estar sempre associado a suas visualizações criativas. Então, esteja dentro desta nova realidade com todas as sensações possíveis que ela pode lhe proporcionar. Para que suas reações sejam também as mais reais possíveis, sinta-se dentro da cena, com uma riqueza de detalhes que pode perceber com todos os sentidos. O que deve fazer então é colocar-se na situação de ter atingido o que você quer, completamente empolgado com essa nova realidade.

Quando dizem que o melhor momento para fazer afirmações e visualização é aquele antes de cair no sono durante a noite ou logo que acorda durante a manhã, cabem estas perguntas:

Em que momentos você aprendeu a tabuada, a tocar um instrumento musical, a dirigir, assim como outras habilidades? Foi somente naqueles instantes em que se encontrava bem relaxado?

É claro que nossa mente é mais receptiva para informações quando estamos relaxados, mas, como com qualquer outra habilidade, quanto mais praticarmos (desde que correta e adequadamente), melhor, independentemente de nosso estado de relaxamento. Sabidamente, a maioria dos condicionamentos e sugestões é gravada em nossa mente enquanto pensamos normalmente e não precisamos de nenhum estado especial para fazer nossos condicionamentos.

Por outro lado, uma vez que o melhor momento para impressionarmos nosso subconsciente para obtermos um melhor resultado é quando estamos relaxados, é possível induzirmos este estado de relaxamento em qualquer hora que desejarmos (não nos restringindo somente a antes de dormir e ao acordar). Nada contra fazê-lo nesses momentos, mas lembre-se sempre de que, quanto mais o fizer, melhor, uma vez que a repetição é a mãe da aprendizagem, da retenção e da sabedoria.

Qual, então, a importância de se repetir uma afirmação? A importância da repetição deve-se ao fato de que, de tanto repetir, a afirmação se transforma numa crença que vai ficar gravada no subconsciente e se refletir em nossas condutas. O que consolida, dá consistência e faz frutificar o processo criativo é a repetição. Aí está sua real importância. Também devido a isso, se costuma dizer que devemos ter muito cuidado com o que pensamos ou afirmamos – pois pode muito bem se realizar!

Onde fazer as afirmações? Faça-as onde quiser (desde que não seja durante atividades de risco, como dirigindo, atravessando a rua, fazendo alguma tarefa que exige sua atenção plena, etc.).

Quantas vezes repetir as afirmações? Você pode repeti-las sempre que quiser e tiver tempo (resguardadas as situações de risco). A duração pode ser de 5 a 10 minutos, várias vezes ao dia, pois a prática das afirmações e da visualização é como um músculo: quanto mais praticar, mais poderosa se torna. O hábito de pensar positivamente se adquire com o tempo; portanto, não é repetindo algumas poucas vezes que você vai notar algum efeito, pois não é assim que se formam hábitos.

> *"Da mesma forma que alguns passos não irão marcar um caminho na terra, também um único pensamento não irá criar um caminho em sua mente. Para criar uma marca profunda na terra, precisamos andar na mesma trilha várias vezes. Para criar uma marca profunda em sua mente, é preciso pensar muitas vezes o tipo de pensamento que queremos que domine nossa mente."*
>
> Henry David Thoreau

> *"Dizer que não tem tempo para cultivar bons pensamentos é dizer que não tem tempo para plantar – mas depois querer colher."*
>
> Paulo Roberto Meller

Comentei anteriormente que, mesmo sabendo que o ideal é praticar em estado de relaxamento, porque nosso subconsciente fica mais receptivo às informações ou sugestões, quanto mais vezes as afirmações e visualizações forem praticadas, melhor, independente de nosso estado de relaxamento.

E por que isso?

É que toda vez que concentramos nossa atenção, reduzimos nossa percepção e sentidos para este foco, o que nos leva a relaxar automaticamente (desde que o objeto ou ideia que focamos não nos cause mal-estar). A concentração na afirmação ou visualização, por si só, vai nos levar ao relaxamento. Por isso disse que não precisamos necessariamente estar relaxados. Trata-se da já referida Lei da Física segundo a qual "dois corpos não podem ocupar o mesmo espaço ao mesmo tempo". Não é possível ficar tenso e relaxado simultaneamente. Um ou outro. Mais adiante, ao tratar da respiração, volto a comentar sobre concentração e relaxamento.

Um dos grandes problemas com que as pessoas se deparam ao fazer declarações de algo que está por acontecer é pensar que tudo não passa de ilusão, por se tratar de algo que ainda não é realidade. O que se deve ter sempre em mente, no entanto, é que, apesar de o propósito de nossas afirmações ainda não ser realidade, o essencial é que as afirmações nos impulsionam e nos guiam em direção a nossos objetivos, ou seja, são uma grande ajuda para mantermos nosso foco naquilo que queremos alcançar.

Tenha paciência, pois não é de um dia para o outro que você verá resultados com suas afirmações. Nas palavras de William Shakespeare: *"Tenha paciência. Tudo aquilo que você deseja, se for verdadeiro, e o mais importante: se for para ser seu, acontecerá"*.

Durante suas práticas, é normal que surjam dúvidas ou pensamentos derrotistas, mas não se deixe levar por eles. Supere isso retomando suas afirmações e imagens mentais de seu desejo.

> *"Na verdade, a pessoa mais influente que fala com você durante o dia é você mesmo, então você deve ter muito cuidado sobre o que diz para si mesmo."*
>
> Zig Ziglar

Quanto às afirmações positivas e à visualização criativa, lembre-se, antes de mais nada, de sua principal finalidade e maior benefício, conforme o esquema a seguir:

AFIRMAÇÃO POSITIVA + VISUALIZAÇÃO
↓
GERAM SENTIMENTOS POSITIVOS
↓
LEVAM A UMA ATITUDE POSITIVA
↓
IMPULSIONAM A AGIR EM BUSCA DE SEU OBJETIVO

O que é muito importante ter sempre presente ao formular suas afirmações para fazê-las funcionar: elas têm de ser bastante intensas para impressioná-lo, empolgá-lo e entusiasmá-lo. Tenho repetido, não por distração, mas de propósito, para você realmente gravar esta verdade: quanto mais sentimento ou emoção envolvidos, mais eficazes serão os resultados.

Que a técnica de afirmações positivas e visualização criativa – excelentes para reprogramar o subconsciente – seja para você uma poderosa e inesgotável fonte de prazer e realização. Que mude sua programação subconsciente, suas ações e sua vida para melhor!

"A palavra certa é um agente poderoso. Sempre que encontramos uma dessas palavras intensamente certas... o efeito resultante é físico e espiritual, além de imediato."

Mark Twain

"Você tem que vencer em sua mente antes de vencer em sua vida."

John Addison

Tenha cuidado: qualquer procedimento usado para ajudar em sua saúde, considere como um recurso complementar; jamais o substitua por um atendimento médico ou de outro profissional credenciado da área de saúde.

5: Respire fundo

"Nossa respiração é como um fio que liga nossa consciência ao nosso corpo e harmoniza os dois ao mesmo tempo."

Thich Nhat Hanh

Todos respiramos, é claro, mas como a respiração se faz de forma automática, assim como o ritmo cardíaco, não percebemos e não tomamos consciência de como estamos respirando, se correta ou incorretamente. Nossos pensamentos, sentimentos e emoções afetam o modo como respiramos. Se mudarmos conscientemente a maneira como respiramos e a controlarmos, exercitando uma respiração lenta, pausada e tranquila, seremos capazes de alterar o jeito como nos sentimos e pensamos, fazendo escolhas e tomando decisões mais acertadas e apropriadas. O controle da respiração é um recurso poderoso, simples e eficaz para recuperar o equilíbrio emocional e evitar o desperdício de energia, um verdadeiro calmante natural que podemos usar quando bem entendermos para relaxar.

Existem muitos distúrbios que podem implicar em dificuldades respiratórias, como sinusite, asma, bronquite e rinite alérgica, só para citar alguns, bem como casos em que a pessoa não respira normalmente pelo nariz, apresentando uma "respiração bucal" (predominantemente pela boca). Isso traz uma série de danos graves para sua saúde, inclusive para sua oclusão dentária, pois deforma as arcadas e, consequentemente, a estética facial. Ao sentir que sua respiração não se faz normalmente pelo nariz, portanto, consulte um otorrinolaringologista, que pode detectar algum problema de ordem orgânica ou estrutural e fará o devido tratamento. No caso de ele verificar que se trata de um problema funcional, uma respiração habitual ou viciosa, ou seja, a pessoa adquiriu o hábito de respirar pela boca, vai encaminhá-la para um fonoaudiólogo, que fará a reeducação de acordo com o padrão adequado.

Outros fatores que afetam a respiração são a ansiedade e o estresse. Já comentei que são uma constante na vida moderna e que não podemos evitá-los, restando-nos apenas aprender a administrá-los, controlá-los. Como a ansiedade e o estresse são muito comuns atualmente, afetando a respiração, a maioria das pessoas não respira natural e corretamente.

Entre os muitos sintomas provocados por uma respiração deficiente em decorrência da ansiedade ou do estresse, cito apenas alguns, como cansaço, irritação, impaciência, dificuldade de concentração e falta de clareza mental, pois a respiração incorreta impossibilita o sangue de levar a quantidade adequada de oxigênio para o cérebro, limitando suas funções. Também é comum as pessoas apresentarem mãos e pés frios, uma vez que a respiração incorreta também compromete a circulação do sangue e as necessárias trocas gasosas nessas áreas. A relação de problemas causados por uma respiração que não é correta é muito grande, sendo muitos deles severos, como disse.

A respiração normal acontece em duas partes do corpo: na caixa torácica e na cavidade abdominal. Basta um mínimo de ansiedade para a respiração se alterar, tornando-se predominantemente torácica ou peitoral, ou seja, mais rápida e superficial – a chamada hiperventilação. Há um aumento de oxigênio e diminuição de gás carbônico. A relação entre o oxigênio e o dióxido de carbono fica desequilibrada. Isso pode produzir mal-estar, tonturas e palpitação (percepção dos batimentos cardíacos irregulares, que provocam sensação de desconforto), podendo levar a ataques de pânico. Por isso, este item sugere que se respire "fundo", com uma respiração abdominal, diafragmática ou profunda, que é a forma mais natural e correta de respirar e também a que nos permite absorver mais oxigênio. Esta respiração estimula a parte do sistema nervoso responsável pelo relaxamento, promovendo o restabelecimento do equilíbrio entre oxigênio e gás carbônico no sangue.

Sob ansiedade, não fazemos uma respiração completa. Inspiramos porque não conseguimos evitar o ar, mas não o expiramos completamente depois. O suspiro é uma das formas que a natureza encontra para esvaziar os pulmões quando a respiração é deficiente e o organismo necessita expirar.

Conforme já mencionei, a respiração é um ato automático (inconsciente) e funciona desde o início de nossas vidas. Por outro lado, trata-se de um mecanismo que podemos alterar e controlar com nossa vontade, e esse controle se faz com a respiração consciente.

Com a prática da respiração consciente e do relaxamento, você torna sua mente mais paciente, positiva, concentrada e tranquila, podendo cultivar alegria, entusiasmo, persistência, bondade, compaixão, amor e paz interior. Você consegue o principal: o autodomínio ou autocontrole para bem pensar e bem agir. Ainda, entre outras vantagens, a respiração diafragmática, ao promover o relaxamento muscular, descontrai e alivia tensões musculares na região do peito, costas, ombros e pescoço, só para citar algumas. Como o bloqueio da circulação também é um dos fatores causadores de enxaquecas ou dores de cabeça tensionais, a descontração das tensões musculares vai permitir que a circulação sanguínea se faça de maneira normal, aliviando ou prevenindo o sofrimento.

Existem diversas técnicas de respiração, mas de nada adianta apresentar muitas aqui, pois, como diz o ditado, *"Quem quer tudo, acaba não conseguindo nada"*. *"Precisamos aprender a caminhar antes de correr"* é outro ensinamento que cabe lembrar. Com essas ideias em mente, e no ensejo de sugerir práticas que sejam simples e fáceis de exercitar, descrevo aqui o básico, cujo efeito é inquestionável, trazendo excelentes benefícios para quem o pratica.

Técnica da respiração consciente ou controlada

Uma vez que a respiração superficial é rápida, ao torná-la harmônica, regular, lenta e suave com a técnica de respiração consciente (ou outra técnica de relaxamento), ela vai ventilar ou oxigenar mais profundamente os pulmões, que por sua vez vão oxigenar todo o organismo, tornando-o mais energizado e relaxado. Além da reposição de energia, é um exercício eficaz para o treinamento da atenção e da concentração. Ao ter domínio ou manter o autocontrole diante de situações tensas, sua autoestima e autoconfiança também vão melhorar por você se sentir capaz de enfrentar desafios. Controlar conscientemente a respiração, mantendo-a lenta e profunda, é uma maneira rápida e eficaz de nos sentirmos melhores.

Esta técnica pode ser usada antes, durante e depois de enfrentar situações estressantes, sempre que você achar necessário ou puder exercitá-la. Os resultados virão com o treinamento. No início, podem não ser imediatos, porque para algumas pessoas relaxar pode ser difícil no começo, por isso é preciso disciplina e persistência. Seu efeito é cumulativo: depois de praticar algumas vezes e corretamente, ao iniciar o exercício, ou simplesmente pensar nele, já vai desencadear e sentir seus efeitos. É o reflexo condicionado tornando a repetição um hábito, cuja resposta a um simples estímulo é automática.

O estímulo também pode ser algum gatilho que você pode criar e repeti-lo cada vez que praticar. Você pode dizê-lo (mentalmente) antes, durante e ao finalizar sua prática. Quanto mais vezes repetir, mais facilmente ficará gravado em seu subconsciente (lembre-se de que uma das técnicas mais eficazes de aprendizagem para consolidar algo em seu subconsciente é a repetição). A sirene de um carro de bombeiro, de ambulância ou de polícia funciona como um gatilho. Cada vez que a ouvimos, ficamos apreensivos. Exemplo de gatilho que você pode usar para relaxar: "Toda a vez que eu pensar 'calmo, muito calmo, completamente calmo', imediatamente ficarei completamente calmo, sereno, tranquilo e muito lúcido e atento. Completamente calmo e muito lúcido e atento".

O ideal é repetir no mínimo três vezes o gatilho citado (em cada prática da respiração). Depois de algumas vezes, não vai ser preciso repeti-lo todo. Basta a última frase: "Completamente calmo e muito lúcido e atento"; mais adiante, somente "calmo e muito lúcido e atento".

Atenção: aqui está um erro fatal muito comum. Não é nenhuma novidade que a maioria das pessoas é muito imediatista, querendo resultados automaticamente. Veja só: isso acontece com as pessoas mais ansiosas e exatamente essas deveriam ser as primeiras a se beneficiar desta técnica, mas como não têm a devida paciência de fazer corretamente os exercícios, não obtêm nenhuma melhora. Volto a repetir: o problema não está no exercício, mas nas pessoas! Uma atividade física, um aprendizado, um processo de emagrecimento e tantas outras conquistas somente terão êxito com disciplina, regularidade e ações corretas. O mesmo vale para suas práticas de relaxamento.

Sabemos que, ao ficarmos completamente relaxados, estamos a um passo do sono, o que poderia levar-nos a dormir facilmente. Se nossa finalidade é esta, dormir ou descansar dando uma boa cochilada, tudo bem. No caso de estarmos estudando, por exemplo, situação em que necessitamos estar bastante atentos, não podemos vacilar. Por isso gosto de usar o gatilho mencionado com a expressão "lúcido e atento", uma vez que ajuda a manter a pessoa atenta no caso de não estar com sono ou cansada. Se a pessoa está cansada ou com sono, é claro que a tendência vai ser dormir, independentemente do condicionamento que se der. Diante disso, deve-se ter o máximo de cuidado, principalmente com as atividades que exigem atenção. Em se tratando de atividades de risco, é evidente que não se deve fazer afirmações com termos que tenham a conotação de relaxamento, que podem levá-lo a dormir. Neste caso, usam-se termos que somente o condicionam a ficar desperto e muito atento. Ao fazer a prática com o propósito de descansar ou dormir, deve-se excluir a parte final do comando ("muito lúcido e atento").

Conforme já observei, é importante você saber o básico, o elementar e, com esse entendimento, ter condições para que possa reformular, criar ou adaptar o aprendizado a suas necessidades. Uma vez que se sabe o processo básico, tudo fica mais simples e fácil.

Concentre-se apenas em sua respiração

Tudo serve para nos distrair. A concentração é muito difícil principalmente para quem está na correria do dia a dia, com pouco tempo disponível para tantas coisas a serem feitas, mas isso não é impossível. A solução é fazer uma coisa de cada vez. Dessa maneira, a capacidade de concentração pode ser desenvolvida. O simples fato de estar prestando atenção na leitura deste livro já está treinando sua concentração. Quando sua mente está voltada para um ponto, quando está com o foco de sua atenção em alguma coisa e tudo o mais se torna menos importante, está em um estado de concentração. Faça um teste: preste atenção no fluxo de ar de sua respiração. A concentração no ritmo natural da respiração tira a atenção do que está causando ansiedade e, assim, causa relaxamento. O relaxamento diminui a produção de adrenalina e cortisol, hormônios que são secretados acima do normal em resposta ao estresse. Também estimula a produção de endorfina, um tipo de tranquilizante e analgésico natural. A respiração calma tem o poder de aquietar a mente. Quanto mais você a observa, mais tranquilo se torna.

Convém lembrar que o relaxamento não é o único benefício de alguns minutos de respiração consciente. Ao deixá-lo revigorado, há o fortalecimento do sistema imunológico, além de muitos outros benefícios.

No início de suas práticas, provavelmente você vai se distrair muitas vezes; até disciplinar sua mente, fazendo disso um hábito, você deverá redobrar os cuidados para trazê-la para o aqui e agora sempre que isso acontecer, e até poderá perder o foco, mas não seu objetivo. No caso de se desviar, retome imediatamente o foco principal.

Você já deve ter passado pela experiência de se deparar com um orador ou palestrante chato que, ao falar interminavelmente, fez com que você ficasse distante, com sua concentração longe, só "despertando" quando bateram palmas ou ao retirar-se do local. Isso diz respeito àquela Lei da Física que tenho relembrado constantemente: "Dois corpos não podem ocupar, ao mesmo tempo, o mesmo lugar no espaço". Tal acontece da mesma forma com nossa mente, pois em um mesmo instante não podemos sentir prazer e desprazer, conforto e desconforto, satisfação e sofrimento. É imprescindível entendermos isso para podermos dar a devida importância à concentração. Como o subconsciente do estudante vai captar e memorizar aquilo que está estudando, se não está completamente concentrado em seus estudos? Além do mais, a racionalização de ser aprovado pode estar se misturando aos pensamentos negativos. No caso de estar se sentindo como uma "mosca tonta", com a mente ora aqui, ora acolá, devaneando, é exatamente isso o que o subconsciente vai gravar: uma confusão total. E o pior: ainda se surpreenderá alimentando o círculo vicioso da ansiedade por não saber onde errou. Repito mais uma vez, porque é muito importante: se não fez o correto e adequado durante seus treinos, ou seja, durante seus estudos, não é na hora da prova que vai conseguir fazê-lo.

Como uma pessoa pode relaxar se sua mente não está focada em algo relaxante, mas em uma quantidade enorme de estímulos estressores? Com a finalidade de relaxar, não é preciso concentrar-se somente na respiração, qualquer coisa serve – pode ser um objeto, algo visualizado apenas na mente, um som, a repetição de uma palavra ou frase, uma parte do corpo, a leitura de um bom livro, uma paisagem (jardim colorido, campo, bosque agradável e perfumado, montanha, riacho com águas mansas, praia ensolarada e tranquila ou qualquer outro lugar de sua preferência).

Certifique-se de que você se sente confortável na posição que escolheu para praticar a respiração consciente. Isso é importante, uma vez que dor, incômodo ou dormência durante o exercício o fariam desconcentrar-se. Se não deseja adormecer, não deve fazer o exercício deitado, em uma cadeira ou numa posição que, por ser demasiadamente relaxante, o levaria ao sono.

Para relaxar, concentre toda a atenção em sua respiração, inspirando pelo nariz, aspirando suavemente todo o ar que puder. Depois, calma e lentamente, solte o ar pela boca até esvaziar completamente os pulmões. Continue respirando suave, lenta e profundamente.

A parte mais importante da respiração é a expiração. Por isso, deve ser mais prolongada. O ideal é que dure o dobro do tempo da inspiração, e isso acontece quando atingimos um bom estado de relaxamento.

Alguns dos principais mecanismos que atuam nesse processo:

1º) O expirar mais prolongado, eliminando o gás carbônico, que é tóxico para as células quando em alta concentração, exerce um efeito calmante e prazeroso.

2º) A expiração prolongada estimula o nervo vago. Há 12 pares de nervos cranianos presentes no sistema do corpo humano. O par décimo de nervos cranianos é conhecido como nervo vago, que se origina na base do cérebro, na medula, percorrendo o pescoço e o tórax com extensões que se dirigem para os pulmões, o coração e o trato intestinal. A estimulação do nervo vago ativa o Sistema Nervoso Parassimpático, levando o organismo a um estado de relaxamento.

3º) Ao concentrar na respiração você reduz sua percepção e sentidos para este foco, o que o leva a relaxar automaticamente, pois ao concentrar fecha as "janelas" da percepção, ou seja, para tudo aquilo que poderia distraí-lo, causando tensão.

4º) O relaxamento diminui a produção de adrenalina e cortisol, hormônios que são secretados acima do normal em resposta ao estresse. Também estimula a produção de endorfina, um tipo de tranquilizante e analgésico natural.

Sabemos que existem diferentes graus de ansiedade e de estresse. Assim como há pessoas que na hora de dormir pegam no sono rápida e imediatamente, há outras que demoram para adormecer. Quanto ao relaxamento, acontece a mesma coisa. Algumas pessoas relaxam mais depressa, enquanto outras são mais resistentes. O potencial de atenção, concentração e relaxamento varia de pessoa para pessoa, mas o importante é sabermos que pode ser aumentado e que com o treino conseguimos ampliar nosso potencial para seu aproveitamento máximo.

O que fazer, então, se ao focar toda a atenção em sua respiração a pessoa não consegue relaxar? Nesse caso, serão necessários estímulos para potencializar a concentração em sua respiração consciente. Quanto mais estímulos você usar, maior será sua concentração.

Estímulos ou recursos para potencializar a concentração em sua respiração consciente

Fechar os olhos

Ao fecharmos os olhos, não vemos o que acontece ao redor, o que aumenta ainda mais nossa concentração. Se ficar de olhos abertos, concentre o olhar em um ponto qualquer à frente. Pode ser uma tomada de luz, uma marca na parede, um quadro, um relógio, um ângulo ou encontro das paredes com o teto, ou mesmo um ponto imaginário criado por você na parede.

Respirar o mais pausadamente possível

Com calma, sem provocar tensão, comece devagar, inspirando profundamente pelo nariz e soltando o ar lentamente pela boca. Aos poucos, avance no exercício, tentando puxar e soltar o ar cada vez mais lenta e profundamente, sempre lembrando que as expirações são mais prolongadas do que as inspirações.

Respiração pausada significa fazer uma pequena pausa nos intervalos entre as inspirações e expirações, de maneira que tome consciência de uma pequena pausa no final de cada inspiração e expiração.

Qual o motivo das pausas na respiração? Tanto as pausas quanto uma expiração mais prolongada do que a inspiração ajudam a oxigenar e nutrir melhor o sangue e as células do corpo, ao mesmo tempo em que são drenadas e eliminadas para fora as toxinas do organismo.

Concentrar-se no som ou ruído de sua respiração

No caso de sua mente se distrair ou divagar, concentre-se no som de sua respiração e nos ruídos que o ar provoca. É um excelente recurso para retomar a concentração.

Focar o pensamento em uma palavra, frase ou imagem

Cada vez que você expira, pode pronunciar uma palavra (por exemplo, "calmo", "saúde", "amor", "paz", "alegria") ou frase: "Estou cada vez mais calmo, muito calmo, completamente calmo"; "O Senhor é meu pastor e nada me faltará" (Salmos, 23:1). Em estado relaxado, normalmente ficamos muito receptivos a sugestões.

Você também pode focar uma imagem (lembre-se: é essa a linguagem que o subconsciente percebe e grava mais facilmente). À medida que procura exercitar uma respiração lenta, pausada, profunda e tranquila, imagine a si mesmo como um boneco de pano bem flexível, frouxo, mole, solto, completamente relaxado. Repito: visualize-se sendo este boneco de pano, portanto incorporando ou assumindo todas as características de um boneco de pano. Quanto mais detalhes você visualizar, mais concentrado e relaxado vai ficar. Lembre-se sempre de que todos os estímulos que estou sugerindo visam somente a aumentar sua concentração, o que, por sua vez, vai levá-lo ao relaxamento. Ao saber uma quantidade grande de estímulos, você pode ir executando-os, acrescentando-os a sua prática.

Respirar imaginando cores

Enquanto inspira, imagine o ar entrando na cor azul (ou outra cor de sua preferência), calmante e purificador, revigorando e fortalecendo seu organismo com muita alegria, otimismo, harmonia, tranquilidade, aceitação, humildade, perdão, generosidade, tolerância, inteligência, ótima memória, saúde, amor, bem-estar, felicidade e tudo de bom que deseja para si – e você se sentindo muito saudável, com muita paz e feliz. Segure o ar por alguns segundos e só então solte-o, imaginando-o cinza-escuro, expulsando tudo aquilo que possa estar impedindo seu perfeito funcionamento mental e físico, tudo aquilo que é nocivo para você, como pensamentos e sentimentos negativos e indesejáveis, tensão, cansaço, frustração, irritação, desentendimentos, medos, tristeza, desgraça, desânimo, culpa, sofrimento – e você se sentindo muito bem. Evidentemente, você vai escolher as palavras de acordo com sua intenção ou necessidade.

Prestar atenção na contagem da respiração

Como a contagem exige concentração, é uma das formas mais eficazes para se concentrar e consequentemente relaxar. Há uma infinidade de maneiras de fazer a contagem (mental) da respiração. Vou lhe sugerir as mais simples. Experimente cada uma e escolha a que for mais confortável para você:

- Inspire profundamente pelo nariz contando mentalmente até 3, faça um segundo de pausa e depois solte o ar devagar pela boca contando até 9. Repita algumas vezes;
- Aumente a contagem, contando até 4 para inspirar, um segundo de pausa e até 12 para expirar. Repita algumas vezes;
- Na vez seguinte, inspire contando até 5, um segundo de pausa e expire contando até 15. Continue a exercitar-se até conseguir manter uma respiração suave.

Treine algumas vezes durante alguns dias o exercício anterior. Se não se sentir confortável ou sentir-se tonto, sem fôlego ou com náusea, diminua a contagem. Faça seus progressos aumentando a contagem somente ao se sentir bem. É como o exercício muscular, os avanços têm de ser gradativos. Em vista disso, **exercite a contagem que achar melhor.**

Atenção: é muito importante fazer a respiração da forma mais confortável possível, sem forçá-la. Ao forçar, você cria tensão e só tende a aumentar a ansiedade. No caso de sentir desconforto com a contagem, use outros estímulos para se concentrar, como expliquei antes: concentrar-se no som ou ruído de sua respiração; focar o pensamento numa palavra, frase ou imagem; respirar imaginando cores.

Quanto menos ruído da passagem de ar ouvir, isto é, quanto mais silenciosa for sua respiração, melhor. No caso de não fazer a contagem, pode também se concentrar no silêncio ou serenidade de sua respiração.

Conforme foi dito, a contagem é uma das formas mais eficazes para se concentrar. Em vista disso, quando você quer se concentrar ou relaxar, ao mesmo tempo em que procura respirar calmamente, pode fazer uma contagem regressiva (mental) de 100 a 1 de dois em dois algarismos: 100, 98, 96, 94, 92... Se você é muito resistente ao relaxamento, pode contar de 300 a 1, como no exemplo anterior, regredindo de dois em dois algarismos.

Outra forma de contagem, que intensifica ainda mais sua concentração e relaxamento, é contar de 1 até 100 juntando dois números extremos: 1 e 100, 2 e 99, 3 e 98, 4 e 97, 5 e 96, 6 e 95, e assim por diante.

Muito provavelmente, você já deve ter notado o porquê de ir diminuindo a contagem de dois em dois algarismos, ou juntar dois números extremos. **Este é o truque desta técnica para relaxar rapidamente:** a atenção para contar corretamente o obriga a fugir do automatismo prestando muita atenção (concentrando-se) para não errar a contagem. No caso de fazer essa contagem de maneira automática, sem prestar muita atenção, faça-a diminuindo de três em três algarismos: 100, 97, 94...

Já comentei sobre isso, mas convém repetir porque é muito importante: após alguns treinos, assim que você iniciar o processo, já vai relaxar imediatamente. Você verá que vale a pena fazer seus exercícios iniciais bem feitos, porque cada vez que o fizer seus resultados serão mais rápidos e eficazes. Lembro novamente o reflexo condicionado, cuja repetição cria nossos hábitos, que se tornam automáticos.

Esta técnica da contagem pode se tornar mais eficaz ainda. Você pode potencializá-la imaginando a sua frente uma grande tela mental, semelhante a uma tela de cinema. Nela, pode ir desenhando mentalmente cada número da contagem com uma cor diferente. Isso faz com que coloque todo o foco de sua atenção no processo, concentrando-se ao máximo. Esta técnica é muito eficaz para quem tem dificuldade em pegar no sono.

O suspiro relaxante – um valioso aliado para o relaxamento rápido

O suspirar é um sinal de que algo não está bem em nosso organismo, ou seja, não está recebendo oxigênio suficiente, devido a uma respiração ansiosa, e o corpo reage para remediar essa situação liberando tensão e restaurando a calma. É como na panela de pressão, em que a válvula é parte importante do sistema de segurança, não deixando que a panela exploda.

O suspiro, sinalizando uma mudança para o relaxamento, e o bocejo, sinalizando uma mudança para o sono, ocorrem involuntária ou inconscientemente, mas, no ensejo de relaxar o mais rápido possível, você pode provocar o suspiro em qualquer momento.

É sempre bom lembrar que o relaxamento, por si só, não vai resolver seu problema estressante, mas vai ajudá-lo a desenvolver estratégias para lidar mais facilmente com a situação.

Suspirar conscientemente é a maneira mais rápida de interromper o circuito do estresse e acalmar instantaneamente a mente e relaxar o corpo, deixando-nos voltar ao equilíbrio. É uma mensagem ou comando do corpo para a mente, dizendo: "Desejo desacelerar e descontrair agora!".

Inspire o ar naturalmente pelo nariz e solte-o pela boca, com os lábios levemente afastados, suspirando profundamente, sentindo uma intensa sensação de alívio, bem-estar e relaxamento tomando conta de todo o corpo enquanto o ar sai dos pulmões. O suspiro consiste, fundamentalmente, na expiração do ar, que deve ser longa e suave.

Simplificadamente, faça uma respiração profunda e relaxe com um suspiro de alívio.

Repita este procedimento cerca de cinco vezes antes de enfrentar uma situação tensa ou difícil ou sempre que sentir necessidade, e experimente a sensação de relaxamento, calma e concentração que o levam ao bem-estar.

Técnica do sopro prolongado para o relaxamento instantâneo

Esta técnica é extremamente simples, rápida e eficaz para desarmar a ansiedade e conseguir um pronto relaxamento.

Como já mencionei, com ansiedade não fazemos uma respiração completa, lenta e profunda, mas predominantemente torácica ou peitoral, isto é, rápida e superficial.

O que fazer, então, para retomar uma respiração abdominal, diafragmática ou profunda, que é a forma mais natural e correta de respirar e também a que nos permite absorver mais oxigênio, tornando-nos calmos e relaxados?

Ao perceber que está em um estado de ansiedade ou diante de uma situação na qual precisa relaxar, você pode usar esta técnica de efeito rápido e poderoso: solte o ar soprando-o suave e prolongadamente. Com isso, terá uma sensação de falta de ar, que o levará a inspirar com mais força ou vigor, levando a uma respiração mais profunda, também denominada abdominal ou diafragmática.

Ao repetir algumas vezes essa respiração – soprando ou soltando o ar prolongadamente, seguido de uma inspiração profunda –, é estimulada a parte do sistema nervoso responsável pelo relaxamento e ocorre o restabelecimento do equilíbrio entre o oxigênio e o gás carbônico no sangue, trazendo muitos benefícios, entre os quais o estado de relaxamento, conforme já observado. A cada respiração, você vai relaxar mais.

Já comentei e torno a repetir que o maravilhoso poder do relaxamento, mais precisamente o estado mental de vigília relaxada, como é denominado, torna o subconsciente mais receptivo às sugestões, absorvendo mais facilmente informações, condicionamentos, programações e reprogramações mentais. Também a atenção, a concentração, a leitura, o estudo, a aprendizagem e a própria lembrança se tornam bem mais eficazes nesse estado.

Esta dica é muito importante: no início e durante seu período de estudo, uma prova ou qualquer situação estressante, repita o exercício de relaxamento acompanhado de alguma sugestão ou condicionamento. Aliás, esta é uma boa oportunidade para quem passa muito tempo estudando e sente sono, fadiga e cansaço (o que é normal, devido à superestimulação do cérebro exigir muito de si) fazer uma pausa e espantar a preguiça, oxigenando e estimulando seus neurônios, sentindo-se recuperado e com as energias revigoradas. É uma excelente forma de melhorar seu desempenho.

Veja este exemplo de condicionamento que um estudante poderia criar para si:

"Eu agradeço por estar calmo, muito calmo, completamente calmo e muito desperto, lúcido e alerta, sentindo-me com muita energia, vigor e entusiasmo, o que me deixa concentrado somente em meus estudos neste momento, porque assim consigo muito bem raciocinar, memorizar e lembrar facilmente aquilo que estudo".

Uma coisa essencial é a pessoa se convencer daquilo que está dizendo para que efetivamente desperte o respectivo sentimento.

É necessário, portanto, prezado leitor, usar a técnica de relaxamento que melhor atenda a suas necessidades e lhe seja a mais confortável, sendo criativo ao fazer suas sugestões ou condicionamentos – aproveitando-os ao máximo. Ao contrário do que você poderia pensar, não se trata de perda de tempo, pois a repetição e a persistência vão gravar a programação em seu subconsciente, automatizando-a, o que o levará a notáveis resultados rapidamente. Com a prática contínua, sua habilidade vai aumentar e você irá alcançar estados de profundo relaxamento em um tempo surpreendentemente curto.

6: Relaxe seus músculos

Relaxamento muscular imaginário topográfico progressivo

É uma técnica fácil de ser aprendida e leva a um relaxamento profundo. Neste relaxamento, procura-se primeiramente reduzir a tensão muscular. Esse processo acaba levando a um relaxamento mental também. Segundo um dos princípios básicos do relaxamento, afirmado por Edmund Jacobson: *"Uma mente ansiosa não pode existir em um corpo relaxado"*. Isso é tão fundamental que vou repetir o que comentei no Erro nº 11, ao tratar da ansiedade:

Acerca da inter-relação, interação ou integração mente-corpo, mais precisamente entre relaxamento mental e físico, é importante lembrar que não existe mente tensa em corpo relaxado, e vice-versa. São interdependentes. Daí a significativa importância de se ter um autocontrole sobre o corpo (mediante o controle da respiração ou relaxamento muscular, por exemplo), pois, consequentemente, estaremos relaxando a mente e reduzindo a tensão mental ou psicológica. Se atuarmos em nível de mente (seja por meio da concentração, da visualização, etc.), estaremos induzindo ou promovendo um relaxamento muscular, isto é, do corpo.

De que maneira uma tensão psicológica pode fazer tanto "estrago" no corpo? "Isso pode ser psicológico." Quem nunca ouviu esta frase? Pois é, por mais que nem tudo seja psicológico, já vimos que uma percentagem muito grande de problemas de saúde é decorrente de fatores emocionais. Há pesquisas científicas comprovando que 40% das dores também o são. Algumas pessoas ficam frustradas quando o profissional diz que seu problema é psicológico. Ao não ser encontrada nenhuma causa física ou orgânica, diz-se que sua origem é "idiopática", isto é, de causa desconhecida, o que não descarta a possibilidade, então, de ser emocional.

Ninguém gosta de ouvir isso porque dá a impressão de que se trata de algo que simplesmente se "pôs na cabeça", gerando alguma culpa. Não há, porém, nada de simples nisso. É algo muito sério e por vezes tão ou mais grave do que se a causa fosse outra. Este exemplo ilustra bem o que quero dizer: você concorda comigo que é bem mais fácil tratar uma gastrite de origem bacteriana (tomando o antibiótico adequado indicado pelo médico) do que resolver o problema emocional que estaria causando uma "gastrite nervosa"? Ou acha que é muito fácil uma pessoa tornar-se mais calma?

Não se esqueça de que, por trás da ansiedade, há também uma forte bagagem genética. Como alguém já disse: *"Herdamos de nossos pais os cromossomos e os como somos"*.

Se fosse fácil resolver os transtornos mentais e emocionais, não existiriam ciências tão importantes como a Psicanálise, a Psiquiatria e a Psicologia, entre outras.

Já comentei que as pessoas podem ajudar-se muito, mas há casos em que elas têm de recorrer a um profissional, pois seus problemas podem ter raízes bem mais profundas. Podem estar incansável, destrutiva e inutilmente buscando a resposta para suas necessidades, para algo que elas desconhecem, fora de si mesmas, seja no álcool, nas drogas ou em outras dependências. Essa busca acaba levando-as ao terrível hábito da preocupação, da ansiedade, da insegurança, da irritabilidade e de muitas outras inquietações.

Vejamos, de modo bem simples, como o psicológico pode interferir no corpo.

Um problema mental (a ansiedade devido a algo desagradável reprimido ou que a pessoa conhece) causa um problema no corpo (tensão nos vasos sanguíneos e na musculatura) e o desconforto que decorre disso, por meio do círculo vicioso, deixa a pessoa mais ansiosa.

O exercício do relaxamento muscular imaginário por partes provoca o relaxamento da tensão periférica ou muscular (relaxamento do corpo), o que, consequentemente, não deixa reforçar a ansiedade (há um relaxamento da mente). A repetição do exercício restabelece o autocontrole e a tranquilidade. O leitor, então, já tem uma noção de como ocorrem as chamadas "doenças psicossomáticas" ou "psicológicas": muitas delas são ocasionadas por um espasmo (contração) muscular involuntário crônico dos vasos que irrigam o cérebro, dos órgãos e da musculatura periférica, em muitos casos provocando fadiga, cansaço e dores crônicas.

> *"O relaxamento muscular, controlado pela própria mente concentrada, condiciona o desenvolvimento de um grande estado de serenidade, calma e sossego que combate a agitação e a dispersão da mente, tranquilizando as sensações, opondo-se à ansiedade e cultivando uma autoconsciência através do próprio corpo."*
>
> R. Calle

Como já mencionei, independentemente de submeter-se a algum tipo de tratamento, o relaxamento e a serenidade são muito saudáveis. Vamos, então, ao relaxamento muscular imaginário topográfico progressivo ou por partes.

Imaginário porque você faz o relaxamento mentalmente.

Topográfico porque o relaxamento é feito por partes, podendo ser iniciado pela cabeça ou pelos pés. Algumas pessoas preferem iniciar pelos pés, uma vez que, ao iniciarem pela cabeça, adormecem rapidamente. Fica a seu critério.

Progressivo porque, após focar o relaxamento de um músculo, avança para outro até que todos estejam relaxados.

Para o relaxamento muscular imaginário topográfico progressivo tornar-se mais eficaz, pode ser associado à Técnica do Boneco de Pano.

Deparei-me pela primeira vez com a Técnica do Boneco de Pano no livro *Controle da Mente On*, publicado por volta de 1977, cujo autor é o psicólogo, escritor e palestrante doutor Oldemar Nunes. Para aumentar a concentração aprofundando o relaxamento, acrescentei à Técnica do Boneco de Pano a figura do boneco com a numeração das partes.

Iniciando o relaxamento

Depois de se acomodar onde possa ficar calmo e sossegado, feche os olhos; faça algumas respirações bem calmas, lentas e profundas. Para facilitar o relaxamento, faça também algum tipo de contagem.

Após fazer algumas respirações e se sentir mais calmo e relaxado, continue respirando calmamente e, em vez de concentrar-se na contagem, concentre-se em seu corpo relaxando-o parte por parte. Como disse, pode começar pela cabeça ou pelos pés.

Imagine a si mesmo como um boneco de pano bem flexível, frouxo, mole, solto e completamente relaxado. Esse boneco tem cabeça, tronco e membros, conforme a numeração que consta na figura a seguir:

Na sequência, transfira a sensação de calma, conforto e relaxamento para as partes do corpo, uma a uma, sentindo que o relaxamento acontece, e sempre prestando atenção em sua respiração. No caso de iniciar de baixo para cima, siga esta série: membros, tronco e cabeça.

Focalize cada parte imaginando-a relaxada:

1 – Perna direita e perna esquerda: dedo por dedo, planta do pé, parte superior do pé, os lados, calcanhar, tornozelo, panturrilha (barriga da perna), joelhos, coxa, toda a perna.

Ao focar sua atenção em cada parte, eis exemplos de comandos mentais que você pode dar: "Meus pés estão relaxando"; "Os músculos de meus pés estão cada vez mais soltos, moles, frouxos e relaxados"; "Sinto meus pés profundamente, completamente relaxados, leves como uma pena"; "Sinto todo o meu corpo relaxando", e assim por diante. Veja bem: quanto aos comandos, a repetição de termos com o mesmo significado é proposital, isto é, exatamente com a finalidade de condicionar a mente para a nova realidade.

Braço direito e braço esquerdo: dedo por dedo, palma da mão, dorso, pulso, antebraço, cotovelo, braço e todo o braço.

2 – Todo o tronco, ombros, peito, abdome, quadril e costas.

3 – Pescoço e nuca, toda a cabeça, mandíbula, face, testa e couro cabeludo. Tudo descontraído, em profundo e perfeito relaxamento.

Procurar seguir a sequência numérica que consta na figura é importante porque ajuda a manter a concentração. Detenha-se em cada parte, explorando-a o máximo que puder.

Quanto aos comandos mentais são muito importantes, uma vez que somos altamente sugestionáveis. É o corpo refletindo ou respondendo com uma sensação ao que pensamos.

Tenha sempre em mente que o grande segredo da sugestão consiste na repetição. Por isso, os comandos devem ser repetitivos: "Calmo, muito calmo, completamente calmo...", "Leve, solto, mole, frouxo, flácido, totalmente relaxado...".

Mais importante do que as palavras é imaginar-se relaxando, mole, frouxo, flácido, solto como um boneco de pano.

Um delicioso estado de bem-estar e de repouso envolverá todo o seu corpo, e você se sentirá totalmente calmo e em paz.

Finalizando o relaxamento

Você pode concluir afirmando: "Cada vez que eu praticar o relaxamento, serei capaz de relaxar mais e mais profundamente e em menos tempo". Após fazer o exercício, calmamente abra os olhos e retome sua respiração normal, sentindo-se lúcido e bem alerta.

Importante: quanto mais pontos sua atenção focar e quanto mais clara e nítida sua imaginação, maior a concentração e o relaxamento. Ao se distrair, retorne ao início do processo. Com a prática, você vai se distrair cada vez menos, entrando mais rápido e profundamente em relaxamento.

7: Sinta-se em seu lugar preferido

Como tivemos a oportunidade de ver, nosso subconsciente não consegue discernir entre o real e o imaginário. Em vista disso, estarmos imaginariamente em nosso lugar preferido, que nos dá tranquilidade, é como se estivéssemos lá. Você pode visualizar lugares reais que conhece e que o fazem se sentir seguro e relaxado, ou pode imaginar lugares criados por você e que lhe proporcionam segurança, tranquilidade, relaxamento e muita paz.

Técnica de seu lugar preferido

Seja sentado ou deitado, sinta-se confortável, feche os olhos (facilita a concentração) e imagine-se no lugar que, para você, é ideal, calmo, prazeroso, relaxante e fortalecedor. O importante é que lhe dê tranquilidade. Pode ser um local que diz respeito à Natureza, como campo, bosque florido, praia, montanha, junto a um lago, próximo às águas cristalinas de uma cascata ou outro lugar, como a sala de sua casa, um hotel maravilhoso, uma piscina de água morna, junto à lareira em uma noite de inverno, podendo concentrar-se também na sensação do calor do sol. Uma pessoa hospitalizada pode imaginar-se em sua casa desfrutando de conforto e alegria. Sua imaginação possibilita estar a qualquer momento em qualquer lugar, o que significa que não há limites para o que você pode imaginar.

Imagine-se neste local, isto é, você não está vendo o cenário distante (dissociado), mas está dentro dele (associado), vivenciando tudo da forma mais real possível. Visualize com todos os seus órgãos dos sentidos o cenário e, no caso deste local ser uma praia, visualize o mar, o cheiro dele, as ondas e o barulho delas, a brisa suave sobre sua pele, o azul do céu, o sol, a areia, o calor, o vento, todos os estímulos que você gosta e que lhe proporcionam um estado de prazer e relaxamento profundo.

Sinta a profunda calma, serenidade e energia positiva tomando conta de você.

Encerre o exercício abrindo lentamente os olhos, inspirando e expirando profundamente algumas vezes. Pode espreguiçar-se e alongar-se à vontade.

Aproveite ao máximo a tranquilidade desse seu lugar preferido – prazeroso e relaxante!

8: Medite. Ao contrário do que muitas pessoas pensam, não é nada complicado

Vou apresentar algumas noções básicas para o entendimento do processo. Também vou compartilhar um roteiro de como meditar passo a passo, elaborado por mim, baseado em minha prática com a meditação. Procurei fazê-lo da forma mais simples e descomplicada, pensando realmente nos iniciantes ou leigos.

Como nossa mente está continuamente pensando no passado (memórias) e no futuro (expectativas e projeções), meditar é simplesmente trazê-la para o momento presente, para o que está acontecendo no aqui e agora.

Nossas ansiedades, bem como o fluxo ininterrupto de pensamentos, mesmo sem o desejarmos, muitas vezes nos distraindo ou atormentando, provocam o desequilíbrio mental, e a meditação é a retomada do equilíbrio. Por isso ela é de caráter universal; atualmente se fala em meditação científica e todos podem praticá-la.

Basta você prestar atenção ao que está fazendo. Isso deve ser uma constante em nossa vida, como muito bem nos lembra o monge Thich Nhat Hanh em seu livro *Para viver em paz: o milagre da mente aberta*: "Se você não está presente, você olha e não vê, escuta mas não ouve, come mas não saboreia".

Falei em ansiedades provocando o desequilíbrio mental. Mas acalmar a mente como? A meditação surgiu exatamente porque muitas tradições orientais milenares viram que, diante dos pensamentos automáticos, involuntários, muitos deles negativos, não era possível a pessoa parar de pensar ou simplesmente não pensar em nada. Aliás, a mente não sabe fazer outra coisa a não ser pensar, uma vez que isso faz parte de sua natureza. Foi então que descobriram a solução: dar uma tarefa para uma parte da mente se ocupar, se concentrar, enquanto a outra parte poderia aproveitar esse momento para pensar plenamente, estado este de expansão da consciência que alguns denominam superconsciência, hiperconsciência ou megaconsciência. A todo esse processo convencionaram chamar de meditação.

> *"A função de nossa mente é pensar. Assim, ao meditar, para o iniciante é difícil não pensar em nada, pois ora nossa mente está aqui, ora acolá; mas ela é obediente, vai para onde você a põe. Basta vigiá-la para que permaneça aí."*
>
> Paulo Roberto Meller

No mundo inteiro, cada vez mais renomadas universidades têm investido em pesquisas sobre os efeitos da meditação no organismo e no comportamento humano (há uma quantidade muito grande de trabalhos científicos comprovando seus benefícios). Em um mundo onde o estresse está cada vez mais presente na vida das pessoas, práticas como a da meditação, que ajudam a manter a calma aumentando a lucidez, atraem cada vez mais gente.

A relação de benefícios é enorme. Eis alguns: aumenta a capacidade de manter a calma em qualquer situação; diminui o estresse, a irritabilidade e o mau humor; reduz a tensão muscular; aumenta a energia, a força e a motivação; aumenta a autoconfiança e a autoestima; facilita a atenção ou concentração no dia a dia; melhora a capacidade de regular nossos pensamentos e emoções naturalmente; melhora a qualidade de vida, promovendo bem-estar, serenidade e paz interior; promove o equilíbrio das emoções; auxilia no tratamento da depressão; acalma e combate ataques de pânico; promove uma respiração mais equilibrada e profunda; auxilia no combate às fobias e compulsões; aumenta o fluxo sanguíneo e diminui a frequência cardíaca; melhora a memória; auxilia na redução de dores de cabeça e enxaquecas; fortalece o sistema imunológico, aumentando as defesas do organismo; evita a recaída de todas as doenças provenientes do estresse; auxilia a liberação de endorfina (tranquilizante que provoca a sensação de alegria e de bem-estar); reduz o nível de cortisol (hormônio desencadeador do estresse); ajuda a curar a insônia; proporciona paz de espírito e nos faz pessoas mais equilibradas.

> *"A paz vem de dentro. Não a procures à tua volta."*
>
> Buda

É fundamental observar que meditar não se restringe a um momento especial, pois de nada adianta ser um tipo de pessoa enquanto medita e outro no restante do dia. Assim, mais importante do que o instante específico para a prática da meditação é incorporar a atitude ou estado meditativo (calmo e concentrado), o que deixa a mente preparada, ajudando-nos a perceber momento a momento o que estamos fazendo, possibilitando fazê-lo de forma mais concentrada, e também não nos deixando reagir cegamente a todas as emoções que sentimos, muitas delas negativas, dessa forma beneficiando-nos constantemente do autoconhecimento, do equilíbrio emocional e do bem-estar proporcionados por ela.

Uma coisa essencial que precisa saber: em sua prática, você pode escolher o objeto da meditação, que pode ser, por exemplo, a observação da respiração; já no restante do dia, o objeto da meditação são seus diferentes afazeres e tarefas cotidianas.

Buda, sabiamente, já recomendava: *"Meditem ao andar, ao comer, ao vestir-se, deitados e ao ir ao banheiro"*. A meditação funciona exatamente por ser tão simples. Basta "estar no presente" e com toda a atenção somente no que está fazendo, o que, por sua vez, vai deixá-lo relaxado e alerta.

Em suas atividades diárias, você não vai usar a meditação formal, ou seja, o processo mais profundo que envolve técnicas específicas e que você usa em suas práticas ou treinos, mas vai fazer suas atividades em estado meditativo, obrigando-se a permanecer no momento presente por meio da constante vigilância de sua atenção ou consciência plena, estado este de meditação informal.

O estado meditativo adquirido e desenvolvido em suas práticas – expandindo a consciência, aumentando a percepção das coisas, tornando-se completamente lúcido e atento – deve ser estendido e aplicado à sua rotina diária, tornando-se um exercício constante.

<u>**MEDITAÇÃO FORMAL**</u>
=
USO DE UMA TÉCNICA ESPECÍFICA DE PLENA ATENÇÃO

<u>**MEDITAÇÃO INFORMAL**</u>
=
CONSCIENTIZAÇÃO DO MOMENTO PRESENTE

A meditação formal diz respeito a uma técnica, enquanto a meditação informal a um estilo de vida, que é se manter atento com a consciência global ou panorâmica do instante presente. O desenvolvimento de sua plena atenção na prática formal vai fortalecer sua capacidade de manter a consciência, estando presente em cada momento, em cada atividade do dia a dia, respondendo melhor às dificuldades e às pressões diárias com uma mente mais estável e tranquila.

É sempre conveniente lembrar: se prestarmos atenção no aqui e agora somente quando praticamos a técnica da meditação, não levando esse estado para as demais atividades do cotidiano, estaremos deixando de usufruir de seu valor prático em nossa vida. Por outro lado, se procurarmos aplicar o estado meditativo exclusivamente nas atividades do dia a dia, sem exercitar uma técnica específica em um momento especial (quando temos a oportunidade de desenvolver nossa concentração e lucidez), de pouco adiantaria.

Para tanto, fique atento: o treinamento de nossa atenção para nos concentrarmos no momento presente deve ser feito nas duas situações, ou seja, em horários determinados para praticarmos uma técnica específica de meditação e também ao focarmos nossa mente em nossas atividades do cotidiano. É claro que o propósito da prática meditativa em um horário especial não é somente melhorarmos nossa capacidade de concentração, mas este é um importante benefício advindo dela.

A importância da prática de uma técnica em um momento específico, especial, só para meditar, reside no fato de que em nossas demais atividades não vamos conseguir um aprofundamento ideal, uma vez que nossas necessidades momentâneas são outras, isto é, pertinentes à atividade que estamos fazendo. Já quando deixamos reservado um momento somente para meditar, quando temos a oportunidade exclusiva de expandir nossa consciência, evidentemente o aprofundamento é maior. Como se observa, uma não exclui a outra.

Eis a diferença: quando meditamos em nossas atividades diárias, passamos do estresse ao equilíbrio; já em nossas práticas exclusivas para meditar, passamos do estresse ao equilíbrio e ao relaxamento profundo.

<u>MEDITAÇÃO NA ROTINA DIÁRIA</u>
=
ESTRESSE → EQUILÍBRIO

<u>MEDITAÇÃO NA PRÁTICA MEDITATIVA</u>
=
ESTRESSE → EQUILÍBRIO → RELAXAMENTO PROFUNDO

A meditação pode ser usada para inúmeros propósitos: simples relaxamento; conquistar uma melhor saúde; agradecer a Deus por tudo de bom; refletir sobre o dia;

substituir os pensamentos e sentimentos ruins; ajudar a mudar seu estado de espírito; desenvolver a concentração, a autodisciplina e o autocontrole emocional; ser mais alegre; ser mais desinibido; melhorar a aprendizagem; estar mais relaxado e tranquilo no trabalho; condicionar sua mente para uma nova realidade financeira; ser mais seguro e autoconfiante; melhorar o sono; resolver um problema de relacionamento; ganhar amigos; imaginar-se bem-sucedido numa prova ou concurso; ter sucesso ao fazer uma apresentação oral em público; cultivar uma determinada qualidade em si próprio, que sente que lhe falta; tornar mais claros nossos objetivos, fortalecendo-os, o que é imprescindível para sua manifestação; educar a mente, permitindo viver o presente plenamente, etc.

Inicialmente, na primeira semana, você pode reservar 5 minutos diários para a prática da meditação, na semana seguinte 10 minutos, e ir aumentando aos poucos conforme desejar. Cada um define o tempo que consegue meditar.

Você pode programar o tempo da meditação com um despertador, o que evitará a distração de saber se o tempo já acabou ou não.

Quando relaxamos, como nossa percepção aumenta, os sons são amplificados, tornando-se mais perceptíveis e intensos. Em vista disso, caso você utilize um relógio despertador tradicional em vez do despertador do celular, enrole-o em uma toalha para abafar o som, tornando-o mais suave.

Mais importante do que o tempo de duração da meditação é a disciplina e a regularidade ou frequência para criar o hábito. Poucos minutos todos os dias é melhor do que um tempo grande no fim de semana. Igualmente, dois ou três minutos algumas vezes ao dia são melhores do que uma única sessão de uma hora. Volto a repetir: a frequência é mais importante do que a duração.

> *"Não ter tempo de meditar é dizer que não se tem tempo de olhar o caminho em que se anda."*
>
> Autor desconhecido

Antes de meditar, recomenda-se uma alimentação leve, saudável e de fácil digestão, como um suco ou fruta. Se comer muito antes de meditar, será levado ao sono; se meditar em jejum, a fome poderá distraí-lo. Após as principais refeições, para que haja uma boa digestão, não é aconselhável meditar. Como a digestão exige mais sangue na área digestiva, deixando-nos mais sonolentos, o ideal nesses horários é um bom cochilo.

Como praticar

Primeiro passo ou preparação

Escolha um lugar tranquilo onde ninguém e nada possa perturbá-lo ou distraí-lo. À medida que avançar em suas práticas de meditação, você verá que pode meditar até mesmo em lugares agitados ou barulhentos.

Sente-se em uma posição confortável e estável. Sua coluna vertebral deve ficar reta, sem rigidez nem tensão, e a cabeça alinhada (não inclinada para a frente, nem para trás). Isso possibilita um melhor estado de atenção ou consciência. É importante que você se sinta bem e confortável nesta posição. Desconforto e tensão não vão permitir que você relaxe completamente. Quanto mais confortável e relaxado seu corpo estiver, mais facilmente vai conseguir relaxar sua mente.

Deitado ou com a cabeça apoiada na cadeira ou poltrona, a possibilidade de dormir é muito grande. Então, não é recomendável essas posições para iniciantes, uma vez que, ao contrário de apagar sua mente ou dormir, você deve se manter desperto e alerta. Relaxado, mas bem desperto, atento, alerta e consciente. Sentar-se com a coluna reta e a cabeça alinhada ajuda a manter a concentração e a não dormir.

Muitas pessoas acham que é preciso meditar na posição de lótus. Como acham difícil, acabam não meditando.

Medite na postura mais confortável para você. É importante sentir-se bem, em paz. Você vai logo descobrir que com o treino pode meditar a qualquer hora, em qualquer lugar e em qualquer posição. Isso significa que a meditação entrou em sua vida e tornou-se uma parte natural dela.

Como o relaxamento reduz gradualmente a temperatura do corpo, pode manter-se aquecido com uma coberta leve ou uma manta.

Desligue o automático: é extremamente importante você sentir que está aqui e agora, neste local, neste momento. Algumas pessoas estão com suas mentes tão aceleradas que precisam, antes da meditação, principalmente em seus primeiros treinos, de um ou dois minutos para aquietá-las, e é recomendável fazer alongamento nesse tempo.

Desligar o automático não significa desligar a mente e não pensar em nada, mas interromper o fluxo de pensamentos (automáticos) mudando o foco da atenção para o momento presente. Respirar profunda e lentamente algumas vezes, em cada expiração imaginando seu corpo cada vez mais solto e relaxado, vai ajudá-lo a desacelerar.

Segundo passo

O segundo passo consiste em estabelecer um objetivo claro para sua prática de meditação, declarando sua intenção ou propósito: "Minha intenção é meditar por 30 minutos com o objetivo de..., e não vou me preocupar com mais nada durante esse tempo". Como já visto, há uma infinidade de objetivos ou propósitos, dependendo de sua necessidade.

Qual a importância de estabelecer um objetivo? Com isso você está plantando uma semente que logo começará a brotar, pois seu subconsciente vai já começar a elaborar essa sua intenção, procurando os melhores meios de realizá-la. Como Ralph Waldo Emerson afirmou: *"O pensamento é a semente da ação"*.

Terceiro passo

Inicialmente, para poder meditar, pare com as distrações, o que vai tornar sua mente mais calma, clara e lúcida. Mas como conseguir parar com as distrações para meditar? Conforme já foi observado, nossa mente tem a tendência de pensar muitas coisas ao mesmo tempo – lembranças, expectativas e preocupações do dia –; então, para permanecer no momento presente, temos de nos concentrar em algo. Denominamos a isso **objeto de meditação, foco de concentração ou de atenção plena, ponto focal ou âncora (devido a sua função de ancoragem ou ponto de referência)**.

Em sua forma mais simples, a **"ancoragem"** é um ponto de referência ao qual você vai retornar sempre que algum pensamento o distrair, uma vez que é normal a mente divagar.

Ao se distrair ou se dispersar em uma sequência de pensamentos, no entanto, é perdido o foco. No início das práticas de meditação, os períodos de dispersão são muito longos, e o objetivo é torná-los cada vez mais curtos. Essencialmente, esse processo ou exercício repetido de retomar o foco é o ponto de partida para que a meditação evolua, reduzindo cada vez mais as distrações, a ponto de torná-las imperceptíveis, melhorando cada vez mais sua meditação.

Por favor, releia muito atentamente os três parágrafos anteriores (de preferência, mais de uma vez), porque será muito importante prosseguir compreendendo bem a técnica.

Um aspecto-chave que você precisa saber: a ancoragem é o que há de mais importante na meditação; é o "truque" que aciona todo o processo e o mantém. Em virtude disso, se há um talento ou aptidão em quem medita, consiste na habilidade de abandonar rapidamente as distrações, mantendo a concentração na âncora. O treino só tende a melhorar essa habilidade e a qualidade de sua meditação.

A âncora, da mesma forma que mantém o barco em um lugar específico, sem deixá-lo à deriva, mantém o foco de sua mente, não permitindo que pensamentos intrusos a levem para longe, dispersando sua atenção e o distraindo. Sempre, portanto, que perceber algum pensamento ou sequência de pensamentos levando sua mente para longe, retorne a atenção a sua âncora ou objeto de meditação.

Um ponto de referência (âncora), ao qual seguidamente retornamos, nos permite trabalhar ou refletir sobre algum tema, mas sempre voltando ao ponto de referência, para não deixar a mente à deriva, dispersando-se completamente e perdendo, assim, sua concentração, serenidade e lucidez. Meditação é um constante vigiar-se e reconduzir o pensamento.

Como disse, inicialmente, para poder meditar, você deve parar com as distrações, e isso pode ser feito por meio da concentração em um objeto de meditação ou âncora para o qual se retorna sempre que se ficar distraído. É, portanto, vasta a diversidade daquilo que se denomina objetos de meditação, que você pode usar para interromper sua corrente de pensamentos. Eis alguns:

- Acompanhar a própria respiração;
- Visualizar ou olhar para um objeto especial muito estimado, uma imagem sagrada ou de um santo;
- Concentração na chama de uma vela;
- Prestar atenção a alguma sensação ou parte do corpo como o movimento do abdômen, expandindo quando o ar entra e diminuindo quando o ar sai;
- Atenção plena a uma atividade como trabalhar, estudar, caminhar, lavar a louça, nadar, dançar.

Simplesmente escolhemos um objeto de meditação, retornando a ele sempre que ficarmos distraídos. Como vimos, os objetos de meditação podem ser os mais variados, dependendo de nossas preferências e necessidades.

A propósito, o que se entende por mantra? A palavra mantra (*man* = mente, *tra* = liberar) vem do sânscrito, antigo idioma da Índia, e significa liberar a mente (do grande fluxo de pensamentos). São vibrações sonoras ou sons sagrados que têm um profundo significado pessoal ou espiritual, e que carregam uma energia positiva cujo efeito tranquilizador, além de outros benefícios, é semelhante às orações cristãs como o Pai-Nosso, a Ave-Maria e o Glória ao Pai. Um mantra, portanto, é basicamente uma oração.

Sua principal finalidade é, pela repetição, interromper o fluxo incontrolado de pensamentos, aquietando a mente e relaxando o corpo, permitindo ampliar a percepção. Assim, cada vez que a mente "foge" ou se distrai, é só prestar atenção novamente e retomar o mantra. Existem vários mantras, e um dos mais famosos, que atrai compaixão e tolerância, é Om Mani Padme Hum (cuja pronúncia é om-mani-péme-rum).

Quem não está acostumado com os mantras budistas ou tibetanos pode usar qualquer palavra, frase ou oração, como "Saúde", "Calma", "Paz", "Alegria", "Bem-estar", "Energia", "Foco", "Calmo, muito clamo, completamente calmo", a célebre frase de Émile Coué: "Todos os dias e de todas as formas, eu me sinto cada vez melhor", ou então o Salmo 23 da Bíblia: "O Senhor é meu pastor e nada me faltará". Ou você pode pensar em outros mantras a respeito de você e sua vida. Crie seu próprio mantra. Assim como a afirmação positiva e a visualização criativa, pode repeti-lo diversas vezes por dia sempre que puder, se bem que antes de deitar pode ajudá-lo a dormir melhor e, ao acordar, o faz encarar o dia com mais disposição.

Continuemos.

Você pode começar a meditar da forma mais simples, com foco em sua respiração, usando-a como âncora. Depois, pode ir experimentando outras formas de meditação, verificando qual é a melhor para você, lhe traz mais calma, foco e melhores resultados.

A técnica da observação da respiração, que veremos a seguir, é considerada pelos mestres da meditação uma das mais antigas, simples, eficazes e gratificantes, servindo também como uma base, uma preparação para as outras meditações.

Vamos, então, passar à prática do terceiro passo.

Pode manter os olhos abertos ou fechados. Os olhos fechados facilitam a concentração. Se você praticar durante uma atividade (uma caminhada, por exemplo), então fique com os olhos abertos. Mas, seja como for – olhos abertos ou fechados –, permaneça desperto e alerta.

Comece inspirando pelo nariz, faça uma pequena pausa, e solte o ar pela boca semiaberta; faça uma pequena pausa, e inspire novamente. Continue a respirar naturalmente e concentre sua atenção na respiração: velocidade, densidade, intensidade, ritmo e demais nuances. Principalmente focado no ar entrando pelo seu nariz, enchendo seus pulmões e saindo.

Veja bem: continue respirando naturalmente, pois o objetivo é controlar sua atenção e foco no processo, não sua respiração. Apenas observe sua respiração, que naturalmente vai se tornando cada vez mais profunda, suave, leve e lenta.

A respiração vai se tornando tão suave que até parece que deixamos de respirar.

Para que isso fique bem entendido, repito: não intervimos na respiração, alterando-a, para que fique mais profunda; apenas a observamos. O simples fato de prestarmos atenção nela vai levá-la a mudar naturalmente seu ritmo e sua amplitude, tornando-se mais saudável.

Ao estar em sintonia com sua respiração, os pensamentos intrusos vão se tornando menos densos, uma vez que você não dá espaço para que se agitem ou fiquem inquietos.

Os pensamentos virão, mas não se preocupe com isso. Quando surgirem, você simplesmente vai desprezá-los e voltar a atenção para sua âncora; neste caso, o acompanhamento da respiração.

Nesta etapa você vai observar que sua respiração vai se tornar cada vez mais profunda, serena e natural, fazendo-o sentir-se cada vez mais calmo e em paz. Este é o sinal fisiológico de que sua concentração foi eficaz. Neste momento, você já atingiu um bom estado de relaxamento, uma sensação agradável e tranquilizante. Aproveite essa sensação.

Você tem agora a seguinte opção:

- **Simplesmente ficar nesse estado, usufruindo dele.**

A técnica de observação da respiração tem um objetivo mais específico, ou seja, centrar e acalmar a mente, o que já é muito benéfico. Por isso, a primeira opção é ficar curtindo esse momento, contemplando esse estado de contentamento, repousando na paz e serenidade de sua prática. Este estado de paz é seu estado natural.

A meditação, porém, é muito mais do que isso. Não é somente relaxar. Assim, para ampliar seus benefícios, pode passar para a etapa seguinte.

- **Iniciar algum tipo de reflexão.**

Significa explorar ou alcançar um outro objetivo ou propósito fixado inicialmente, além do relaxamento (substituir pensamentos e sentimentos ruins, tornar-se mais seguro e autoconfiante, adquirir um novo hábito saudável, refletir sobre uma ideia, assunto ou problema importante, entre outros). Ao seguir essa opção, passe para o quarto passo.

Quarto passo

Sabemos que quanto mais calmos e relaxados, menor a fronteira entre a mente consciente e a mente subconsciente, e mais próximos ficamos da Inteligência Infinita, a que Jesus chamou de Pai: *"Quando orares, entra no teu quarto e, fechada a porta, orarás a teu Pai, que está em secreto; e teu Pai, que vê em secreto, te recompensará"* (Mateus, 6:6).

A quem o Mestre chama de Pai, nós chamamos de Deus. Muitas outras denominações surgiram ao longo dos tempos: Sabedoria Infinita, Poder Superior, Poder Infinito, Fonte de Energia, Presença Divina, Criador, Grande Arquiteto, Senhor, Todo-Poderoso, Mente Original, Inteligência Universal, Espírito Santo, Espírito-Guia, Grande Espírito, Força Divina, Eu Intuitivo, Mente Universal, Mente Cósmica, Energia Cósmica, Eu Superior, Inteligência Criativa, Grande Mestre, Subconsciente, Superconsciente. A lista não termina por aí. A divindade é uma só, mas a relação de nomes é enorme. Não importa o nome que damos, até porque, por mais que surjam descrições para identificar Deus, bem como nomes diferentes, os religiosos são unânimes em afirmar que Ele continuará sempre sendo muito maior do que nossa compreensão.

O que importa, mais do que saber ser um meio para alcançar a autorrealização ou unir-se ao divino, é que temos dentro de cada um de nós uma "fonte" inesgotável de sabedoria, um "guia interior", uma parte sábia capaz de indicar o melhor caminho que devemos seguir. E como é importante buscarmos esse guia, posto que, muitas vezes, sem nos darmos conta, vivemos no "piloto automático", nem sempre favorável a nós.

Na verdade, cada um de nós tem dentro de si um sábio conselheiro. O que não nos permite ouvi-lo é o fluxo de pensamentos de nossa mente, constante, contínuo e descontrolado.

Em sânscrito, língua clássica da Índia antiga, meditação denomina-se *dhyana* e o estado de iluminação ou de unidade com Deus e com o universo, *samadhi*.

O mais importante é sabermos que cada um de nós, por meio da serenidade, tem acesso ao subconsciente, nossa sabedoria interior.

No subconsciente podem fluir a iluminação e a inspiração. Não é por acaso que, apesar de também se manifestar sob forte emoção, geralmente nesse estado de grande serenidade é que se manifestam a telepatia, mediunidade, clarividência, retrocognição, precognição, intuição, clariaudiência, curas milagrosas e espontâneas, etc. Esse é o estado de iluminação ou plenitude da consciência que os iogues, na Índia, muitos séculos antes de Cristo, já procuravam atingir com a meditação, condição esta de "relaxamento da mente" que tem diversas denominações: vigília relaxada, redução do alerta, relaxamento da lógica, relaxamento da mente consciente, relaxamento do hemisfério esquerdo, entre outros.

Em termos simples, entende-se por iluminação ou plenitude da consciência a percepção da realidade – ver com clareza o aqui e agora. Como lembrou o filósofo alemão Hans Margolius: *"Apenas em águas tranquilas as coisas se refletem sem distorção. Apenas em uma mente tranquila está a percepção adequada do mundo"*.

Vigília relaxada é não se envolver com pensamentos automáticos ou com a sequência de pensamentos a que estes acabam levando. Por exemplo, surge o pensamento de que está faltando algum alimento em casa, o que levará a uma sequência de pensamentos: Tenho, então, que ir ao supermercado; Tenho que fazer uma lista de compras; Que horas vou? Em qual supermercado? Como vou? Assim, vai se formando um elo ou corrente de pensamentos. É normal que surjam, mas ao surgir o primeiro pensamento não vamos nos envolver com ele; vamos simplesmente abandoná-lo, retornando à âncora, impedindo de se formarem os elos, corrente ou sequência de pensamentos.

Alguns mestres da meditação costumam usar esta analogia: devemos vê-los como nuvens que passam, ou como se estivéssemos na beira de um rio, apenas observando, vendo coisas ruins e coisas boas passando. Essas coisas, como vêm, se vão; e assim deve ser com nossos pensamentos, não nos apegando ou envolvendo com eles.

Aqui se faz necessária a distinção entre perceber e pensar. Perceber um pensamento involuntário, automático, intruso, é apenas notá-lo ou simplesmente percebê-lo, literalmente. Pensar seria se envolver com o pensamento, interpretando-o ou julgando, criticando, emitindo uma opinião, um desejo, enfim, levando a uma associação ou cadeia de pensamentos, uns puxando os outros, desviando-se e distanciando-se do foco inicial. Na meditação, quando surgem os pensamentos automáticos, você não vai "deixar de pensar", o que seria impossível, mas vai notá-los ou percebê-los sem se apegar a eles, observando "de fora" e, assim, indiferente, desinteressadamente, deve abandoná-los, interrompendo o fluxo de pensamentos, retomando seu foco principal ou "âncora". **Com a prática frequente, os intervalos entre os pensamentos ou distrações aumentam, e é nesses espaços que a suprema sabedoria é conectada.**

Nesse estado há uma redução da atividade consciente (hemisfério esquerdo) e uma exacerbação ou predominância da atividade subconsciente (hemisfério direito). Trata-se de um processo natural que acontece constantemente conosco, ou seja, em alguns momentos estamos mais conscientes, em outros menos, quando somos levados por nossos hábitos ou piloto automático.

Se se trata de um processo natural, por que temos de intervir nele? Porque, ao fazermos de forma consciente, dirigida ou guiada, estamos fazendo sob controle. Podemos alterar – controladamente – nosso estado de consciência.

Prosseguimos.

Aqui, no quarto passo, podemos explorar outros objetivos. Nesta etapa de relaxamento profundo, após nos conectarmos com a Sabedoria Universal, aproveitamos essa sintonia para fazer uma meditação analítica ou reflexiva, cujo fluxo constante de pensamento é dirigido a um tema, propósito ou objetivo declarado inicialmente para a prática da meditação. Podemos aproveitar esse momento refletindo ou explorando qualquer tema, questão, assunto, ideia ou aspecto de nossa vida que precise da atenção de nossa mente profunda: saúde, felicidade, prosperidade, amor, coragem, compreensão, alegria, aprendizagem, autoconfiança, autoestima, relacionamento, conduta diária, virtudes a desenvolver, etc.

Tanto problemas práticos quanto o desenvolvimento pessoal e o espiritual podem se beneficiar com a meditação e a contemplação.

Durante a meditação podemos explorar e esgotar todos os pensamentos sobre o assunto escolhido, contemplando-os enquanto nossa mente encontra-se no estado de calma, tranquilidade e serenidade.

Procure, paciente e muito calmamente, questionar, compreender, ponderar e refletir continuamente, persistindo mesmo quando achar que o tema ou assunto objeto de sua meditação já se esgotou, pois vai começar a descobrir novos aspectos antes desconhecidos. Ou fique somente contemplando alguma ideia que você pode trazer à mente, observando o que surge. Afinal de contas, é preciso aproveitar o "conselheiro sábio" que tem dentro de você.

Se está meditando com a finalidade de encontrar a solução para algo, uma decisão importante em sua vida, vai se surpreender com os *insights* (solução para seu problema) ou *flashes* de inspiração e sabedoria que você pode receber durante a meditação ou algum tempo depois, podendo surgir quando menos espera.

Nessa fase continua o exercício de concentração; apenas mudou o objeto. Inicialmente, nossa concentração era dirigida para a respiração; agora é para o tema ou assunto que escolhemos. Do mesmo modo, se nossa mente se distrair ou vaguear, simplesmente façamos com que retorne – quantas vezes for preciso – ao objeto da meditação (por exemplo, ao tema ou assunto que escolhemos).

No início, é normal a mente vaguear muito, e os períodos de dispersão serem longos, mas com a prática você aprende a manter o foco, tornando esses períodos cada vez mais curtos, bem como notará aumentar cada vez mais o espaço entre as distrações.

Aqui, o objeto de nossa concentração (tema ou assunto) é, ao mesmo tempo, âncora e foco. Ou seja, o foco de nossa concentração o tempo todo é o assunto que estamos explorando e, uma vez que nos distraímos, voltamos a atenção para a âncora (ponto de referência), que também é nosso foco principal: o assunto que estamos meditando.

Quinto passo ou encerramento

Após terminar o prazo estipulado ou quando se sentir pronto, abra os olhos lentamente (no caso de estarem fechados) e vá voltando a seu estado normal de consciência. Sinta a serenidade e a paz que há dentro de você. Sinta seu corpo saudável e cheio de energia. Mexa os dedos, dê uma boa espreguiçada, alongue-se. Sinta-se bem desperto para se levantar. Leve com você o sentimento de calma e paz da meditação pelo resto do dia.

Agora que você entendeu o processo da meditação, fica fácil meditar em seu cotidiano.

No início, a meditação, como o desenvolvimento de outras habilidades, pode revelar-se um pouco difícil, mas com a prática diária logo vai se tornar um processo natural e um hábito saudável em sua vida.

"Toda reforma interior e toda mudança para melhor dependem exclusivamente da aplicação de nosso próprio esforço."

Immanuel Kant

Resumo dos 5 passos da meditação

- **Primeiro passo:** preparação (lugar tranquilo e posição confortável);
- **Segundo passo:** estabelecer um objetivo claro;
- **Terceiro passo:** ancoragem por meio da observação da respiração ou outro objeto de meditação, o que o levará ao relaxamento. Pode ficar usufruindo desse estado de calma ou alcançar outro propósito estabelecido inicialmente, passando, então, ao próximo passo;
- **Quarto passo:** alcançar outro objetivo, além do relaxamento, fixado inicialmente (refletir sobre algum tema, assunto ou problema importante, por exemplo), mantendo-se em estado de vigília relaxada, ancorando e focando esse objetivo;
- **Quinto passo:** encerramento.

"Não é preciso que tenhamos experiências extraordinárias ou inesperadas na meditação. Isso pode acontecer, mas, se não ocorrer, não é sinal de que o período de meditação foi inútil."

Dietrich Bonhoeffer

A meditação, porém, não nos dispensa de agir. Meditar traz muitos benefícios, mas somente realizamos agindo. A ação, portanto, não surge apenas do pensamento, mas também de uma disposição para agir!

"A vida de sabedoria deve ser uma vida de contemplação combinada com ação."
Morgan Scott Peck

"As pessoas gastam uma vida inteira buscando pela felicidade; procurando pela paz. Elas perseguem sonhos vãos, vícios, religiões, e até mesmo outras pessoas, na esperança de preencherem o vazio que as atormenta. A ironia é que o único lugar onde precisavam procurar era sempre dentro de si mesmas."
Ramona L. Anderson

"Nossa realidade não é algo que se encontra. É algo que se cria."
Paulo Roberto Meller

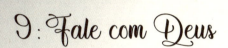

9: Fale com Deus

Rezo muito, mas gosto mesmo é de orar, ou seja, conversar com Ele, e as palavras que mais uso em minhas orações são "Agradeço" e "Muito obrigado".

"Agradecer a Deus depois que Ele responde a uma oração, é gratidão. Agradecer a Ele antecipadamente, é fé..."

Bárbara Coré

Izaias Claro, promotor de justiça, respeitado orador e escritor espírita, segundo o qual *"A prece confiante ajuda sempre"*, em sua obra *Depressão: causas, consequências e tratamento*, nos incentiva a orar brindando-nos com esta maravilhosa lição:

> Façamos um paralelo entre arar e orar:
> Arar significa abrir sulcos, permitindo que a semente penetre a intimidade do solo. Orar, por sua vez, significa abrir sulcos na intimidade da alma e do coração, para que as sementes da esperança, da coragem e da força possam neles penetrar.
> Orar não é o mesmo que repetir mecanicamente as palavras que venham a compor a prece. Ora aquele que sente o que diz ou pensa, procurando refletir no conteúdo das palavras ou pensamentos enunciados, permitindo que elas/eles o auxiliem com eficiência, despertando e acentuando os sentimentos bons.
> A oração, quando dita com o coração, conforta e reanima.
> Por seu intermédio, entramos em contato com Deus, com Jesus e com os Amigos Espirituais.

Reze ou ore todos os dias, pois, além de tudo, rezar faz bem à saúde. Há inúmeros trabalhos científicos comprovando o poder da oração na saúde das pessoas. Entre seus diversos benefícios está a melhora do sistema imunológico, a redução da pressão sanguínea, o alívio da ansiedade, a diminuição da dor, a melhora do humor, a recuperação mais rápida de cirurgias, entre outros. O ganhador do prêmio Nobel de Medicina em 1912, doutor Alexis Carrel, ateu convertido ao Catolicismo após uma viagem a Lourdes, onde testemunhou uma cura milagrosa, disse: *"Os efeitos da oração em nossa pessoa são mais visíveis que os das glândulas de secreção interna"*.

A oração, no entanto, não deve ser vista como um substituto para o tratamento médico, mas sim como um importante complemento deste. Uma das maiores autoridades em transplantes cardíacos, doutor Fernando Lucchese, diretor do Hospital São Francisco e do Instituto de Cardiologia, em Porto Alegre, há muitos anos já entendia e preconizava aquilo que era ridicularizado por muitos de seus colegas e que hoje é uma unanimidade por parte de eminentes profissionais e das mais renomadas universidades do mundo: a força da espiritualidade e da fé como um poderoso recurso que as pessoas manifestam ao enfrentar a doença e os momentos difíceis. O doutor Fernando Lucchese sempre deixou muito claro que não se trata de prescrever religião como tratamento, mas que a fé ajuda, sendo um complemento importante para a cura.

"Reze. Esta é sua força."

Fernando A. Lucchese

Como já disse, hoje há inúmeros trabalhos científicos comprovando a estreita relação entre a mente e a reação psicológica e comportamental, o sistema nervoso, as glândulas ou órgãos que produzem as mais diversas substâncias, que vão auxiliar em várias funções do organismo, como, por exemplo, o sistema imunológico ou de proteção, que tem a capacidade de reconhecer agentes estranhos e combatê-los. Platão, importante filósofo grego, que exerceu enorme influência na Filosofia, na religião, na educação e na literatura, no ano 380 a.C. escreveu: *"A cura do corpo não deve ser feita sem o tratamento do todo"*, isto é, sem o tratamento da mente ou da alma.

É importante deixar bem claro que algum profissional da área da saúde não conhecer alguma prática ou não ter uma visão multidisciplinar ou interdisciplinar não é o problema, mas condenar qualquer prática sem saber de seus benefícios é um grande erro. Assim, o problema está em alguns falarem sobre algo que desconhecem. Sabemos que, quando uma pessoa fala o que não sabe, no mínimo está mentindo. Para este caso, são apropriadas as palavras de Johann Wolfgang von Goethe: *"Não há nada mais terrível do que uma ignorância ativa"*.

> *"Sempre há o que aprender, ouvindo, vivendo e, sobretudo, trabalhando; mas só aprende quem se dispõe a rever suas certezas."*
>
> Darcy Ribeiro

Quanto a suas "suposições" ou "pressupostos" poderem prejudicar a expansão de seus conhecimentos, Denis Waitley, em seu livro *Impérios da mente – lições para liderar e ter sucesso em um mundo baseado no conhecimento*, faz esta importante recomendação: "Você deve continuar a adquirir habilidade técnica, mas evite pensar como um especialista".

> *"O pior cego não é aquele que não quer ver; é quem não acredita naquilo que lhe contam os que enxergam."*
>
> Autor desconhecido

Infelizmente, muitas pessoas confundem orgulho com conhecimento. Ninguém menos do que aquele que se destacou como um dos maiores gênios da humanidade, Leonardo da Vinci, para esclarecer isso com tanta sabedoria:

> *Pouco conhecimento faz com que as criaturas se sintam orgulhosas.*
> *Muito conhecimento, que se sintam humildes.*
> *É assim que as espigas sem grãos erguem desdenhosamente*
> *a cabeça para o céu, enquanto as cheias as abaixam para a terra...*

Costumo dizer que, ao ver algumas pessoas completamente desinformadas sobre algumas práticas, só não fico mais surpreso porque já vi esse "filme" antes. Práticas como a homeopatia, a acupuntura e a hipnose, só para citar alguns exemplos, mesmo tendo sido criticadas e banalizadas, tornaram-se grandes especialidades da Medicina e também de outras áreas da saúde.

Na verdade, quando rotulamos alguma coisa, passamos a enxergá-la a partir de nosso ponto de vista, ignorando assim seu real significado, conforme já comentei nas páginas iniciais. A solução só depende de nós, transformando ou modificando nosso modo de pensar. Deepak Chopra, médico, escritor e palestrante, uma das maiores autoridades na relação mente-corpo, em seu livro *O caminho do mago – vinte lições espirituais para você criar a vida que deseja*, resume o assunto da seguinte maneira: "Você não pode levar ao mundo o mesmo eu desgastado e esperar que o mundo seja novo para você".

Ler, estudar, informar-se e, principalmente, romper bloqueios mentais, com certeza, são uma necessidade, mais ainda em um mundo em grandes e constantes transformações.

Sobre o que eu falava – a relação entre a mente e a reação psicológica e comportamental –, mais precisamente no que diz respeito às emoções, se elas podem paralisar nosso sistema imunológico, nossas células de defesa, também podem, muitas vezes, ajudar a reverter o quadro. Eis por que uma pessoa doente deve buscar tudo o que possa revigorá-la emocionalmente, sem deixar de seguir rigorosamente seu tratamento médico.

Mediante a oração busca-se também força interior para se enfrentar as adversidades da vida, quando, diante delas, as pessoas religiosas acreditam que não estão sós, pois contam também com Deus em sua luta, mostrando-se mais otimistas. Rezando com fé e acreditando no poder da oração, esta é capaz de provocar emoções e sentimentos positivos como amor, gratidão, compaixão, solidariedade, perdão e esperança, sentimentos que ativam a química saudável do organismo, levando ao bem-estar.

Núbia Maciel França e Haroldo J. Rahm, em seu livro *Relaxe e viva feliz*, fizeram esta importante observação:

> *O homem não pode atingir a Deus só com o intelecto. O uso correto dos sentidos, a intuição e o coração ajudam-no nessa tarefa. Usando corretamente todas as suas faculdades no relaxamento e na oração, o homem, com o auxílio da graça divina, alcança um poder ilimitado de Deus.*
>
> *Pergunta-se: Por que métodos de relaxamento para oração profunda? Deus mora, de maneira especial, em nosso coração, porém, com as tensões e com o corre-corre da vida, não tomamos consciência dessa presença. Relaxando, damo-nos conta da presença de Deus Vivo dentro de nós. Assim como, quando abrimos a janela num quarto escuro, vemos a luz, assim também, abrindo os olhos e os ouvidos do coração, encontramos a Deus. Da mesma forma que, quando expostos ao sol, ficamos mais saudáveis, assim quando ficamos em contato com Deus Vivo, temos uma vida mais salutar; resultando disso atitudes corretas, reações certas e efeitos positivos. Sim, a oração alcança para nós o poder de Deus, nos dá força para viver a Sua Vontade.*

A oração pode aumentar a esperança e a expectativa das pessoas, tornando-as mais confiantes, como muito bem recomenda o conceituado médico psiquiatra, escritor e conferencista doutor Roberto Shinyashiki: "Reze todos os dias, pois pessoas espiritualizadas mantêm a confiança na vida".

Joyce Meyers, PhD em Teologia, renomada escritora de *best-sellers* pelo *The New York Times* e pregadora, selecionada pela revista *Time* como uma das mais influentes líderes cristãs dos Estados Unidos, escreveu em seu livro *O poder da oração simples – como falar com Deus sobre tudo*:

> *A oração é poderosa; sendo assim, se você quer poder em sua vida, poder sobre as circunstâncias, poder em seus relacionamentos, poder para tomar as decisões certas, poder para ter êxito, poder sobre qualquer coisa, ore!*

E mais adiante complementa:

> *Quantas vidas poderiam ser radicalmente transformadas se as pessoas tivessem continuado a orar quando a tragédia as atingiu, em vez de ficarem amarguradas e desistirem. Continue orando e veja Deus transformar o caos em milagre. Deus quer que sejamos determinados em nossas orações. Ele não quer que desistamos de nada.*

O doutor Harold G. Koenig, médico norte-americano e professor da Universidade de Duke, considerado uma autoridade mundial no conhecimento da espiritualidade e sua influência sobre a saúde, também recomenda que as pessoas rezem. Segundo ele, fé e Medicina devem ser combinadas para um benefício maior.

A oração proporciona momentos de relaxamento, trazendo paz e tranquilidade. É fundamental frisar também que a repetição de uma prece é semelhante ao uso de um mantra na meditação. Sua repetição contínua interrompe as distrações, permitindo focar nossa mente, o que leva a uma paz interior que possibilita entrar em contato com nosso universo interno ou Essência Divina, ou, ainda, entrar em comunicação com uma entidade que muitos acreditam ser Deus.

Norman Vincent Peale, uma das maiores autoridades em pensamento positivo, escrevendo em *Mensagens para a vida diária*, dá-nos este valioso ensinamento, que significa muito para mim e, por isso, desejo compartilhá-lo com você:

> *Exercite a arte da imperturbabilidade. Seja qual for a tensão, diga: – "Deus me está mantendo calmo e tranquilo".*
>
> *Exercite o esvaziamento da mente, afirmando: – "Agora estou esvaziando minha mente de todas as ansiedades, medos, inseguranças".*
>
> *Exercite encher a mente, dizendo: – "Deus agora está enchendo minha mente com paz, coragem, calma e segurança".*

> *Exercite a presença de Deus, afirmando: – "Deus está comigo, agora. Deus é meu companheiro constante. Jamais me deixará. Eu jamais deixarei Deus".*

Se você não for religioso, pode praticar o relaxamento ou a meditação silenciando a mente e desfrutando da serenidade interior. "Fé" pode ter um sentido religioso ou também significar convicção inabalável, total e absoluta. A questão fundamental é você se convencer daquilo que está dizendo para realmente despertar o respectivo sentimento.

De qualquer forma, é sempre conveniente lembrar:

"Nenhuma cerimônia religiosa nem atos de caridade podem compensar o mau pensamento. Só o bom pensamento pode retificar uma vida má. Só a reta atitude mental para com os homens e as coisas pode produzir o descanso e a paz."

James Allen

Além das que vimos, há muitas maneiras de se lidar com a ansiedade, entre elas massagem, praticar ioga, ouvir música, dançar, praticar atividades físicas ou esportivas regularmente, ler um bom livro, ter um *hobby* saudável, e muitas outras. Qualquer atividade que ajude a manter o foco e calma no presente.

Costumo fazer uma analogia entre as técnicas de relaxamento e a escova de dentes. Cada um tem a sua e para cada pessoa a sua é a melhor. Escolha, portanto, uma ou mais técnicas de relaxamento que você se sinta mais confortável ao praticar e que também lhe proporcionem os melhores resultados.

Ao final de seus exercícios, sempre agradeça pela prática e pela experiência.

"Todo amanhã tem duas alavancas. Podemos tomar posse dele com a alavanca da ansiedade ou com a alavanca da fé."

Henry Ward Beecher

"Só tem sucesso aquele que faz alguma coisa, enquanto espera pelo êxito."

Thomas Alva Edison

10: Tenha um método para alcançar seus objetivos

"O êxito não é mais do que um conjunto de regras postas em prática todos os dias, ao passo que o fracasso não passa de uns quantos erros de avaliação, repetidos dia após dia. É o conjunto das regras que cumprimos e das escolhas que fazemos que nos conduz quer à sorte, quer ao fracasso."

Jim Rohn

Não há dúvida de que todas as pessoas querem ser bem-sucedidas e alcançar seus objetivos. Enganam-se aqueles que pensam que há fórmulas mágicas para isso, pois raramente o sucesso vem de graça ou rapidamente.

"Leva tempo para alguém ser bem-sucedido, porque o êxito não é mais do que a recompensa natural pelo tempo gasto em fazer algo direito."

Joseph Ross

Então, o que pode ajudá-lo a alcançar seus objetivos? Além dos que já vimos, existem alguns fatores imprescindíveis, fundamentais e muito simples que entram em jogo e que devem ser considerados quando se fala em conseguir objetivos. Agrupei esses fatores e elaborei um processo, também simples em sua essência, mas que deve ser rigorosamente seguido passo a passo. Eu o denomino Método dos Cinco Passos Básicos para Transformar com Sucesso Seus Sonhos em Realidade, e desejo compartilhá-lo com você para que aprimore sua capacidade para alcançar seus objetivos. Esse processo é o que há de mais próximo de uma fórmula mágica para chegar a seus propósitos, pois torna apta qualquer pessoa a colocá-lo em prática – e funciona incrivelmente bem! Tudo o que você precisa fazer é segui-lo, pois, como qualquer outra técnica, é uma questão de prática. Lembre-se: cabe a você fazer acontecer!

> *"Você nasceu para vencer, mas para ser um vencedor precisa planejar para vencer, se preparar para vencer, e esperar vencer."*
>
> Zig Ziglar

Método dos cinco passos básicos para transformar com sucesso seus sonhos em realidade

SONHAR
+
AUTOMOTIVAR-SE
+
PLANEJAR
+
AGIR
+
MANTER-SE MOTIVADO
=
RESULTADO DE SUCESSO

O resultado de sucesso será igual à soma de esforços das etapas anteriores. Vamos ver, resumidamente, cada um desses princípios básicos:

Primeiro passo: SONHAR

Você deseja o quê?

Tudo o que você quer e todo o seu sucesso começam com um sonho, isto é, pensar sobre seus objetivos, identificando um como prioridade. Como afirmou Zig Ziglar: *"Não dá para acertar um alvo que você não vê, e não dá para ver um alvo que você não tem"*. Então sonhe, senão nada acontece.

> *"Para se fazer um grande sonho se tornar realidade, é preciso primeiro se ter um grande sonho."*
>
> Hans Selye

> *"Se você quer prever o futuro, crie-o em sua mente primeiro."*
>
> Peter Drucker

Você até pode não ver seu sonho realizado, mas, para realizar, primeiro tem de sonhar. Se observarmos as pessoas de grande sucesso, veremos que tudo começou com um sonho; até porque, como você vai escolher um caminho ou percorrê-lo sem saber aonde quer chegar? Quando se tem um objetivo claro em mente, as dificuldades deixam de ser desafios e passam a ser degraus para se chegar aonde se quer.

> *"Temos que sonhar, senão as coisas não acontecem."*
>
> Oscar Niemeyer

Visualizar seu objetivo alcançado, ou seja, seu sonho realizado com a máxima clareza, é uma forma de manter o foco nele. Ao "pensar positivamente" em seu desejo, você não permite que pensamentos negativos o atrapalhem; portanto, é a melhor maneira de afastar maus pensamentos. Se estes surgirem, você dispõe de um alvo para, imediatamente, redirecionar ou retomar sua atenção.

> *"Não há limites para nossos sonhos, mas sonhar sem perder a realidade de vista é o grande desafio."*
>
> Paulo Roberto Meller

Segundo passo: AUTOMOTIVAR-SE

Deseja isso por quê?

A melhor pergunta que se pode fazer regularmente para transformar um sonho em realidade é "Por que desejo isso?", pois as razões ou motivos claros – motivação – são o combustível que vai levá-lo a buscar meios de realizar e agir. Não basta apenas ter um objetivo e um plano ou metas para alcançar, porque os desafios dependem principalmente de sua motivação e atitude positiva para serem superados.

> *"Entusiasmo é a inspiração de qualquer coisa importante. Sem ele, nenhum homem deve ser temido; e com ele, nenhum homem deve ser desprezado."*
>
> Christian Nestell Bovee

Terceiro passo: PLANEJAR

Deseja conseguir como?

Fazer planos, isto é, estabelecer metas, ações ou passos para nossas realizações é uma atitude que nos direciona para alcançarmos nossos objetivos. Além de nos servir como um guia, quando planejamos estamos lançando as "sementes" em nosso subconsciente, programando-o para que trabalhe de acordo com o que queremos, tornando-se um poderoso aliado ao trabalhar a nosso favor. Como a ansiedade diz respeito ao futuro, ao desconhecido, o planejamento também ajuda a aliviar nossas preocupações, uma vez que temos conhecimento das etapas a seguir.

Você deve estar lembrado que já comentei mais de uma vez que não podemos ser pessimistas, mas que otimismo demais é falta de maturidade. Tendo em vista, portanto, que, às vezes, as coisas não acontecem como gostaríamos, o que você pode fazer para não ficar frustrado caso seu plano não funcione? Como pode preparar-se para esta realidade? Tenha outras opções ou alternativas. É o que se costuma chamar de "plano B". E, dependendo do caso, "C", "D", "E"... Como diz o ditado: *"Não coloque todos os ovos em uma única cesta"*.

"É um plano ruim aquele que não pode ser mudado."

Publius Syrus

Lembre-se também de que não basta só querer vencer; você tem de ter muita disposição para se preparar. Como ensina Anton Bruckner: *"Aquele que deseja construir torres altas deverá permanecer longo tempo nos fundamentos"*.

Ao dispor de outros planos, se o inicial não der certo, você vai poupar tempo e, o principal, também estará se precavendo de ficar estressado para prosseguir com serenidade o que deseja.

Que você encontre os meios mais eficazes e o melhor caminho para concretizar seus objetivos, sendo flexível para melhorar ou mudar seu plano inicial e executando os planos alternativos, conforme suas necessidades.

"Embora os objetivos sejam importantes, ter um plano de ação é vital para o sucesso deles. Ter um objetivo sem um plano de ação é como querer viajar para um novo destino sem ter um mapa."

Steve Maraboli

Quarto passo: AGIR

As etapas anteriores são importantes, mas você vai ficar só no sonho?

Você cria, motiva-se e planeja imaginando, mas realiza agindo. Como disse São Gregório: *"Para mim, sábio não é aquele que proclama palavras de sabedoria, mas sim aquele que demonstra sabedoria em seus atos"*. Ou, nas palavras de Thomas Robert Gaines: *"É bom sonhar, mas é melhor sonhar e trabalhar. A fé é poderosa, mas a ação com fé é mais poderosa"*.

> *"O sucesso não virá até você, a menos que você abra caminho para que ele te encontre."*
>
> Autor desconhecido

Tenha sempre isto em mente: você somente realiza agindo!

Quinto passo: MANTER-SE MOTIVADO

O que o mantém no caminho e na batalha em busca de seus objetivos?

A motivação constante. Sem manter-se motivado, de nada adiantam os passos anteriores. Repito, porque é importantíssimo: o principal fator que não permite às pessoas alcançarem seus objetivos é a falta de motivação! Por isso, a motivação deve ser constante.

> *"O segredo do sucesso é a constância do propósito."*
>
> Benjamin Disraeli

Preste bem atenção: há somente uma maneira de você manter intensos seu desejo e o ânimo ou energia para fazer tudo o que for preciso para atingir seu objetivo. Por isso, vale a pena repetir: motivação constante!

Entre todos, sem dúvida nenhuma manter-se motivado é o fator mais importante na conquista de seus objetivos. Não é por nada que, neste método que elaborei, a motivação consta duas vezes. Lembra-se do exemplo que citei da pessoa que quer emagrecer e consegue, mas depois tem uma recaída? Se não está lembrado, eis o que disse: a grande maioria das pessoas, além de perder peso, perde o foco do que deseja, perde a paixão por seu objetivo, a motivação, o ânimo e por aí afora...

Procure, portanto, seguidamente focar sua atenção nos benefícios, nos ganhos – enfim, nas recompensas – que o levam a querer algo. E é bom também lembrar sempre que, quanto mais sentidos envolver neste processo (visão, audição, paladar, olfato e tato), bem como quanto mais emoção puder sentir, melhor. Na verdade, a intensidade de suas emoções é que vai acionar todo o seu "mecanismo" de busca daquilo que quer.

Já observei ao tratar da motivação, no Erro nº 9, mas devido a sua grande importância, convém repetir:

> *"Motivação é como água fervendo, evapora.*
> *Lembre-se, portanto, de repô-la constantemente."*
>
> Paulo Roberto Meller

Observações finais

Apesar de serem bastante conhecidas, não me canso de repetir as palavras de sabedoria do velho índio americano e seus dois lobos, que apresento a seguir, tendo em vista que resumem maravilhosamente todo este livro que você está acabando de ler. Também excelente fonte de inspiração para todos – um grande exemplo de como devemos agir para mudar nossos pensamentos e nosso mundo, pensando de maneira apropriada e saudável. Espero que você coloque em prática a mensagem desta lição, e que sua prática se torne um hábito em sua vida, renovando-o a cada novo dia.

Eis a mensagem:

> *Um velho índio cherokee da América do Norte estava ensinando o neto sobre a vida. Ele disse: "Eu me sinto como se tivesse dois lobos lutando dentro de mim. É uma luta terrível entre os dois. Um lobo é mau – é raiva, inveja, tristeza, desgosto, cobiça, arrogância, mentira, culpa, autopiedade, orgulho falso, ressentimento e inferioridade. O outro é bom – é alegria, paz, amor, esperança, serenidade, humildade, benevolência, empatia, generosidade, verdade, compaixão e fé".*
> *Ele continuou: "A mesma luta está acontecendo dentro de você, e dentro de cada pessoa também".*
> *O neto pensou sobre isso por um minuto e então perguntou ao avô:*
> *"Qual lobo ganha a luta?"*
> *O velho índio simplesmente respondeu: "O que você alimenta".*

E você, prezado leitor, qual dos lobos está alimentando? Necessariamente, você alimenta seu corpo três, quatro ou mais vezes ao dia. Certo? Da mesma forma, tem nutrido sua mente a cada dia? E de que maneira? É algo que lhe traz algum bem-estar, bom humor, ânimo, conhecimento necessário, útil, proveitoso ou é apenas algo que não contribui em nada e ainda o deixa com mal-estar ou mau humor?

Tenha sempre presente que você é o resultado daquilo que pensa. Sua maior riqueza encontra-se em sua própria mente. Lembre-se, portanto, de que é preciso nutri-la constantemente com o alimento mais saudável possível: bons pensamentos e bons sentimentos. Ademais, como nos alerta o provérbio indiano *"A vida é um eco. Se você não está gostando do que está recebendo, observe o que está emitindo"*.

> *"Não importa o que o passado fez de mim. Importa é o que farei com o que o passado fez de mim."*
>
> Jean-Paul Sartre

Quando comentei sobre o Erro nº 1, disse que o conhecimento não é suficiente, porque geralmente as pessoas ficam só na teoria, não colocando em prática o que aprenderam, não se beneficiando do conhecimento, e isso acontece não por falta de informação. Nestas observações finais, não poderia deixar de novamente chamar a atenção para isso, lembrando o fato de que todo mundo conhece muito bem o grande ensinamento que nos foi dado há mais de dois mil anos por Jesus Cristo: *"Amai-vos uns aos outros"*, mas que, lastimavelmente, pouquíssimos entendem e muitos apenas fazem o que lhes convêm, em vez do grande ideal fraterno.

Já dizia Aristóteles que *"O homem é um ser social por natureza"*. E, nas palavras de outro grande filósofo e também cientista, Teilhard de Chardin, *"Nenhum homem é uma ilha"*, o que significa que não somos autossuficientes ou completos, que para nossa sobrevivência não podemos viver isoladamente; temos a necessidade do outro para nos completarmos. E todos sabemos o quanto é difícil esta convivência.

Por isso, torna-se imprescindível entender e colocar em prática o poder do amor – que respeita as diferenças, que administra e dissolve conflitos, que se baseia e se expressa na verdade, que perdoa (a nós e aos outros), que reconcilia, que tem gratidão, que quer o bem do outro e de todos, que nunca se cansa de cultivar ao máximo a alegria e o bem-estar, espalhando-os aos demais indistintamente – que deve estar sempre presente em todos os nossos pensamentos, sentimentos e ações.

Mesmo sem entender o amor e sem praticá-lo, as pessoas até podem atingir seus objetivos, mas ao alcançá-los – sem ele – podem colocar tudo a perder.

Mais importante do que encontrar o amor é descobrir por que você construiu muros contra ele, em vez de pontes. Lembre-se sempre de que o amor deve ser como a religiosidade, a qual não se trata de um estado de espírito: "Eu sou desta ou daquela religião", mas de uma conquista diária, segundo a segundo. John R. W. Stott afirmou: *"Amor é mais serviço do que sentimento"*.

O amor, afirmava o psicanalista, filósofo e sociólogo Erich Fromm, é uma arte. Em vista disso, deve ser exercitado e, mais do que um sentimento ou sensação agradável, amar sem distinção é um processo que exige esforço, disciplina e treinamento para ser cultivado e renovado constantemente. O amor só floresce se regá-lo com muita paixão.

"Um homem era tão pobre, mas tão pobre, que só tinha dinheiro."

Chico Xavier

"De nada adianta alcançar seus objetivos sem purificar seu coração, pois sem isso colocará tudo a perder."

Paulo Roberto Meller

Uma das grandes tragédias que comoveu o mundo foi o incêndio ocorrido na Boate Kiss, na cidade de Santa Maria, na Região Central do Rio Grande do Sul, na noite de 27 de janeiro de 2013, com 242 vítimas, na maioria jovens.

Certa vez, Frederico I, o primeiro rei da Prússia, disse: *"O sonho e a esperança são dois calmantes que a natureza concede ao ser humano"*, mas nesse, que foi um dos piores incêndios já ocorridos, vimos em todas as partes do mundo desabrochar em massa outro grande sedativo para a dor, e que ajuda a trazer a paz para as pessoas: a solidariedade.

O sonho nós criamos com a visão daquilo que queremos, a esperança adquirimos com a confiança, e a solidariedade desenvolvemos com o amor. Como tão apropriadamente observou Dom Hélder Câmara: *"No deserto do mundo a única terra fértil é o coração do homem"*. Seja em que situação for, portanto, que se faça sentir o amor, o sonho, a esperança e a solidariedade.

"O amor e a solidariedade são tesouros que não podemos deixar de dividir com os outros."

Paulo Roberto Meller

"A gente todos os dias arruma os cabelos; por que não o coração?"

Provérbio chinês

Durante a leitura deste livro, você teve a oportunidade de se deparar com algumas citações apresentadas não por acaso, mas intencionalmente – um instrumento simples para sua estimulante reflexão. Meu desejo maior não é simplesmente fazer você apreciá-las, contemplá-las, mas que principalmente possam inspirá-lo, servindo de estímulo no seu dia a dia ao fazê-lo pensar, repensar, refletir e compreender o precioso ensinamento que cada uma contém, nutrindo sua mente com pensamentos bons e saudáveis que poderão ajudá-lo a partir para a ação em busca de seus objetivos, pois, assim como você alimenta seu corpo com bons alimentos, deve nutrir sua mente com pensamentos da melhor qualidade.

"As flores murcham, os palácios caem, os impérios se desintegram. Só as palavras sábias permanecem."

Edward Thorndike

"Entre nossos maiores prazeres neste mundo estão os pensamentos agradáveis, e a grande arte da vida consiste em tê-los no maior número possível."

Michel de Montaigne

Como Jesus Cristo disse: *"Nem só de pão viverá o homem"*. Eis por que você pode, e deve, acrescentar à sua vontade outras mensagens que o inspirem ou estimulem a sonhar mais e a fazer mais. Com toda a certeza, ao cultivar bons pensamentos, entre estes as informações, lições ou sabedoria das citações, vai acabar praticando o que eles pregam. Colocá-los em prática é fundamental. Por serem somente lições você também tem de agir, pois pensar positivamente é importante, mas apenas resultados são realidade! PENSAMENTO + AÇÃO = RESULTADOS. Lembre-se sempre de que esses fatores-chave – PENSAMENTO e AÇÃO – só funcionam e se fortalecem se andarem juntos. Esse é o caminho do sucesso.

E por falar nisso, não perca tempo ficando de braços cruzados esperando pelo melhor caminho para alcançar seus objetivos. Simples e óbvio: faça-o! Simplesmente comece e faça o melhor que puder. Como o publicitário Ciro Pellicano muito bem advertiu: *"Não sei o que você espera da vida, mas, seja o que for, o melhor é ir buscar"*.

Não há, todavia, idade para isso, pois, segundo as palavras de Richard Bach: *"Eis um teste para saber se você terminou sua missão na Terra: se você está vivo, não terminou"*!

"Antigamente, era uma ideia terrível para mim o fato de que um dia eu me tornaria idosa. Hoje, sei que a natureza arranja graça para cada período da vida."

Mary Wortley Montagu

É fundamental lembrar também que a jovialidade não se restringe à idade cronológica nem se nasce com ela. O bom-humor, a alegria, o entusiasmo, o vigor do espírito, sentindo paixão por tudo o que faz, mantendo acesa a vontade de uma vida harmoniosa, saudável e feliz, enfim, ser uma pessoa agradável que está sempre disposta a ensinar e a aprender – isso se conquista... e em qualquer idade!

Pense nisto: com o passar dos anos não há juventude, mas a pessoa pode e deve cultivar sempre a jovialidade!

Se estiver decidido e determinado, ninguém poderá impedi-lo, como afirmou William Clement Stone: *"O que você tem de mais valioso e precioso e seus maiores poderes são invisíveis e intangíveis. Ninguém pode apoderar-se deles"*. Cuide-se sempre daquele que pode ser seu pior inimigo, conforme nos alerta Charles Spurgeon: *"Tome cuidado apenas consigo mesmo e mais ninguém; trazemos nossos piores inimigos dentro de nós"*.

"Deus nos concede, a cada dia, uma página de vida nova no livro do tempo. Aquilo que colocarmos nela corre por nossa conta."

Chico Xavier

"Não importam seus erros ou quão lento é seu progresso. Você ainda está muito à frente de quem nem está tentando."

Tony Robbins

Quero finalizar este livro citando outra mensagem, uma de minhas favoritas e que considero realmente importante por nos incentivar a lembrar que somos responsáveis pelo que fazemos ou deixamos de fazer.

"Se queres conhecer o passado, examina o presente que é o resultado; se queres conhecer o futuro, examina o presente que é a causa."

Confúcio

Ah, e quanto à tão sonhada felicidade, não poderia deixar de mencionar esta sábia observação, escrita pelo renomado professor doutor Hudson de Araújo Couto, em seu livro *Stress e qualidade de vida do executivo*:

> Uma outra causa importante desta busca interessante de fórmulas complicadas para se viver é um falso conceito de felicidade, como um estágio a que se chega. Procura-se a tal felicidade, sem se dar conta de que "felicidade não é um destino a que se chega, mas um jeito de viajar". Aquele que corre atrás da grande felicidade, como um estágio a ser atingido, terá pouca chance de encontrá-la, pois mesmo que a encontre uma só vez na vida (como a sorte grande na loteria), rapidamente a esquecerá.
>
> Assim, o segredo é ser feliz com as pequenas coisas que nos são apresentadas pela vida todos os dias e esta somatória de pequenas alegrias é que nos dará a grande felicidade.

Simplesmente viva a vida! Como sabiamente expressou Mario Quintana, um dos maiores poetas do Rio Grande do Sul:

> *Um dia... Pronto! Me acabo.*
> *Pois seja o que tem de ser.*
> *Morrer: Que me importa?*
> *O diabo é deixar de viver!*

Agradeço de coração ao leitor amigo, por me prestigiar com sua leitura. Tenha a certeza absoluta de que você tem um grande potencial, e permita-se sentir uma pessoa única e especial que o está aproveitando.

Espero que as informações deste livro, que escrevi com tanto amor e dedicação, sejam úteis para você como foram para mim e tantas pessoas que tenho encontrado ao longo de minha jornada, e que possibilitem plantar boas sementes também no caminho de sua vida, colhendo excelentes frutos.

Mais do que fazer o que pude neste livro, confesso que o fiz com muito amor e carinho. Nossa querida Madre Teresa de Calcutá interpreta muito bem o que quero dizer: "Não podemos fazer grandes coisas nesta terra. Tudo que podemos fazer são pequenas coisas com muito amor".

Desejo que Deus o ilumine e que, com essa luz, você possa apreciar toda a paisagem. Que Ele o guie e proteja em seus propósitos e ações.

Que seus desejos se tornem realidade o mais breve possível, pois, na verdade, seu sucesso é a razão maior deste livro – e isso me deixa muito feliz e grato. É minha maior conquista!

Que Deus abençoe a cada um de nós com muita saúde, felicidade e objetivos alcançados!

FIM

Sobre o autor

Muito antes de se tornar um profissional de sucesso na Odontologia, com larga experiência em Ortodontia, o autor descobriu o grande prazer de escrever, quando, aos dez anos, já elaborava e escrevia um jornalzinho que circulava em seu colégio.

Desde criança sempre teve como *hobby* ler, estudar e escrever. Também, desde muito jovem, gostava de participar de Concursos de Oratória. Foram diversos, tendo participado do último durante o curso de Direito. Em todos obteve o 1º lugar.

No que diz respeito à oratória, o autor conta que há um tempo encontrou seu professor da época em que frequentava o Colégio Marista, o Irmão Vitorino. Este lhe falou de um fato que disse não esquecer jamais, até porque continuava mencionando o episódio para seus alunos.

Eis o fato: houve um concurso de oratória em seu colégio, aberto também para a participação dos alunos de outras escolas, e o autor foi o primeiro colocado. O segundo ganhador, provavelmente não contente com o resultado, tendo em vista que o aluno vencedor era do colégio onde foi realizado o concurso, fez com que o seu organizasse o próximo concurso em um local completamente "neutro", mais precisamente na Câmara de Vereadores da cidade. Este concurso estava aberto para um representante de cada colégio e demais interessados, independentemente da profissão, dentre estes, inclusive, advogados.

Por se tratar de um concurso em que estariam participando também profissionais de diversas áreas e de mais idade, era de se esperar que o colégio apresentasse um aluno de alguma série mais adiantada. Ao ser feita a inscrição, porém, os organizadores se surpreenderam ao ver que o colégio do autor, entre tantos alunos de mais idade que poderiam melhor representá-lo, inscreveu no concurso um "guri" (nas palavras dos organizadores) de apenas 14 anos. Para encurtar o caso, na verdade ficaram bem mais surpreendidos quando souberam do resultado: novamente ele conquistou o 1º lugar.

Sua paixão pelo estudo o tornou um escritor com formação multidisciplinar: Odontologia – Pós-graduado em Ortodontia pela Universidade de São Paulo – Profis/Bauru-SP e estágio de dois anos no Setor de Ortodontia do Hospital de Reabilitação de Anomalias Craniofaciais da Universidade de São Paulo, em Bauru-SP; Direito; Marketing – Pós-graduado pela Fundação Getúlio Vargas do Rio de Janeiro; Psicanálise Clínica – Mestrado em Psicopatologia e também em Psicossomática; Psicanálise Didata (capacitação para a formação e supervisão de psicanalistas em formação); Parapsicologia; Programação Neurolinguística; Hipnose Clínica Clássica; Psicoterapia e Hipnose Ericksoniana; Hipnose Condicionativa, entre outros.

Exerce a Ortodontia desde 1981 em consultório particular. Habilitado em Hipnose pelo Conselho Federal de Odontologia.

Participou da Mesa-Redonda promovida pelo Departamento de Hipnose da Associação Paulista de Cirurgiões-Dentistas (APCD), durante o *28º Congresso Internacional de Odontologia* da APCD, em São Paulo, em 30 de janeiro de 2010, cujo tema foi *Profissionais da saúde e a importância da hipnose no atendimento a pacientes*.

Autor do artigo *A importância da Hipnose tornar-se especialidade na área de saúde*, publicado no Boletim da Associação de Hipnose do Estado de São Paulo (AHIESP), em março de 2010.

Tomou parte do *1º Congresso Sul-Americano de Hipnose* em Punta Del Este, Uruguai, de 8 a 11 de abril de 2010, como membro da Comissão Científica e coordenador dos trabalhos no dia em que foram apresentados temas de Odontologia, bem como foi palestrante com o tema *Tratamento sob Hipnose de medos, fobias, ranger ou pressionar dos dentes (bruxismo) e demais hábitos orais nocivos*.

Participou do *1º Congresso Brasileiro de Hipnose Contemporânea* e *2º Congresso Sul-Americano de Hipnose*, de 12 a 15 de abril de 2012, promovido pela Escola Paulista de Medicina da Universidade Federal de São Paulo (Unifesp), com conferência e participação em mesa-redonda abordando o tema *Hipnose em Odontologia*.

Foi citado no *World Journal of Scientific Hypnosis* de 20 de abril de 2010, periódico editado para inúmeros países, como "uma das culturas mais invejáveis da Hipnose internacional".

Diante da vontade de compartilhar tudo aquilo que escreveu e que consta em seus arquivos, e mesmo procurando atender à solicitude e expectativa de todas aquelas pessoas que seguidamente lhe pedem que transforme em livros seus conhecimentos, seu lado escritor falou mais alto e resolveu publicá-los, afirmando: "Publicando meus livros posso me tornar mais útil à sociedade, beneficiando um número bem maior (infinito) de pessoas, ou seja, posso 'ajudar o próximo' e também o que está bem longe, sentindo-me abençoado por fazer algo que pode ser importante na vida dos outros".

O autor, gaúcho de Santo Ângelo, nasceu em 1953. É casado e tem três mulheres maravilhosas em sua vida: a esposa e suas duas filhas.

Tendo em vista que a maior riqueza do ser humano é o entusiasmo, minha homenagem especial a todos os educadores, evangelizadores, escritores e comunicadores em geral que, de forma séria, responsável e competente, estão empenhados nesta sublime missão de inspirar as pessoas a bem pensar e bem agir.

A todos, meu carinhoso abraço cheio de admiração!

"Na vida de qualquer um de nós há momentos em que o fogo interno se esgota. A chama volta a ser acendida pelo encontro com outro ser humano. Todos nós devemos ser gratos a essas pessoas que reacendem o espírito interno."

Albert Schweitzer

"A melhor coisa que você pode fazer por uma pessoa é inspirá-la."

Bob Dylan

"Não devemos permitir que alguém saia de nossa presença sem se sentir melhor e mais feliz."

Madre Teresa de Calcutá

Outras publicações

**ALQUIMIA DA TRANSMUTAÇÃO
– Inteligência Emocional e Expansão
da Consciência**

Renata Gaia

Este livro é a materialização da ciência do divino humanizado. Em seus ensinamentos aprendemos a olhar para o outro por meio de nós mesmos, discernindo com propriedade as manifestações do ego e da consciência terrenos. A leitura, rica e cheia de conteúdo multisciplinar, nos convida a refletir sobre as relações que nutrimos, nossas escolhas, karmas e a navegar pelas emoções com o conhecimento adquirido pelas práticas constantes de autopercepção. As descobertas vão acontecendo na medida em que apuramos nossos sentidos e nos abrimos, sem julgamento ou justificativa, à nossa verdade íntegra e única.

Formato: 16 x 23 cm – 160 páginas

CRUZ DE CARAVACA

A Cruz de Caravaca é um relicário de força espiritual que pode ser usado no quarto de doentes ou para ajudar nas orações. O fiel pode rezar olhando para ela, o que tornará seu pedido mais efetivo.

Seus mistérios se perdem na história, como a poderosa fortaleza de Caravaca.

Este livro, com o tempo, se tornará um talismã de muita energia espiritual se o devoto tratá-lo com respeito de um objeto santo, não emprestando e deixando em um lugar especial e de respeito na sua casa. Quanto mais o usar, mais forte ele se tornará.

Formato: 14 x 21 cm – 128 páginas

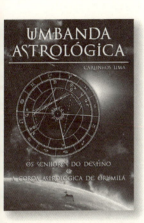

UMBANDA ASTROLÓGICA – OS SENHORES DO DESTINO E A COROA ASTROLÓGICA DE ORUMILÁ

Carlinhos Lima

Este livro trata-se de uma visão do horóscopo zodiacal sobre o prisma da Umbanda, da mesma forma que é uma visão do orixá por meio do saber astrológico. Mas, além dessa interação Umbanda-Astrologia, o livro também foca e revela outros oráculos, especialmente os mais sagrados para os cultos afrobrasileiros que são o Ifá e Búzios. Nesse contexto oracular, trazemos capítulos que falam de duas técnicas inéditas de como adentrar o mundo dos odus, utilizando o zodíaco: a primeira é a Ifástrologia que utiliza-se das casas astrológicas do Horóscopo para alinhar os odus e chegarmos a odus que são responsáveis por nossa existência. E a outra é a soma dos odus utilizando a data de nascimento.

Formato: 16 x 23 cm – 256 páginas

AS CLAVÍCULAS DE SALOMÃO – AS SAGRADAS MAGIAS CERIMONIAIS DO REI

Carlinhos Lima

Fonte primordial, celeiro da Magia Cabalística e origem de muitas das magias cerimoniais dos tempos medievais, as *Clavículas* sempre foram estimadas e valorizadas pelos escritores ocultistas, como uma obra da maior autoridade; e notáveis ocultistas mais próximos de nosso tempo, como o grande Eliphas Levi, Aleister Crowley e outros, tomaram como modelo para seus celebrados trabalhos. Um bom exemplo é a excepcional obra *"Dogmas e Rituais da Alta Magia"* de Eliphas Levi, que se baseou profundamente nas Clavículas.

Na verdade, o buscador vai perceber facilmente que não só Levi se baseou nas *Clavículas de Salomão*, mas, foram muitos os que o tomaram como seu livro de estudo.

Formato: 16 x 23 cm – 288 páginas

Outras publicações

O QUARTO COPO – O SEGREDO DE UMA VIDA SAUDÁVEL

Dr. J. Luiz Amuratti

A partir da última frase deste livro você não poderá mais dizer: "Eu não sei". E então você viverá atrás de uma parede chamada Responsabilidade. Responsabilidade em ajudar as pessoas a descobrirem o que você já descobriu para você: "Qualidade de Vida é Ter em Você a capacidade de controlar a sua Saúde, a sua energia, Prolongando o sabor de viver num planeta tão maravilhoso chamado Planeta Terra!" Mas existe um impulso dentro de você, que não o deixa sossegado. Sabe como eu tenho essa certeza? Porque você está lendo este livro. E isso significa que interiormente você já comprou a idéia de ser um Agente de Mudanças na vida das pessoas. E de mudanças para o Melhor!

Formato: 14 x 21 cm – 120 páginas

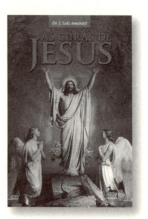

AS CURAS DE JESUS

Dr. J. Luiz Amuratti

A Medicina é gloriosa! Conhecer o Ser Humano em seu íntimo.

Conhecer a bioquímica dos hormônios. Olhar para um paciente e saber que pela vivência dada pela Medicina, podemos conduzi-lo à cura através de um caminho chamado: tratamento. 100% de sucesso? Infelizmente são inúmeras variáveis, inúmeras.

A Medicina tem muitas faces e uma das piores faces, é esconder a Face de Deus!!! Sim, a Medicina esconde a face de Deus para os médicos e este livro emite a minha opinião e o meu modo de analisar, várias situações concernentes às Curas de Jesus, Seus milagres e Tudo que se relaciona com o desenvolvimento espiritual e individual de todos nós.

Formato: 14 x 21 cm – 144 páginas

Outras publicações

UMBANDA – DEFUMAÇÕES, BANHOS, RITUAIS, TRABALHOS E OFERENDAS

Evandro Mendonça

Rica em detalhes, a obra oferece ao leitor as minúcias da prática dos rituais, dos trabalhos e das oferendas que podem mudar definitivamente a vida de cada um de nós. Oferece também os segredos da defumação, assim como os da prática de banhos. Uma obra fundamental para o umbandista e para qualquer leitor que se interesse pelo universo do sagrado. Um livro necessário e essencialmente sério, escrito com fé, amor e dedicação.

Formato: 16 x 23 cm – 208 páginas

PRETO-VELHO E SEUS ENCANTOS

Evandro Mendonça inspirado pelo Africano São Cipriano

Os Pretos-Velhos têm origens africana, ou seja: nos negros escravos contrabandeados para o Brasil, que são hoje espíritos que compõe as linhas africanas e linhas das almas na Umbanda.

São almas desencarnadas de negros que foram trazidos para o Brasil como escravos, e batizados na igreja católica com um nome brasileiro. Hoje incorporam nos seus médiuns com a intenção de ajudar as almas das pessoas ainda encarnadas na terra.

A obra aqui apresentada oferece ao leitor preces, benzimentos e simpatias que oferecidas aos Pretos-Velhos sempre darão um resultado positivo e satisfatório

Formato: 16 x 23 cm – 176 páginas

Distribuição exclusiva

www.aquarolibooks.com.br